IDENTITEIT

PAUL VERHAEGHE BIJ DE BEZIGE BIJ

Liefde in tijden van eenzaamheid
Het einde van de psychotherapie

Inhoud

Inleiding

Een man van middelbare leeftijd wordt door vier anderen met plakband vastgebonden op een houten pallet. Een van zijn belagers schrijft met een alcoholstift twee nullen op zijn voorhoofd, een tweede duwt zijn geslachtsdeel tegen zijn gezicht, een derde gaat er met zijn blote billen op zitten, een andere neemt foto's en de hele groep heeft veel plezier. Het tafereel wordt gefilmd en het slachtoffer krijgt zelfs een kopie van de opname mee, 'om thuis te bekijken'.

Plaats van het gebeuren: een normaal bedrijf in een Waals dorpje. De man die de camera hanteert is een vakbondsafgevaardigde. Nogal wat mensen deden mee, niemand greep in. Achteraf blijkt dat het pesten al jaren aan de gang was. In de dagen na het vertonen van de beelden in het televisiejournaal treden nog een aantal slachtoffers naar voren met soortgelijke verhalen. Een week later heeft ook Vlaanderen zijn geval: in een staalbedrijf wordt een kraandrijver door zijn ploegbaas en voorman met enige regelmaat de broek afgestroopt, krijgt hij schunnige praat op de billen gestift en wordt hij vastgebonden op een jeep rondgereden. De beelden werden door de daders op YouTube gepost. De maand daarop is het onderwerp niet weg te branden uit de pers. Verschillende bronnen leveren verrassend hoge cijfers: tien tot vijftien procent van de werknemers is slachtoffer van pesten. Dit vraagt om een verklaring, en verklaringen zijn er kennelijk genoeg.

Een eerste komt vanuit conservatieve hoek. Pesten is een zoveelste gevolg van het verlies van normen en waarden in onze samenleving. Agressie tegen tram- en buschauffeurs, het stijgend aantal mishandelde baby's, opgebrande leerkrachten die de pesterijen door hun leerlingen moe zijn, stelende asielzoekers... Zowat elke sociale problematiek vindt in dit kader een verklaring. Vroeger was het beter.

Een tweede verklaring zoekt het veeleer in de psychiatrische sfeer. Geweldplegers zijn 'gestoorde individuen'. Een moeder die haar baby mishandelt is toch ziek? – een geruststellende gedachte. Gerechtsdeskundigen spreken over 'antisociale persoonlijkheidsstoornis' (een erkende psychiatrische ziekte), en wijzen op de vroege tekenen daarvan bij kinderen, de 'oppositioneel-opstandige gedragsstoornis' (in de wandelgangen: ODD). Beide diagnoses kennen de laatste decennia een forse toename, en dat is minder geruststellend.

Een derde verklaring trekt de medische redenering nog verder door: het zit hem in de menselijke natuur, het verborgen beest in elk van ons. De nazibeulen waren gewone mensen, en sociaal-psychologisch onderzoek laat zien dat zo ongeveer iedereen in bepaalde omstandigheden een sadist wordt. *Homo homini lupus est*, de mens is een wolf voor de andere mens.[1]

Merkwaardig genoeg staat een andere uitleg daar lijnrecht tegenover: de mens is juist van nature goed, het is de postmoderne maatschappij die ons slecht maakt – neem al die gewelddadige games weg, en de agressie zal aanzienlijk dalen.

Het kwade – laat ons niet aarzelen om dit woord te gebruiken – is ons in ieder geval niet vreemd, en de pijnlijkste omschrijving in dit verband is wel die van Hannah Arendt. In haar verslaggeving over het proces van *SS-Obersturmbannführer* Eichmann had ze het over 'de banaliteit van het kwaad'. Het idee van het slechte in de mens sluit aan bij de christelijke leer over de erfzonde, terwijl een meer hedendaagse verklaring het heeft over 'onze zelfzuchtige genen'.

Beide verklaringen wekken de indruk dat er een onveranderlijke menselijke natuur bestaat, die ligt te wachten om zich te openbaren. Dat idee is vreemd in het licht van de overal in het Westen opduikende vraag naar identiteit, naar de 'echte' normen en waarden. Blijkbaar weten we niet meer wie we zijn en daarom hollen we naar allerlei deskundigen, van psychologen naar hersenspecialisten en andere waarzeggers, om te vernemen wie we écht zijn.

Dit boek gaat uit van een ander idee. Er is geen wezenlijke identiteit; wie wij worden hangt grotendeels af van onze omgeving. Als veel mensen vandaag de kluts kwijt zijn, dan zegt dat iets over de omgeving. Blijkbaar is die ingrijpend veranderd, *en wij bijgevolg ook*. Het wordt hoe langer hoe duidelijker dat we er ons niet gelukkig bij voelen.

Waarom zou een psychoanalyticus over deze kwesties schrijven? Dit boek is geworteld in mijn klinische praktijk. Net als veel collega's ben ik ervan overtuigd dat de problemen – ik vermijd bewust de term 'stoornissen' – waarvoor mensen vandaag de dag hulp zoeken, niet alleen frequenter voorkomen dan voorheen, maar dat ze bovendien van een ander gehalte zijn.

In een vorig boek schreef ik over het einde van de psychotherapie, waarbij ik het verband onderzocht tussen psychische stoornissen en maatschappelijke veranderingen. Ondertussen ben ik ervan overtuigd dat de impact van die veranderingen veel en veel verder gaat. De neoliberale organisatie van onze samenleving bepaalt onze verhoudingen tegenover ons lichaam, onze partner, onze collega's, onze kinderen. Onze identiteit dus. En die bepaling is ronduit gestoord. Daarmee sluit ik aan bij het denken van Sigmund Freud in diens *Das Unbehagen in der Kultur*. Net als Freud zal ik niet terugdeinzen voor duidelijke ethische stellingnames.

1

Identiteit

De discussie over identiteit is de laatste jaren in zowat heel Europa opgelaaid. De Nederlandse kroonprinses Máxima kreeg het zwaar te verduren toen zij in 2007 durfde beweren dat 'de' Nederlander niet bestaat. In Finland winnen de 'Ware Finnen' de verkiezingen. België barst onder de druk van het Vlaams nationalisme, en ook elders in Europa winnen nationalistische politieke formaties terrein. De verklaring ligt voor de hand: de confrontatie met andere identiteiten, in de praktijk immigranten en asielzoekers, en dus de confrontatie met andere normen en waarden, leidt tot onzekerheid. 'De' identiteit blijkt onze eigen identiteit te zijn, naast en in toenemende mate *tegen* andere mogelijke identiteiten. Terwijl vroeger 'identiteit' zichzelf afwoog aan de hand van lokaal getinte stereotypes (Belgen – Hollanders, Engelsen – Schotten...) zijn de hedendaagse stereotyperingen geglobaliseerd en sociaaleconomisch: autochtonen tegenover allochtonen, 'onze' christelijk gefundeerde cultuur versus de 'achterlijke' islam, de 'hardwerkende' middenklasse tegenover het 'profitariaat'.

Die verschillende stereotyperingen tonen een gemeenschappelijk kenmerk: de ander dient als schopsteen om onszelf als beter voor te stellen. Wij zijn beschaafder, intelligenter, werken harder, enzovoort. Medio vorige eeuw keken de Duitsers neer op de 'Untermenschen', de Japanners op de Chinezen, de Fransen op de Maghrebijnen – de rij is eindeloos. Een dergelijke opdeling koppelt men nagenoeg altijd aan uiterlijke kenmerken (huidskleur, lichaamsbouw, kledij), wat vervolgens inzet kan worden van een naïef integratiedebat (weg met die hoofddoeken, 'kopvoddentaks', dixit Geert Wilders). Zijn de verschillen niet voldoende zichtbaar, dan passen we daar eigenhandig een mouw aan (davidster, kaalscheren, paspoorten met vermelding van het ras). Het belang dat we aan deze uiterlijkheden hechten, is meteen een maatstaf voor onze eigen onzekerheid: veeg die uiterlijkheden weg, en de verschillen worden ineens nagenoeg onzichtbaar. Identiteit zit aan de binnenkant.

Dat maakt de bestudering ervan een flink stuk moeilijker; we willen de verschillen zo graag *zien*. In het huidige tijdsklimaat, dat voor al het menselijke een verklaring vindt in de combinatie tussen genetica en hersenen, valt het te verwachten dat ook het innerlijke van de identiteit daar gezocht wordt. Zoals gewoonlijk vergeten we dat we dit een eeuw terug ook al probeerden, via het meten van schedelomtrek en hersenpaninhoud – de craniometrie – om die rassen en hun identiteit toch maar duidelijk te kunnen onderscheiden. Vooralsnog deinst men vandaag voor zulke onderzoeken terug, wat alles te maken heeft met de geschiedenis van het fascisme, toen naziwetenschappers het 'ras' inderdaad ongeveer in die termen gingen definiëren. Hoe het ook zij, de overtuiging dat identiteit daar ergens vanbinnen te vinden valt, blijft bestaan.

Mijn stelling staat daar lijnrecht tegenover. Willen we begrijpen wat identiteit is, dan moeten we een andere toegangsweg zoeken; niet in de tijdloze diepte van onze genen en hersenen, wel in het verschuivende beeldscherm van de buitenwereld, die steevast als spiegel voor die identiteit fungeert. En dus kunnen we het beste beginnen met de al even tijdloze vraag naar onze identiteit.

Wie ben ik?

Gnothi seauton, 'Ken uzelf': deze opdracht stond te lezen boven de tempel van Apollo in Delphi waar de Pythia zetelde, de orakelpriesteres. Sinds Delphi zijn we nooit meer opgehouden met het zoeken naar het intieme van ons ik. De priesteressen en waarzeggers van weleer hebben we vervangen door psychologen en recent door hersenspecialisten, maar ook hun antwoorden zijn nooit bevredigend. Deze zoektocht vertoont een merkwaardige paradox: enerzijds koesteren we de intieme overtuiging dat ons 'ik' er altijd al was en er ook steeds zal zijn; tegelijk moeten we wel bij een ander, liefst een expert, te rade gaan om van hem of haar te vernemen wie er nu 'echt' achter ons ik schuilgaat.

De aanname dat we een eeuwig, onveranderlijk ik zouden hebben, is hoogst twijfelachtig; dat we op zoek naar ons ik bij de ander te rade gaan is daarentegen zeer plausibel. Onze identiteit is geen diep verborgen, onveranderlijke kern; integendeel. Ze is veeleer een verzameling van ideeën die de buitenwereld op ons lijf geschreven heeft. Identiteit is een constructie, en het bewijs daarvoor valt te vinden in iets wat behoorlijk op een wetenschappelijk experiment lijkt: adoptie.* Neem een Indiase baby weg uit haar

* Bij een ideaal wetenschappelijk onderzoek laat men één factor veranderen en houdt men de rest zoveel mogelijk gelijk. Men neemt bijvoorbeeld twee stekken van dezelfde tomaat en teelt die met twee verschillende vormen van bemesting. Het verschil in opbrengst zit hem dan in de bemesting, niet in de plant. In het geval van adoptie kan men de vergelijking maken tussen enerzijds mensen die vanaf hun babytijd opgegroeid zijn in een andere cultuur dan die van hun geboorte, en anderzijds hun leeftijdsgenoten die in hun oorspronkelijke cultuur gebleven zijn. Verschillen zijn dan grotendeels toe te schrijven aan de cultuur.

geboortedorp in Rajastan, laat haar opgroeien in Gent of Amsterdam, en zij krijgt een Gentse of Amsterdamse identiteit aangemeten. Was dezelfde baby geadopteerd door Franse ouders in Parijs, dan had ze zich tot Parisienne ontpopt. Wanneer zij als volwassene haar zogeheten *roots* probeert terug te vinden, wacht haar een zware ontgoocheling: die zijn er simpelweg niet, en in haar geboorteland is zij zo mogelijk nog meer een vreemde dan een andere Gentse of Amsterdamse vrouw. Zo mogelijk nog meer, omdat haar eventuele uiterlijke overeenkomsten (huidskleur, haar) met de mensen van ginds een innerlijke overeenkomst met hen doet vermoeden die er niet is. De onvermijdelijke conclusie is dat de invulling van onze psychologische identiteit afhangt van onze omgeving. Was 'ik' in een andere cultuur opgegroeid met ouders uit die andere cultuur, dan had ik een heel ander 'ik' gekregen.

Identiteit heeft meer met worden te maken dan met zijn, en dat worden begint al bij onze geboorte, via een merkwaardig proces dat wereldwijd te observeren valt en dat dus bijna zeker genetische gronden heeft. Vroeger heette dit identificatie; sedert de ontdekking van spiegelneuronen spreken we liever over 'mirroring', spiegeling.* De vroegste versies van dit proces kunnen we letterlijk zien: baby huilt (natte luier), als bij toverslag verschijnt mama in zijn blikveld, maakt troostende geluidjes, zegt herhaaldelijk en steeds met een overdreven intonatie 'Moet jij een ander luiertje om?' en produceert een daarbij behorende gezichtsuitdrukking.** Het belang van deze eenvoudige, in hon-

* Als we een snoet trekken naar een baby, zit de kans er dik in dat hij die imiteert. Dit is het effect van de recent ontdekte spiegelneuronen in onze hersenen, die ervoor zorgen dat we het gedrag, of ruimer, het denken van anderen kunnen kopiëren. Een baby is een spons die alle informatie van de ouders opneemt, en de spiegelneuronen zullen daar sterk toe bijdragen.

** 'Marking', de overdreven manier waarop vooral moeders met baby's communiceren op grond van spiegelende gezichtsuitdrukkingen, heeft een duidelijke functie: op die manier kan de baby het onderscheid maken tussen wat de moeder zelf voelt (ik heb zelf verdriet, geen marking) en de gevoelens die ze bij haar kind vermoedt (jij hebt verdriet, wél marking).

derden varianten herhaalde interactie is enorm. We leren wat we voelen, en ruimer, wie we zijn, omdat de ander het ons voorhoudt. Bovendien ontstaat bij ongeveer iedereen de intieme overtuiging dat een ander onze problemen wel zal komen oplossen – zo was het toch ooit? Volwassen worden betekent onder andere deze overtuiging loslaten, maar bij acute pijn en gevaar roepen we nog altijd spontaan om mama. Onze oudste angst heet niet toevallig verlatingsangst, de angst dat de ander ons in de steek zal laten, net zoals de oudste straf de verwijdering uit de groep is, het in de hoek gezet worden, met de rug naar de anderen – de pedagogische voorloper van de verbanning.

De boodschappen tussen opvoeders en kinderen zullen heel snel een ruimere inhoud krijgen dan alleen maar honger en luiers. Vanaf onze babytijd krijgen wij voortdurend te horen wat we voelen, waarom we dat voelen, en hoe we daarmee wel of niet moeten omgaan. We horen dat we braaf zijn of stout, mooi of lelijk, even koppig als onze grootmoeder, even slim als onze papa, etc. Tezelfdertijd horen we boodschappen die ons vertellen hoe we met ons lichaam en met dat van een ander moeten omgaan (zit toch eens stil, ga nu toch eens buiten spelen, laat je broertje met rust, nee je mag geen piercing zetten, en nu al seks is veel te vroeg). Dit alles leidt tot een definiëring van wie we zijn, wie we zouden moeten zijn en wie we niet mogen zijn. En het vertrekpunt is steeds het lichaam, waaromheen de ander deze verschillende betekenislagen drapeert.

Zo beschreven klinkt de uitbouw van onze identiteit even eenvoudig als ongeloofwaardig. Als identiteitsontwikkeling daartoe beperkt blijft, dan worden wij allemaal wat de omgeving ons voorhoudt, en bestaat er op geen enkele manier de mogelijkheid om daar zelf enige invloed op uit te oefenen. Dit is natuurlijk niet het geval – onze identiteit is steeds een spanningsveld tussen samenvallen met en afstand nemen van de ander, en dit van meet af aan. Naast dit eerste proces van identificatie of mirroring en erdoorheen is er ook altijd een tweede proces aan het werk: het streven naar autonomie, en dus de afscheiding van de ander, de separatie.

Bij het eerste proces nemen wij de boodschappen van de ander over, zowel de positieve ('Zoveel geduld als jij hebt!') als de negatieve ('Wat ben jij toch traag!'), zodat zij deel gaan uitmaken van onze identiteit. In dat geval worden we er, letterlijk, identiek aan. We vallen samen met de boodschap die van de ander komt. Identiteit en identificatie hebben dezelfde woordstam: het Latijnse *idem*, gelijk.

Daartegenover staat het tweede proces, met het verlangen naar separatie, het afstand nemen of zelfs het ronduit afwijzen van die boodschappen, vaak genoeg in een context van verzet. Het tegenovergestelde karakter van dit tweede proces in vergelijking met het eerste vindt een uitdrukking in de bijbehorende angst: dat de ander al te dicht op onze huid zit, ja, er zelfs onder kruipt en ons als het ware overneemt. Dit is de intrusie-angst – intrusie betekent 'binnendringen' – en deze is meteen de tegenhanger van de oorspronkelijke verlatingsangst, toen we zo dicht mogelijk bij de ander wilden zijn.

De separatie en het bijbehorend streven naar autonomie zijn even belangrijk voor onze identiteit als de identificatie, omdat we daarmee een eigenheid ontwikkelen door ons af te zetten en een keuze te maken voor een andere invulling van ons 'ik'. Dit begint al vrij vroeg. Iedere ouder kent de zogenaamde 'trotsfase' van zijn kleutertje ('Wil niet!'), waarin het kind niet toevallig twee nieuwe woordjes ongeveer tezelfdertijd ontdekt: nee en ik. Tijdens de puberteit laait dit in alle hormonale hevigheid opnieuw op, deze keer vergezeld van de illusie van onafhankelijkheid ('Ik beslis zelf!'), terwijl puberverzet in de praktijk neerkomt op de keuze voor alternatieve invullingen van het ik, en dus voor een andere identificatie. Identiteit is steeds het tijdelijke resultaat van de wisselwerking tussen samenvallen en afstand nemen.

De spiegel die de omgeving ons voorhoudt, bepaalt wie we worden. Dat gebeurt natuurlijk niet zomaar: een dergelijke verhouding is enkel werkzaam als de ander ons graag ziet, ons letterlijk en figuurlijk ziet staan. Het is geen toeval dat de filosoof Hegel de basis van ons zelfbewustzijn in de blik van de ander legt. Via de blik van de ander, controlerend of liefdevol, beseffen wij dat we er zijn. 'Men ziet me niet staan' betekent in wezen dat ik niet besta. Het woord 'respect' is daarbij erg belangrijk: etymologisch betekent dit 'telkens opnieuw zien en gezien worden', *re-spicere*. Een kind dat niet opgroeit onder een liefdevolle blik en dat alleen maar onverschilligheid ervaart, wordt een bodemloos kind: er ontbreekt een fundament waarop het kan bouwen. Als het kind wél graag gezien wordt binnen een aanvankelijk letterlijk en later figuurlijk dragende verhouding, dan pas kan het uitgroeien tot een stabiel iemand. Het genie dat in de taal schuilt, wijst ons op die twee belangrijke aspecten: het Vlaamse 'graag zien' toont het belang van de blik, het Nederlandse 'houden van' op het verzorgen.

Anders gezegd: wij nemen niet zomaar woorden en beelden over, wij doen dat enkel op grond van een bepaalde verhouding die uiteindelijk neerkomt op een mengeling van liefde en haat. Freud wijst ons erop hoezeer die twee met elkaar verstrengeld zijn: wij willen samenvallen met wie we liefhebben ('Ik zou je kunnen opeten!'), maar hebben er soms ook onze buik van vol. In dat geval weigeren we niet alleen nog iets van de ander over te nemen, we wijzen hem of haar zelfs actief af ('Ik kots van jou!').

Ik herken daarin twee fundamentele gerichtheden die vermoedelijk typerend zijn voor al wat leeft: we willen deel uitmaken van grotere gehelen en tegelijk streven we naar onafhankelijkheid. In de vijfde eeuw voor onze tijdrekening sprak de Griekse filosoof Empedokles al over twee allesbepalende oerkrachten die voortdurend zowel vereniging als splitsing veroorzaakten: *Philia*, liefde, en *Neikos*, strijd. Freud begrijpt dit als twee oerdriften: *Eros*, die liefdevol wil versmelten en *Thanatos*, die agressief wil scheiden. Gelijkheid en verschil dus.

En ik dan?

Die laatste tendens – autonomie – is een kenmerk waar iedereen zich vandaag in wil, ja zelfs móét herkennen. Afhankelijkheid is soft, je moet er stáán, opkomen voor jezelf, je eigen ding doen. Als ik tijdens een lezing mijn verhaal over identiteit en spiegeling breng, krijg ik gegarandeerd de wind van voren. Ik ben toch ik? Ik ben anders dan mijn broer, en we kregen dezelfde opvoeding. Ik ben al helemaal anders dan mijn collega, en we groeiden op in dezelfde cultuur, hoe kan dat nou? En hoe zit het dan met de erfelijkheid, met de genen? Waarom praat je daar niet over? Onze hersenen bepalen toch wie we zijn?

Dat deze twee argumenten (ik ben origineel en maak mijn eigen keuzes versus hersenen en genen determineren wie ik ben) tegenstrijdig zijn, laat ik even buiten beschouwing. Ik ga eerst in op die hedendaagse overtuiging: genen en hersenen bepalen zo ongeveer alles, dus ook wie we zijn. Dat het menselijke brein bepalend is voor het typische van *Homo sapiens* lijdt geen twijfel. Een van de belangrijke kenmerken van ons brein is de zogenaamde neuroplasticiteit, de mogelijkheid dat de hersenen veranderen onder invloed van bepaalde omgevingsfactoren. Onder meer dit kenmerk verklaart het succes van de mens als soort: plaats ons in ongeveer om het even welke omgeving, en dankzij ons aanpassingsvermogen redden we het wel. Studie van de hersenen toont aan dat zij bij onze geboorte neurologisch gesproken verre van af zijn, dat er nog heel wat ontwikkelingen moeten plaatsvinden, waarbij de omgeving een doorslaggevende rol speelt.

Als we dit toepassen op de psychologische identiteit, dan is het niet zo moeilijk om te begrijpen dat ons brein via een aantal min of meer klaarliggende structuren (de hardware) de processen bepaalt waarmee onze identiteit (de software) wordt uitgebouwd. Zonder spiegelneuronen kan er geen identificatie plaatsvinden, maar wat er gespiegeld wordt hangt af van de omgeving. Meer nog: die omgeving heeft heel duidelijke invloed op de materiële ontwikkeling van de hersenen, die nog jarenlang na de geboorte doorgaat. Hersenen zijn belangrijk voor onze identiteit, maar de inhoud komt uit de buitenwereld.

De enige correct wetenschappelijke conclusie is dat wij het resultaat zijn van een voortdurende interactie tussen onze hersenen, of ruimer, onze genetisch-neurologisch-hormonale basis, en onze omgeving. Daarbij kunnen we vanaf de geboorte nog nauwelijks een onderscheid maken tussen de fameuze *nature*, het aangeborene, en *nurture*, de invloed van de omgeving. Zelfs hersenstructuren kunnen veranderen onder invloed van omgevingsfactoren. Een uitspraak zoals 'wij zijn ons brein' betekent op de keper beschouwd hetzelfde als: 'wij zijn het resultaat van de interactie tussen lichaam en omgeving', maar dat klinkt vandaag de dag veel minder overtuigend.

In een vorig boek besprak ik reeds de hedendaagse neiging om 'alles' toe te schrijven aan lichamelijke factoren, de hersenen en de genen voorop. Een dergelijke toeschrijving klinkt als een makkelijke verontschuldiging in het geval we de verkeerde richting uit gaan – de opvolger van de 'ongelukkige jeugd' als vrijgeleide voor afwijkend gedrag. Dergelijke verontschuldigingen zijn inderdaad al te gemakkelijk, maar dit mag ons niet beletten een andere vraag te stellen: waarom willen wij vandaag, schijnbaar meer dan ooit, toch zo graag van schuld worden vrijgepleit? Anders gezegd: waarom voelen we ons, zodra er iets fout gaat, als het ware in staat van beschuldiging gesteld? Ik zal daar later op terugkeren, wanneer ik de moderne mythe over de maakbare mens bespreek, met de daaruit voortvloeiende verpletterende verantwoordelijkheid.

'Wij zijn ons brein' sluit dus externe invloeden helemaal niet uit, maar hoe zit het met onze genen? Daar kan de omgeving toch niets aan veranderen, tenzij op een evolutionaire tijdschaal, en dus gespreid over minstens eeuwen? Ook hier is het wetenschappelijk plaatje veel genuanceerder dan men wel denkt. Zo kan de omgeving het effect van genen (hun 'expressie') aan- of uitschakelen (dit is het onderwerp van de epigenetica). Bovendien is het verband tussen genen en gedrag uiterst complex. Wie in de krant het zoveelste genetische hoerabericht leest ('Genetische grond van autisme eindelijk ontdekt!'), denkt meestal aan een rechtlijnig verband. Door het ene gen krijg je bruine ogen, door een ander blonde haren, door weer een ander schizofrenie – het zal je maar overkomen. In de realiteit liggen de zaken wel even anders, en een min of meer rechtlijnige causaliteit zoals bij de kleur van onze ogen ontbreekt volledig wanneer we het over complexe fenomenen hebben. De huidige stand van zaken bij de meest onderzochte psychiatrische stoornis, schizofrenie, is dat zij een erfelijke component bevat die op de combinatie van minstens tien genen berust. De aanwezigheid van die combinatie verhoogt de kans op deze zware psychiatrische stoornis met vijftien tot twintig procent – de rest is toe te schrijven aan de omgeving, waarin geboren worden en opgroeien in een grote stad een van de belangrijkste factoren is.

Toegepast op onze identiteit kan ik andermaal stellen dat we genen min of meer kunnen beschouwen als onze hardware die de mogelijkheden van onze software bepaalt en begrenst – de specifieke inhoud van die software valt daarbuiten. Wat identiteit betreft is de belangrijkste factor in die genetische hardware zonder twijfel het typisch menselijke taalvermogen. Dat dit aangeboren is, staat vast, maar zonder interactie met mensen ontwikkelt een baby helemaal geen taal. Welke taal hij zal leren, hangt volledig af van de omgeving. Bovendien zal het specifieke karakter van die taal (vertaal *verliefdheid* eens in het Engels? Vertaal *bonheur* eens letterlijk in het Nederlands?) sterk afhangen van het gezin dat die taal doorgeeft. Dit alles kleurt zijn denken zeer verregaand, ook het denken over zichzelf. Een voorbeeld: in verscheidene niet-westerse talen is er geen equivalent voor het woord 'individu' of 'persoonlijkheid' – dit geeft meteen een totaal andere context waarin iemand opgroeit en diens identiteit tot stand komt.

Hersenen en genen leveren de hardware en bakenen aldus grenzen af waarbinnen de software geschreven wordt, software die bovendien in staat blijkt die hardware op bepaalde punten te beïnvloeden en zelfs te veranderen. Maar is er dan helemaal niks dat uniek is? Is een baby inderdaad een onbeschreven blad papier, een *tabula rasa* waarmee de omgeving ongeveer alle kanten uit kan? Elke ouder ervaart dat dit niet klopt. Wie vaak met pasgeboren baby's in contact komt, weet dat er vanaf het begin 'iets' unieks is in die bepaalde baby. Dat 'iets' kunnen we heel moeilijk vatten: een wakkere blik, een volgehouden aandacht, een duidelijke vraag naar interactie, een... Wat andermaal opvalt, net als bij genen en hersenen, is dat dit 'iets' vooral te maken heeft met bepaalde gerichtheden (naar buiten of naar binnen?), met bepaalde formele processen (snel of traag, volhoudend of afhakend) en veel minder met inhouden. De daarbij aansluitende spiegelingen door de ouders ('Stijfkop, altijd je eigen willetje, wacht maar!' of 'Sterk karakter, helemaal mijn grootmoeder, zal het ver schoppen!') zullen die gerichtheden verder vormgeven, samen met de verhalen die om de zoveel tijd weer opgehaald worden ('Ze was nog maar pas geboren en ze keek eerst ons aan en vervolgens keek ze de hele kamer rond, ze wou alles zien, alles kennen en daar is ze nog altijd mee bezig'). Die unieke factoren kunnen we niet vatten. Dat ze er zijn, daar twijfel ik niet aan, net zoals ik ervan overtuigd ben dat de manier waarop de omgeving erop reageert doorslaggevende effecten heeft.

Daarmee kom ik bij het particuliere aspect van onze identiteit. We zijn inderdaad uniek, omdat we een unieke combinatie zijn van alles wat onze ouders en omgeving doorgegeven hebben. Bovendien reageren ouders verschillend op verschillende kinderen, en dit om tal van redenen – een eerste kind is helemaal anders dan een laatste; wanneer je als ouder volop in je carrière staat, krijgt een kind andere aandacht, laat staan wanneer het tussen de ouders niet goed gaat. Opgroeien in hetzelfde gezin betekent geenszins dat men dezelfde spiegelingen krijgt. Bovendien is het een pijnlijke realiteit dat nogal wat ouders hun kinderen niet allemaal even graag zien, en kinderen voelen dat perfect aan – ook dat is bepalend voor het particuliere karakter van elke identiteit. En tot slot is er het unieke van het kind zelf: naast die niet te vatten kernkenmerken waar ik het al over had, maakt elk kind in die wisselwerking tussen identificatie en separatie zelf keuzes, die vervolgens een effect hebben op de volgende keuzes, enzovoort.

We zijn allemaal uniek omdat we verschillende spiegelingen gekregen hebben, waartussen we bovendien nog zelf keuzes hebben gemaakt. En tot op zekere hoogte zijn we allemaal identiek, omdat spiegelingen min of meer gemeenschappelijk zijn binnen een bepaalde groep en een bepaalde cultuur.

Identiteit tussen lichaam en groep

Als we tijdens een sollicitatie- of evaluatiegesprek de vraag krijgen onze identiteit te beschrijven ('Noem uw vijf beste kenmerken'), dan zal ons antwoord ('Veerkrachtig, flexibel, breeddenkend, teamplayer en een grote mate van zelfkennis') vooral een staalkaart bieden van de verwachtingen die op dat ogenblik dominant zijn. Een eerlijker antwoord zou wellicht psychologische kenmerken combineren met sociale gegevenheden (familie, dorp, land, beroepsgroep, sport, politieke gezindheid, enzovoort). Opvallend genoeg gaat de kern van die psychologische kenmerken steeds terug op het lichaam, op emoties en aandriften. Galenus, een Grieks-Romeinse arts, beschreef in het begin van onze jaartelling temperamenten als effecten van bepaalde lichaamsvochten. Zijn leer zit nog altijd in onze taal en dus in ons denken vervat: cholerisch (te veel gele gal) staat voor choleriek en opvliegend; sanguinisch (te veel bloed) voor vurig en energiek; flegmatisch (te veel slijm) voor traag en emotieloos; melancholisch (te veel zwarte gal) voor zwartgallig en somber. Karaktertrekken gaan nog een stuk verder en beschrijven vaak de wijze waarop wij ons verhouden ten opzichte van de ander (koppig, braaf, meegaand, opstandig, profiterend, enzovoort).

Op de keper beschouwd zijn wij verdeeld tussen ons lichaam en de ander. Ons lichaam produceert prikkels, lustvolle en pijnlijke, en de ander leert ons hoe daarmee om te gaan – ook al omdat een groot aantal van die prikkels (seks, agressie) op de ander gericht zijn. De verzorgingssituatie tijdens de babyperiode is het startpunt, met de moeder, of ruimer, de ouders, als eerste sprekende en corrigerende spiegel. De identiteit van een pasgeborene ligt besloten in de fantasieën en angsten van de moeder, die op grond daarvan voortdurend identiteitsbepalende boodschappen geeft, zelfs reeds voor de geboorte. Vergelijk de twee volgende reacties. Een vrouw die zeven maanden zwanger is en haar nog niet geboren baby vaak voelt schoppen, kan reageren met ‘Er zit pit in, mooi zo!’ Ze kan ook reageren met ‘’t Is nu al een ADHD’er, hij laat mij nooit met rust, wat zal dat straks wel niet zijn?’ Zodra de baby geboren is, zal zijn gedrag zonder twijfel in dezelfde richting gelabeld worden, en meteen zijn identiteit en zelfbeeld gaan bepalen.

Dergelijke boodschappen komen natuurlijk niet uit de lucht vallen. De verwachtingen die ouders koesteren over hun kinderen halen zijzelf ook uit een bepaalde spiegel, meer bepaald de spiegel van hun familie, of ruimer, van de cultuur waarin zij leven. In eerste instantie betreft dat het familieverhaal, dat heel dikwijls mythische proporties aanneemt – Freud spreekt in dit verband over een 'familieroman'. Het merendeel van ons groeit op met verhalen over bepaalde grootouders of zelfs overgrootouders, hun successen en mislukkingen, met vaak daaraan gekoppelde familiegeheimen waarover men slechts mag fluisteren. Op die manier leren we niet alleen onze oorsprong kennen, maar krijgen we ook de verwachtingen en zelfs de opdrachten te horen voor onze eigen toekomst en wordt ons een plaats toebedeeld in de lijn van de generaties wier verhaal we later aan onze eigen kinderen zullen doorgeven. Kinderen hebben daar een duidelijke honger naar, en vanaf vrij vroege leeftijd worstelen ze met de verbanden tussen de generaties – 'Ja, jouw oma is mijn mama, ik heb ook een mama hoor! En tante Miep is mijn zus, zoals Liesje jouw zusje is' –, verbanden die ze heel duidelijk willen begrijpen. Als de (groot-)ouder vervolgens de familiefoto's tevoorschijn haalt en verhalen begint te vertellen, dan luistert elk kind met grote oren ('Vertel nog eens over opa in de oorlog?'). Dat niet alleen kinderen hierdoor gefascineerd zijn, bewijst het succes van stamboomonderzoek – iets wat we even goed 'identiteitsonderzoek' kunnen noemen.

Familieverhalen liggen volledig ingebed in een ruimere cultuur en geschiedenis die zowel letterlijk als figuurlijk, inhoudelijk en formeel, onze identiteit nog verder bepalen. Het vormgevende aspect betreft het lichaam. Drie generaties geleden was een sportief iemand een man (zelden een vrouw) die naar het wielrennen of het voetbal ging kijken, met een pint in de hand en een sigaar in de mond. Vandaag gaan we allemaal naar de fitness, moeten mannen er als eeuwige adolescenten uitzien en vrouwen als anorexialijdsters met borsten. Toen was een vast baantje bij een overheidsinstelling zeer begeerd, nu kijkt men daarop neer en straks wordt het ongetwijfeld weer aantrekkelijk. Zowel ons uiterlijk als de bijbehorende innerlijke ervaring en de omgangsvormen zijn ten volle gedetermineerd door de boodschappen die we te horen krijgen.

Die verhalen en beelden vanuit onze familie, de sociale klasse waartoe we behoren, de cultuur waarvan we deel uitmaken, allemaal vormen ze de symbolische orde, het Grote Verhaal, als verzamelnaam voor het narratief geheel dat door een ruimere groep gedeeld wordt, met als resultaat een min of meer gemeenschappelijke identiteit. Min of meer, want zodra je de groep vergroot of verkleint (familie, dorp, provincie, natie, etc.), verschuift de identiteit. Aan de basis ligt telkens een 'echt' gebeurd verhaal, waarvan de inbedding steeds vager en mythischer wordt. Zo zou de Nederlandse identiteit teruggaan op de stoere Bataven die weerstand boden aan de Romeinen, en de Vlaamse identiteit op de stedelijke gilden die in 1302 de Franse edellieden versloegen. Dat beide verhalen historisch onwaar zijn en vooral teruggaan op romantische fictie doet geen afbreuk aan de kracht ervan, integendeel. Zulke verhalen zijn inderdaad vooral verhalen (de Leeuw van Vlaanderen, de jongens van Jan de Witt, etc.) die onze identiteit inkleuren.

Het belang ervan is zeer groot, want via die gedeelde verhalen krijgen we antwoorden op existentiële vragen. Wat is een 'echte' man, een 'echte' vrouw? Wat is de juiste verhouding tussen die twee? Wat is de plaats en het belang van carrière en ouderschap, en is dat verschillend voor mannen en vrouwen? Hoe moet je je verhouden tegenover autoriteit? Hoe ga je om met lichamelijkheid, met seks, met ziekte en dood? Stuk voor stuk zijn het existentiële vragen zonder definitieve antwoorden. Voor de antwoorden doen we een beroep op wat ik de 'symbolische orde' genoemd heb, het 'narratief geheel'. Daartoe reken ik zowel religie, kunst als wetenschap, die elk op hun eigen manier tot die antwoorden bijdragen – manieren die vaak genoeg onderling tegenstrijdig zijn.

Dat er meerdere en vaak zeer verschillende antwoorden bestaan, betekent meteen dat er ook verschillende identiteiten mogelijk zijn. Een 'echte' man (vrouw) in Gent en Amsterdam is een heel ander iemand dan in Mumbai of Tokio. Maar ook bij ons krijgen opgroeiende jongeren zeer verschillende antwoorden, afhankelijk van de buurt en de sociale klasse waarin ze opgroeien, en ontwikkelen ze bijgevolg verschillende identiteiten. Dit betekent meteen dat mensen tot op zekere hoogte de mogelijkheid hebben om te kiezen voor andere invullingen, gebaseerd op andere verhalen met andere antwoorden. En hoe rijker de cultuur, des te rijker de keuzemogelijkheden voor die antwoorden – en dus voor die identiteiten.

Zelfvertrouwen, zelfrespect, zelfhaat

De manier waarop wij onze identiteit verwerven (identificatie met en afstand nemen van de ander) maakt een aantal op het eerste gezicht eigenaardige ervaringen begrijpelijk. Eerst en vooral het gevoel dat ons soms bekruipt: ben 'ik' dat wel? Ben ik wel 'echt', val ik wel samen met 'mezelf'? De ervaring van zelfvervreemding illustreert de intieme gewaarwording dat ons ik inderdaad van buiten komt. De poëtische verwoording vinden we in een versregel van Arthur Rimbaud, *je est un autre*. Letterlijk vertaald: 'Ik is een ander'. Daarbij aansluitend voelen we ons af en toe heel erg verdeeld, en vinden we onszelf inconsequent: we denken dit, maar ook dat en we doen soms nog iets totaal anders. Identiteitsverlenende boodschappen overnemen van verschillende anderen zorgt onvermijdelijk voor een puzzel waarvan de stukken vaak niet goed aaneensluiten. Daarom zijn we ook perfect in staat om in dialoog te treden met 'onszelf': ik kan kwaad op, tevreden met of treurig over 'mezelf' zijn, waarbij het ik dat 'mij' beoordeelt teruggaat op een andere identificatie dan het 'mij' dat ik beoordeel.

Die kwaadheid of tevredenheid jegens 'onszelf' kan een duurzaam karakter krijgen. Dan hebben we het over iemand met zelfhaat of zelfliefde, iemand met een lage of hoge mate van zelfwaardering en zelfrespect, enzovoort. Al die met 'zelf' samengestelde woorden laten doorschemeren dat het om wezenlijke, ja, aangeboren kenmerken gaat van ons 'zelf'. 'Die man heeft een hoge zelfwaardering, hij staat stevig in zijn schoenen'. 'Zijn vrouw heeft een laag zelfrespect, altijd al gehad, niks mee aan te vangen'. Waarbij we vergeten dat dergelijke kenmerken bepaald worden door de manier waarop anderen ons bekijken en ons gedrag interpreteren. De ander bepaalt de manier waarop ik over mezelf denk. Kenmerken zoals zelfvertrouwen, zelfwaardering, zelfrespect kunnen we in hun oorsprong beter begrijpen als 'ander-vertrouwen', 'ander-waardering' en 'ander-respect' – lees: de mate waarin de ander ons als kind vertrouwt, waardeert en respecteert, weerspiegelt zich in ons zelfvertrouwen, onze zelfwaardering en ons zelfrespect als volwassene. En vervolgens zal dit bepalend zijn voor de manier waarop ik mij tegenover anderen verhoud. Op grond van wat ik te horen gekregen heb tijdens mijn identiteitsuitbouw, ben ik zelfzeker, stap ik vol vertrouwen de ander tegemoet, ga ik er automatisch van uit dat ik beter ben dan die ander. Of: ben ik angstig, beschaamd over mezelf, overtuigd dat de ander boos is op mij, mij maar niks vindt en probeer ik op voorhand al te ontsnappen aan de dreiging die ik meen te voelen. In psychiatrisch vakjargon spreekt men dan over een hoge sociale angst.

In de sociale verhoudingen geven we bepaalde anderen meer gewicht, met name het andere geslacht en de autoriteit. Het andere geslacht is een noodzakelijke tegenpool om een invulling te kunnen geven aan mijn eigen *gender identity*, zoals dat heet. Mijn mannelijkheid hangt af van hoe ik vrouwelijkheid heb leren percipiëren. Als de vrouw bij uitstek de bron van alle kwaad is die mij tot zonde wil brengen, dan word ik een angstig-strenge man die in haar zijn eigen wellust bevecht. Als vrouwen zachte en verzorgende maar dominante wezens zijn, dan word ik de man-zoon die toch steeds zijn autonomie buiten haar moet zien te vinden. Enzovoort. Dit 'enzovoort' toont aan hoe pogingen om de essentie van 'de' man en 'de' vrouw te definiëren steeds tot mislukken gedoemd zijn. Meestal dienen ze om een bepaalde maatschappelijke orde in stand te houden, en zijn het simpelweg vooroordelen. Vrouwen zijn dom en zwak, mannen zijn slim en sterk, dus hoeven vrouwen niet te studeren en kunnen zij zeker geen leidinggevende posities innemen – aan deze definitie van 'de' man en 'de' vrouw werd niet eens zo lang geleden vrij algemeen geloof gehecht.

Een dergelijk algemeen geloof heeft alles te maken met de tweede belangrijke ander tegenover wie wij een min of meer duurzame verhouding uitbouwen, namelijk de ander als autoriteit. De houding die we aannemen tegenover een gezagsdrager is een belangrijk onderdeel van onze identiteit. Kritisch en opstandig? Volgzaam en ondersteunend? Angstig of agressief-competitief? Ook dit hebben we aangeleerd in de verhouding tegenover onze ouders als eerste autoriteitsfiguren. Traditioneel situeert men het gezag bij de vader, maar in de praktijk ligt het vaker bij de vrouw-moeder. De mens wikt maar God beschikt, luidt in een meer prozaïsche versie: *Ce que femme veut, Dieu le veut*, wat de vrouw wil, wil God ook. Zowel die dubbelzinnige situering als die invulling past binnen een typisch maatschappelijk bestel, namelijk het patriarchaat. Daarbij kreeg de man, als vertegenwoordiger van God en koning, het gezag toegeschreven, dat hij vervolgens op zijn eigen manier kon uitoefenen. Zoiets blijft niet zonder effecten. Kinderen van een bullebak-vader zullen als volwassene angst voor autoriteit blijven hebben. Misbruikende vaders maken elk gezag verdacht. Integere vaders scheppen vertrouwen.

De verhouding tegenover de ander van het andere geslacht en de ander als gezagsdrager bepalen twee belangrijke lagen in onze identiteit, die bovendien nauw aan elkaar gekoppeld zijn. De ander als autoriteit zegt mij in eerste instantie hoe ik met mijn lichaam en met dat van het andere geslacht moet omgaan, welk genot kan en welk niet. Kussen in een Bollywoodfilm is verboden; bij ons is een vrouw die meerdere minnaars heeft vooral verdacht, terwijl een man met verscheidene vriendinnen juist succesvol heet. Een en ander voert ons regelrecht naar het normen-en-waardendebat, wat meteen betekent dat onze overtuigingen op dit vlak ten volle deel uitmaken van onze identiteit – in de klassiek freudiaanse terminologie: ons *Ueber-Ich*, het boven-ik of geweten, naast en tegenover ons *Ich*, het ik.

Wie moet ik zijn (en wie of wat niet)?

Identiteit bestaat uit een verzameling kenmerken die ons op het lijf geschreven zijn door de ander. Inhoudelijk vormen ze een min of meer samenhangend geheel van opvattingen over onze afkomst en onze bestemming. Tezelfdertijd geeft het ook aan hoe we ons horen te gedragen tegenover ons lichaam, tegenover de ander van het andere geslacht en de ander als autoriteit. Lichaam staat voor ons uiterlijk, voor eten en drinken, seksualiteit, pijn en ziekte, dood. Eten we samen aan tafel, of liever op de bank, alleen, voor de tv? Eten we op vaste uren of heel de dag door? Seks met wie? Met jezelf, met een ander – met welke ander? Vanaf welke leeftijd? Tienjarigen die doktertje spelen en een vijfjarige dwingen om mee te doen, kan dat? Wat doe je bij ziekte en pijn: op je tanden bijten of toch maar onmiddellijk een pijnstiller? Wanneer ben je voldoende ziek om niet te hoeven werken, en wat zijn de voorwaarden voor een persoonsgebonden budget? Kunnen we zelf beslissen over onze eigen dood?

De manier waarop iemand met deze kwesties omgaat, wordt meteen als 'typisch hem' of 'typisch haar' beschouwd – het maakt volledig deel uit van zijn of haar identiteit: een slappeling of een doorzetter, een nymfomane of een burgertrut, een bourgondiër of een calvinist, enzovoort. Nog niet zo lang geleden werden dergelijke kenmerken benoemd als deugden: voorzichtigheid, rechtvaardigheid, zelfbeheersing, standvastigheid, naastenliefde; of als hoofdzonden: hovaardigheid, hebzucht, onkuisheid, afgunst, gulzigheid, gramschap en luiheid. De conclusie die bij deze vergelijking hoort, kan verrassend klinken: onze identiteit is geen neutraal geheel van persoonlijkheidskenmerken, maar heeft alles te maken met de normen en waarden die wij ons al dan niet eigen gemaakt hebben. Het huidige maatschappelijke debat over normen en waarden is dus niets anders dan een debat over identiteit.

Elke identiteit gaat terug op een samenhangende ideologie, een term die ik hier zeer ruim opvat als een geheel van opvattingen over menselijke verhoudingen en de manier waarop men die het best kan regelen. Een ideologie komt historisch vaak tot ontwikkeling als reactie tegen een andere ideologie, zodat er een wij-versus-zij-verhaal ontstaat, elk met eigen normen en waarden die dan de identiteit bepalen van een 'echte' socialist, een 'typische' katholiek. Het anders zijn van ideologieën en bijbehorende identiteiten zit hem dus in andere invullingen van wat als de 'normale', de 'juiste' verhouding ten opzichte van het lichaam en ten opzichte van de ander beschouwd wordt. De kans dat een vrijdenker andere ideeën heeft over ziekte en dood dan een gelovige is vrij groot. Los van die inhoudelijke verschillen kan ik wel een aantal gemeenschappelijke kenmerken aangeven.

Zo gaat de houding tegenover het lichaam altijd over de houding tegenover genot, waarbij ideologieën vooral verschillen in de normen en waarden waarmee ze het genot reguleren, en de gestrengheid waarmee die opgelegd worden. Bij ons in het Westen, bijvoorbeeld, zijn er nog nauwelijks voedingsregels en kijken wij neer op culturen die het nodig vinden op dat vlak van alles te regelen (koosjer, halal). Onze morele superioriteit doet ons gemakshalve vergeten dat ongeveer elke westerse vrouw constant op dieet staat en dat eetstoornissen de pan uit swingen. Het gevecht tegen de sigaret winnen we op alle fronten, maar ‘the war on drugs’ hebben we verloren. De regulering van erotiek beperkt zich in het Westen tot het vaststellen van de seksuele meerderjarigheid en de noodzaak tot wederzijdse toestemming, in het Oosten zijn kinderhuwelijken geen uitzondering en vrouwenbesnijdenis wordt in het Zuiden nog steeds uitgevoerd. Man en vrouw zijn gelijk, maar in de twee demografisch talrijkste en straks ook economisch belangrijkste culturen, China en India, telt een vrouw nog altijd niet mee.

Alle ideologieën reguleren de toegang tot genot, maar de manieren waarop zijn erg verschillend. Daarnaast delen ze nog één punt: elke ideologie acht de eigen regelgeving superieur en beschouwt die van anderen als onderontwikkeld, achterlijk of decadent.

Agressie en angst

De verhouding tegenover de ander kan op verschillende criteria berusten: zelfde of verschillend geslacht, sociale klasse, huidskleur, kledij. Deze zichtbare verschillen drukken een andere identiteit uit, in termen van andere waardenopvattingen en sociale verhoudingen. Een man in maatpak schept andere verwachtingen dan een dertiger in een T-shirt en baggy jeans. Merkwaardig genoeg kunnen zowel gelijkheid als verschil aanleiding geven tot agressie. Van iemand die al te zeer op ons lijkt, willen we afstand nemen; we willen het verschil maken. En verschilt iemand te veel van ons, dan willen we diegene ofwel gelijk aan onszelf maken (‘integratie’), óf we willen zelf op hem lijken (‘*If you can’t beat them, join them*’).

Deze verhouding tussen samenvallen met (identificatie) en afstand nemen van (separatie) is bij uitstek bepalend voor onze identiteit: ik ben ik omdat ik bij deze groep behoor, en zeker niet bij die andere. Hoe meer ik mij kan afzetten tegen die andere groep, de andere als ander, des te meer voel ik mij verbonden met mijn eigen groep, met de andere als gelijke. Waar de groepssamenhang wegvalt, wordt de identiteit zwakker, chaotischer, en zal agressie binnen de eigen groep, tegenover de andere als gelijke, zonder twijfel toenemen. Politici passen dit intuïtief toe: wanneer het volk onrustig wordt, creëer dan een externe vijand, de ander als andere, en de gelederen zullen zich sluiten. De klassieke joodse religie kende al de zondebok, die op Grote Verzoendag symbolisch beladen werd met alle zonden en letterlijk de woestijn in gejaagd werd.

Een goed evenwicht tussen gelijkheid en verschil met de ander is ontzettend belangrijk, zowel maatschappelijk als binnen onze eigen verhoudingen. De huidige populistische aandacht voor zaken als integratie, tolerantie, racisme is eigenlijk geen aandacht, maar levert veeleer een illustratie van het probleem: óf het is een zaak van verplichte gelijkheid, óf van verplicht verschil. Mocht iemand denken dat het alleen maar over moslims gaat, dan nodig ik diegene uit om de nationale Belgische politiek van de laatste jaren eens te bekijken. Ieder debat over ideologie en identiteit moet rekening houden met een noodzakelijke balans tussen gelijkheid en verschil, elk met de bijbehorende agressie en angst. Een maatschappij die al haar leden zoveel mogelijk gelijk wil maken, is evenzeer tot mislukken gedoemd als een samenleving die zoveel mogelijk verschil probeert te bevorderen. Een voorbeeld van het eerste vind ik in de communistische experimenten uit de vorige eeuw, een voorbeeld van het tweede in ons huidig maatschappelijk bestel. Vandaag de dag gedragen wij ons meer en meer als een verzameling individuen zonder gemeenschappelijke band – waarom dat zo is komt aan bod in het tweede deel van dit boek.

Psychoanalytisch beschouwd bevat de identiteitsvorming een dubbel risico, steeds met agressie als gevolg. Wanneer het eerste proces – identificatie, het gelijk zijn aan – binnen een maatschappij te eenzijdig plaatsvindt, ontstaat er een groep van gelijken (liefst in uniform) met aan het hoofd een dirigerende autoriteitsfiguur die ervoor zorgt dat de agressie naar buiten gericht wordt, naar en tegen een andere groep. Daar zijn helaas meer dan genoeg historische voorbeelden van. De ironie wil dat Freud in zijn *Massapsychologie en de analyse van het ik* dit mechanisme heel accuraat beschreven heeft, zo'n tien jaar voor het nazisme er de perfecte illustratie van leverde.

Het tweede risico is dat bij de identiteitsontwikkeling het aspect groepsvorming te weinig aan bod komt en alle accent komt te liggen op separatie en individualisme. Concurrentie, sociale isolatie en eenzaamheid zijn het gevolg. In mijn jargon: een narcistische agressie tegen het spiegelbeeld dat we in de ander menen te zien, met als resultaat een voortdurende onbevredigdheid en een daarbij aansluitende afgunst. De stap naar geweld is dan erg klein, ook al omdat agressie zich zal richten op de anderen in de onmiddellijke omgeving.

Een maatschappij waarin de verschillen te groot zijn, is even onleefbaar als een maatschappij die een totale uniformiteit installeert, en beide bevorderen ze geweld. Bekend is dat te grote verschillen agressie uitlokken, van de Friese broodopstanden uit de vijftiende eeuw tot de hedendaagse rellen in de Europese voorsteden waarvan we nog maar het begin gezien hebben; geideologiseerd heet deze agressie klassenstrijd. Dat geweld eveneens zijn intrede doet wanneer het verschil wegvalt of ontkend wordt, is intuïtief minder makkelijk aanvaardbaar, ook al omdat we met deze situatie minder geconfronteerd worden.*

Een geslaagde maatschappij heet geslaagd wanneer er een

* Het idee dat spiegeling en gelijkheid een bron van agressie zijn, ontbreekt in de hedendaagse gehechtheidstheorie. In de oudere lacaniaanse studies over het spiegelstadium is dit idee wel aanwezig. Een andere hedendaagse uitwerking hiervan is natuurlijk René Girard met zijn theorie over het mimetisme. Een degelijke introductie valt te lezen bij Van Coillie, G. (2011).

leefbaar evenwicht heerst tussen gelijkheid en verschil, waarbij agressie minder gevaarlijke uitwegen vindt. Voetbal is inderdaad oorlog, kunst verzacht de zeden, carnaval zorgt voor toegelaten ontsporing, en rituele zondebokken de woestijn in jagen is niet eens zo'n slecht idee. Dit is een te koesteren inzicht: elke groep, of ruimer, elke maatschappij, heeft een uitlaatklep nodig, als sanitaire maatregel ter hantering van de onvermijdelijke agressie. Is die uitlaatklep er niet, dan zal élke groep, zonder uitzondering, met een zekere regelmaat zelf reële zondebokken creëren en ze ook daadwerkelijk slachtofferen – pesten is daar een voorbeeld van. Dan toch liever voetbal.

Identiteit is ideologie

We worden niet met onze identiteit geboren, verre van dat; wél met een aantal mogelijkheden en gerichtheden. Wie we worden hangt af van de interactie met de ander, of ruimer, met de omgeving en de cultuur, waarvan we identiteitsverlenende boodschappen overnemen of weigeren. Dit proces gaat levenslang door, ons 'ik' is nooit af. Veranderingen na de volwassenheid zijn zelden spectaculair, en meestal van de orde van nuancering, verschuiving en uitbreiding. Toch ben je op je vijftigste iemand anders dan op pakweg je vijfentwintigste, zeker als je ondertussen (groot)vader of (groot)moeder bent geworden. In een stabiele omgeving verandert identiteit geleidelijk. Treden er abrupte maatschappelijke veranderingen op – denk aan de vroegere Oostbloklanden – dan zorgt dit voor een serieus breukvlak en snelle wijzigingen. Dezelfde redenering geldt ook voor het individu. Radicale breukvlakken, meestal ten gevolge van een ongeval, een ernstige ziekte of een trauma, zorgen voor radicale veranderingen: iemand is dan 'zichzelf' niet meer.

Aangezien de identiteitsverlenende boodschappen van de ander, of ruimer, vanuit de groep komen, zullen de individuele identiteiten binnen een groep (van de familie tot de natie, met taal als verbindende factor) een sterke mate van overeenkomst vertonen. In die zin is het mogelijk te spreken over een groepsidentiteit: 'de' Gentenaar, 'de' Amsterdammer, 'de' Vlaming, 'de' Nederlander, 'de' Europeaan. Voor deze ruimere identiteit geldt dezelfde redenering als voor de individuele: er bestaat geen oorspronkelijke versie, behalve een mythische. De vorming van een collectieve identiteit gebeurt evenzeer op basis van interactie, zij het met een nog ruimere omgeving en op een grotere tijdsschaal, en ook zij is nooit voltooid of vaststaand. Ter illustratie: de Duitse identiteit roept vandaag het beeld op van een gedisciplineerd, hypergestructureerd ingenieurstype – we hoeven er maar de buitenlaag af te krabben en de Pruis springt tevoorschijn. Een dergelijke inkleuring is het resultaat van de twee wereldoorlogen uit de vorige eeuw, en in films als *Die Hard* spreken de perfect georganiseerde slechteriken nog steeds Duits. Ondertussen zijn wij samen met de hedendaagse Duitsers vergeten dat het beeld van 'de' Duitser in de negentiende eeuw een combinatie was van de boer-met-pijp, de dichter en de filosoof – een totaal ander iemand dus.

Dergelijke inhoudelijke veranderingen zijn wat men noemt macrosociaal; ze gaan over de evoluties van een maatschappij. Net zoals we individuen kunnen typeren aan de hand van hun identiteit en hun verhouding tegenover anderen, kunnen we ook maatschappijen gaan begrijpen. Gemakshalve bespreek ik dit in gepolariseerde termen: vol versus leeg, open versus gesloten, stabiel versus labiel.

Ideaal beschouwd biedt een maatschappij haar leden een rijk en gediversifieerd aanbod van verhalen waarmee mensen een eigen identiteit kunnen uitbouwen. 'Vol' betekent dat iedereen voor de antwoorden op de existentiële vragen kan putten uit een ruim cultureel geheel. In het slechtste geval is het aanbod leeg en arm, en kijkt men in een spiegel die een stereotiep beeld weerkaatst. Een maatschappij die het culturele aanbod zwaar gecensureerd heeft en die haar burgers een standaardverhaal voorhoudt, produceert stereotiepe mensen. In hun extreme versie leveren beide polen ook een typische identiteitsstoornis op. In het eerste geval kan men zo overvol van 'zichzelf' zijn dat het in grootheidswaan uitmondt – denk aan de Britten in het victoriaanse tijdperk: *Britannia rules the waves*. In het andere geval betekent men als individu niets, is men niemand; dan zie je ook meteen de typische depressieklachten – denk aan de lege, met wodka verdoofde Russische 'ziel' uit het Oostbloktijdperk.

Een tweede formeel kenmerk betreft het open of gesloten karakter van een maatschappij. Bij een open maatschappij mogen verschillende narratieven naast elkaar bestaan, waardoor mensen meer keuzemogelijkheden krijgen en gewoonlijk ook zelf, als weerspiegeling van dit open karakter, een meer open geest ontwikkelen. 'Open-minded' zijn is een effect van een 'open society'. In het omgekeerde geval moet men het doen met een gesloten narratief waarbij alles wat anders is, onmiddellijk geweerd wordt als slecht en bedreigend. Vergelijk de Nederlandse maatschappij tijdens de gouden eeuw, toen ongeveer alle Verlichtingsdenkers naar Amsterdam kwamen, met bijvoorbeeld een gesloten zwartekousengemeenschap. In extreme versies levert het eerste een hysterische persoonlijkheid op, die zich telkens opnieuw moet aanpassen aan de nieuwste hype. Het tweede mondt uit in de klassieke dwangneurose, waar alles en iedereen op een netjes geregelde afstand gehouden moet worden en smetvrees de omgang met de buitenwereld bepaalt.

Ten slotte kan een maatschappij ook stabiel of labiel zijn. Dit kenmerk heeft vooral te maken met de kracht van het dominante narratief – hoe steviger, hoe stabieler de uitwisseling en dus de identiteitsvorming. Te veel stabiliteit kan verglijden naar autoritaire starheid, met als bijbehorende stoornis de 'autoritaire persoonlijkheid' van de cultuurfilosoof Adorno. Vandaag is het risico daarop eerder klein, en verschuiven we naar de andere kant van het continuüm. Wanneer er geen duidelijk narratief voorhanden is binnen een 'liquid modernity', naar de uitdrukking van de Pools-Britse socioloog Zygmunt Bauman, ontstaat er ook zoiets als een 'liquid identity'. Voorbij een bepaalde grens mondt die vloeibaarheid uit in de borderlinepersoonlijkheidsstoornis, waarin een labiele identiteit de ene emotie na de andere vertoont.

Daarmee kan ik de belangrijkste conclusie van mijn eerste hoofdstuk formuleren: identiteit is steeds een product, een constructie op grond van een wisselwerking tussen degene die de identiteit draagt en de ruimere omgeving. Op formeel vlak kan een identiteit vol of leeg zijn, open of gesloten, stabiel of labiel. Centraal in de inhoud staat een min of meer samenhangend geheel van normen en waarden die teruggaan op door de groep gedeelde opvattingen en ideologie. In vakjargon: het grotere narratief van een bepaalde cultuur. Als dat samenhangende geheel ingrijpende wijzigingen ondergaat, heeft dit zonder twijfel gevolgen voor de daarbij aansluitende identiteiten: die zullen evolueren in de richting van het nieuwe narratief met de nieuwe normen en waarden.

Identiteit heeft alles te maken met ethiek.

2

Ethiek: van zelfrealisatie naar zelfverloochening

Je kan tegenwoordig geen krant lezen of er staat wel ergens een artikel dat ach en wee roept over het verlies van normen en waarden. Soms probeer ik mij daar iets plastisch bij voor te stellen: een oude heer tast verschrikt in zijn binnenzak en kijkt zoekend om zich heen – waar ben ik het laatst geweest, heb ik toen mijn jasje uitgetrokken, en wie zat er nog meer aan hetzelfde tafeltje? Blijkbaar beschouwen wij normen en waarden als iets wat je al dan niet kunt hebben en bijgevolg ook kunt verliezen en vervolgens terugvinden, met als algemene teneur dat we ze vandaag de dag kwijt zijn.

Op dat vlak is onze tijd een constante hoogmis voor onheilsprofeten en populistische politici. Sla de krant maar open: kind-misdadigers, pestende volwassenen, pedofiele bisschoppen, besluiteloze bestuurders, graaicultuur en jongeren zonder burgerzin – je weet niet waar je moet beginnen. Naar aloude religieuze traditie zoeken we een zondebok, dat bevordert de nachtrust. De kortzichtigen onder ons leggen de schuld bij het langharig werkschuw tuig van mei '68, dat zo nodig die vrije liefde wou. Verontruste intellectuelen gaan een stap verder en zoeken de oorzaak in de Verlichting van de achttiende eeuw. Het langharig tuig van toen (al ging het dan om pruiken) kwam op het lumineuze idee alle klassieke normen en waarden in twijfel te trekken, de religie af te schaffen, de republiek in te voeren en de Rede als leidraad te nemen. En kijk eens waar het ons gebracht heeft, zo luidt ongeveer de boodschap die de laatste tijd her en der te lezen valt.

Binnen ons taalgebied is filosoof Ad Verbrugge, auteur van onder meer *Tijd van onbehagen*, hiervan de bekendste vertegenwoordiger. Net als veel andere auteurs legt hij de oorzaak van ongeveer alle kwaad bij onze toenemende individualisering en dalende spiritualiteit, waarvan het startpunt bij die vermaledijde verlichte filosofen ligt. In *After Virtue* voorziet de Schotse filosoof Alasdair MacIntyre een en ander van een ruimer historisch kader: een rationele moraal kan slechts functioneren zolang er nog sporen zijn van een religie – is die eenmaal uitgewist dan is het hek van de dam, en dat is wat we volgens hem nu meemaken. De Britse politiek filosoof John Gray levert hiervan een meer populaire versie, waarbij hij het verdwijnen van traditie, het overwicht van de rede en het daarbij aansluitende utopische vooruitgangsidee als voortekenen van de Apocalyps beschouwt. Ondertussen heeft deze kritiek ook de algemene pers bereikt: in *The Guardian* van 28 september 2010 benoemt columnist George Monbiot het 'Enlightenment model' als tegen de menselijke aard indruisend en meteen ook als de bron van de huidige maatschappelijke puinhoop. Overal valt de populaire remedie te horen: meer kerk, meer politie, meer bestraffing en alles wordt beter. Vader pijprokend aan de haard, moeder kokend aan het fornuis, de kinderen op tijd naar bed. En liefst overal camerabewaking.*

* Ik kan het niet laten hier Reves *De Blijde Boodschap* te citeren:

Ik zat met kloppend hart voor de kleurentelevisie,
en dacht: 'Zijne Heiligheid zal toch wel gewag maken
van het toenemend verval der zeden?'
En ja hoor, nauwelijks was hij begonnen, of ik hoorde al:
decadentia, immorale, multi phyl ti corti rocci;
influenza filmi i cinema bestiale
contra sacrissima matrimoniacale

Daartegenover staan de encyclopedisch onderbouwde studies van historicus Jonathan Israel die een onderscheid maken tussen gematigde en radicale Verlichting. De gematigden probeerden rede en religie met elkaar te verzoenen, met als resultaat dat we van beide het slechtste overhielden, zonder de voordelen. We redeneren vandaag nog steeds in wat Philipp Blom in *Het verdorven genootschap* 'stilzwijgend aanvaarde theologische concepten' noemt. Functioneringsgesprekken zijn de nieuwste versie van de biecht, zij het zonder kans op absolutie. Het lijf moet nog altijd bedwongen worden, met anorectische fotomodellen als nieuwe heiligen die maken dat we ons schuldig voelen omdat hun zogenaamde ideale vormen voor ons onbereikbaar zijn. In zijn boek toont Blom overtuigend aan dat we tegenwoordig juist méér radicale Verlichting nodig hebben, in plaats van de halfzachte en pseudoreligieuze versie, gebaseerd op Voltaire en Rousseau. Met vooral meer aandacht voor het passionele in de mens, naast het rationele.

Wanneer iets verdwijnt, keert het dikwijls in vermomming terug. Het zogenaamde verlies van de normen en waarden heeft een niet te stoppen vermenigvuldiging van verschillende soorten ethiek veroorzaakt: bio-ethiek, media-ethiek, medische ethiek, contract-ethiek, zorgethiek, enzovoort. Overigens liggen de meesten van ons daar niet wakker van en beschouwen we al die ethiekjes als een vorm van bezigheidstherapie voor bejaarde heren die vanuit een stoffig kantoor om de zoveel tijd richtlijnen produceren waar niemand op zit te wachten. Zelfs het woord op zich – ethiek! – klinkt oubollig. Wie houdt zich daar nog mee bezig, behalve gestoorde fi-

criminale atheistarum rerum novarum,
(et cum spiritu tuo), cortomo:
nix aan de handa.
Het was jammer, dat het zo kort duurde.
Maar toen het uit was, was er fijne muziek van het leger.
Ik vind dit leven al geweldig. En straks nog
het eeuwige leven in de Hemel. Je vraagt je weleens af:
'Waar hebben wij het aan verdiend?'

guren die stamcelonderzoek willen tegenhouden en liefst ook nog Darwin uit de schoolboeken willen verbannen?

Als gevolg van deze zichzelf vermenigvuldigende ethiekjes is er vandaag een kafkaëske papiermolen aan het draaien waaraan niemand nog ontsnapt, en het aantal regels en richtlijnen kent een nooit geziene wildgroei. Van Kooten en De Bie bedachten er zelfs een nieuw woord voor: 'regelneven'. Ter illustratie: nog niet eens zo lang geleden besloeg het examenreglement aan mijn universiteit al jaren dezelfde anderhalve bladzijde. Ondertussen werd het omgedoopt tot OER (Onderwijs- en Examenreglement) en inmiddels gaat het om een meer dan vijftig pagina's tellend document dat voortdurend aanvullingen en wijzigingen ondergaat. Geen wonder dat het merendeel van de mensen die in de praktijk staan het niet erg begrepen hebben op al die commissies, die het echte werk alleen maar bemoeilijken. In deze opvatting staat ethiek naast of zelfs tegenover wetenschap en techniek en, ruimer, naast of zelfs tegenover de professionele wereld. We kunnen ons daar beter zo snel mogelijk van bevrijden, en laat ons alsjeblieft ons werk doen.

Op grond van het vorige hoofdstuk zal de lezer begrijpen dat een dergelijke opvatting niet de mijne is – integendeel. De irritante effecten van allerlei banale regelgeving die ons het leven zuur maakt, heeft tot gevolg dat we de eigenlijke betekenis van ethiek uit het oog verliezen. Op de keper beschouwd zijn normen en waarden onze manier om met ons lichaam en met dat van anderen om te gaan. Ze bepalen meteen wie wij zijn en maken bijgevolg integraal deel uit van onze identiteit. Zoals ik in het eerste hoofdstuk beschreven heb, ontstaat onze identiteit ten volle via de wisselwerking met de buitenwereld, met de anderen, van wie wij leren wie we zijn, wat we voelen en hoe we ons horen te gedragen. We kunnen die normen en waarden evenmin verliezen als onze identiteit. Beide kunnen wel veranderen, en zullen dat steeds in dezelfde beweging doen. Veranderingen op ethisch vlak zijn veranderingen op het vlak van identiteit, en omgekeerd. Bovendien zullen dergelijke veranderingen altijd wijzen op een verandering in de ruimere omgeving waaruit het individu zijn identiteit en bijgevolg zijn normen en waarden gaat putten.

Pakweg sedert de jaren zeventig beschouwen we identiteit als iets van ons, alléén van ons, en vinden we het moeilijk om te aanvaarden dat we een flink stuk minder origineel zijn dan we denken. Normen en waarden daarentegen leggen we buiten ons, en we vinden het moeilijk om toe te geven dat ze deel uitmaken van wie we zijn. Die moeilijkheid heeft alles te maken met het beoordelende karakter dat in ethiek vervat ligt. Een oordeel, en zeker een morele veroordeling, is in deze tijden van politieke correctheid op voorhand verdacht. Iets wat dus veroordeeld wordt.

Onze huidige opvatting over ethiek, als een vaak banaal en altijd storend extern regelsysteem, is bijgevolg een effect van een bepaalde maatschappelijke evolutie die ons deze boodschap voorhoudt. Tezelfdertijd heeft die veranderde maatschappij een aantal nieuwe normen en waarden opgelegd die we nauwelijks herkennen als normen en waarden. In het tweede deel van dit boek zal ik het hebben over materieel succes als de belangrijkste *morele* maatstaf van vandaag. Ethiek of moraal bepalen inderdaad het onderscheid tussen goed en kwaad.

Alleen al het gebruik van die twee woorden roept vandaag de dag wrevel op. Een dergelijke reactie is erg vreemd, want we stellen de vraag naar dat onderscheid al heel de geschiedenis van de mensheid. Meteen is dit ook de vraag naar 'het wezen' van de mens, en dus andermaal een vraag naar wie we zijn.

Studie van die geschiedenis toont dat er twee antwoorden lijnrecht tegenover elkaar staan, samen met twee visies op de identiteitsontwikkeling. In de ene opvatting is de mens in wezen goed, en de maatschappij moet er vooral voor zorgen dat die goede inborst ten volle tot ontwikkeling kan komen. In de andere visie is de mens in wezen slecht, en de maatschappij moet er streng op toezien dat die slechte inborst zoveel mogelijk ingeperkt wordt. Een maatschappij waarin zelfrealisatie centraal staat, gaat uit van de veronderstelling dat de mens in wezen goed is – vandaar dat zelfrealisatie een goed idee is. Een maatschappij die uitgaat van een tegenovergesteld mensbeeld, zal gericht zijn op zelfverloochening; het gaat erom dat slechte in toom te houden. Regelmatige controle is noodzakelijk en de teugels moeten strak aangehaald blijven. Deze opvatting heeft in het Westen de toon gezet, met de christelijke ethiek als voorlaatste vormgeving.

Voorlaatste, inderdaad. Tegenwoordig koesteren wij de illusie dat we ons daarvan bevrijd hebben, terwijl we met enige angst naar het volgende functioneringsgesprek stappen en kinderlijk blij zijn als we een gunstige evaluatie krijgen. Dus toch maar even de geschiedenis bestuderen.

Ethiek van de Klassieken – een goed karakter heeft mores

Nagenoeg alle lezingen leggen het startpunt van de westerse moraal in de antieke wereld en de latere christelijke bewerkingen daarvan. In de Griekse natuurfilosofie – een thans verdwenen mengvorm van filosofie en wetenschap – en dan vooral bij Aristoteles vinden we meteen een krachtig argument om identiteit en normen en waarden als één geheel te beschouwen. Hij koppelt *ethos*, gewoonte, aan *èthos*, karakter, waarbij een goed karakter berust op goede gewoontes. Een dergelijke koppeling tussen ethiek en karakter zijn wij vergeten. Het geheugen dat verborgen ligt in de taal weet dat wel nog: ‘Hij heeft een slecht karakter’, ‘C’est un petit caractère’.

In deze redenering schuilt een duidelijk uitgangspunt: ethiek ligt ingebakken *in* de mens. Voor Aristoteles is dat simpelweg een biologisch gegeven. Overigens zit het niet alleen in ons: in zijn redenering bevat elk organisme een levensdoel, een *telos*, dat het zo optimaal mogelijk probeert te realiseren. Het welslagen of mislukken hangt zowel af van de omgeving als van de inspanningen die dat organisme zelf verricht. Aldus beschouwd is het doel van elke levensvorm zelfrealisatie, het zo goed mogelijk worden van wat men in de kiem reeds is.

Voor de mens is dat doel ervoor zorgen dat jijzelf en je familie zo gelukkig mogelijk worden en dat je je ontwikkelt tot een voortreffelijk lid van de gemeenschap. Die twee doeleinden zijn in de redenering van Aristoteles onverbrekelijk verbonden, omdat de mens in wezen een *zoön politikon* is. De courante vertaling luidt 'politiek beest', maar dat is niet helemaal correct. *Politikon* komt van *polis*, de toenmalige stadstaat en meteen de voorloper van de westerse democratie. Een meer correcte vertaling is dan ook 'gemeenschapsdier'. Als een mens een optimale ontwikkeling doormaakt en realiseert wat er in hem aanwezig is, dan wordt hij een volwaardig lid van de gemeenschap, en precies daardoor wordt hij ook zelf gelukkig.

Een dergelijke zelfrealisatie binnen een gemeenschap komt neer op de ontwikkeling van bepaalde deugden of *arètai*, die in de kiem in elk van ons zitten: wijsheid, rechtvaardigheid, gematigdheid en moed. Die ontwikkeling is een zaak van evenwicht, want als we van een bepaald kenmerk te weinig hebben, realiseren we onszelf niet optimaal. Als we overdrijven is het evenmin goed, en in beide gevallen betaalt zowel het individu als de gemeenschap daar een prijs voor. Dit evenwicht is een product van zelfkennis, aangezien zelfkennis tot zelfbeheersing leidt. Kennen we onszelf, dan zijn we beter in staat onszelf te beheersen. Precies daarom stond boven de ingang van de Delphi-grot het in mijn vorig hoofdstuk reeds aangehaalde Gnothi seauton, ken uzelf, te lezen.

De meest voortreffelijke mens is diegene met de grootste (zelf) kennis, en hij is bijgevolg het meest geschikt om leiding te geven. De belangrijkste ethische fout die iemand kan begaan, is de *hybris*, de zelfoverschatting waardoor hij niet alleen zichzelf maar ook – en dat is veel erger – de zijnen en zelfs de gemeenschap in het verderf kan storten. In de Griekse tragedies keert dit thema voortdurend terug. Tegenover de hybris staat de *sophrosune*, de koppeling van matigheid aan wijsheid waardoor iemand in staat is tot zelfbeheersing.

Het bekendste voorbeeld is *Oedipus Rex* en de ondergang van Thebe. Oedipus kent zichzelf niet, verliest tot twee keer toe zijn zelfbeheersing (in confrontatie met zijn voor hem onbekende vader en in confrontatie met de sfinx), waarvoor zowel hij, zijn kinderen als de stad zullen moeten boeten. Dat Oedipus zich daar niet van bewust is, verhoogt het tragisch gehalte maar pleit hem niet vrij.

De bestraffing van een hele familie voor de misdaad van één lid ervan, ruimer zelfs, de ondergang van een stad als straf voor de misdaad van haar leider, is voor ons onbegrijpelijk. Even onbegrijpelijk als het idee dat zelfzorg en een optimale zelfrealisatie van een individu meteen ten goede komen aan de gemeenschap. Dit toont hoezeer onze opvattingen veranderd zijn, meer bepaald hoe wij het individu beschouwen als lijnrecht staand tegenover de groep, elk met hun eigen belangen. Aristoteles ging uit van een volledig ander idee: de mens is een zoön politikon, een sociaal wezen, en wat hij goed of slecht doet, is automatisch ook goed of slecht voor de groep. Dit is zo vanzelfsprekend dat Aristoteles het in zijn *Ethica Nicomachea* niet eens nodig vindt om dit toe te lichten. Een ethiek en een identiteitsontwikkeling gericht op het belang van het individu zijn voor hem en zijn tijdgenoten letterlijk ondenkbaar.

De Griekse filosofen werden afgelost door de Romeinse juristen, met als gevolg een koppeling tussen ethiek en het officiële recht. Dit verband komt in de eerste eeuw van onze jaartelling aan bod bij een uitdrukking in de *Annales* van de Romeinse geschiedschrijver Tacitus: *Non mos, non ius*, indien iets geen gewoonte(recht) is, dan kan het ook geen (geschreven) wet worden. Wat meteen duidelijk maakt dat moraal alles te maken heeft met de manier waarop verhoudingen tussen mensen vorm krijgen door traditie en gewoonte, waarbij een deel van die omgangsvormen ook in wetten gegoten wordt. Iemand mores leren (het meervoud van *mos*) betekent iemand verplichten de gewone, traditionele omgangsvormen te volgen – de huidige verplichte inburgeringscursussen betekenen bijgevolg dat wij asielzoekers mores leren. Onze mores, als deel van onze identiteit.

In de Grieks-Romeinse oudheid werd ethiek beschouwd als de ontwikkeling van een aantal wezenlijke kenmerken – zelfrealisatie dus. De daarbij aansluitende mensvisie beschouwt het individu als lid van een gemeenschap. In het daaropvolgende, christelijke tijdperk verandert dit ingrijpend: ethiek wordt van buitenaf opgelegd, door een goddelijke instantie. In de daarbij aansluitende mensvisie verschuift het accent van de Griekse burger die dient bij te dragen tot de gemeenschap, naar de christelijke gelovige die zichzelf moet kastijden in de hoop op verlossing in het hiernamaals. Zelfrealisatie maakt plaats voor zelfverloochening.

Christelijke moraal: de mens is door en door slecht

Zowel voor Aristoteles als voor de Kerk is de ethiek stevig gegrond, bij de eerste intern, in de biologie, voor de tweede extern, in God. Anders gezegd: ethische regels zijn niet arbitrair. Dat is de belangrijkste overeenkomst tussen de klassieke visie op ethiek en de christelijke moraal; daarna zijn er vooral verschillen. Ik zet die even op een rijtje, omdat ze ons denken tot op de dag van vandaag veel meer bepalen dan we wel vermoeden.

Voor het christendom is de mens onderworpen aan een hogere autoriteit *buiten* hem, namelijk de ene en ware God, wiens geboden gehoorzaamd moeten worden, op straffe van verdoemenis. Elke poging te ontsnappen aan zijn alziend oog is tot mislukken gedoemd, we krijgen gegarandeerd de rekening gepresenteerd. De mens moet een zo deugdzaam mogelijk leven proberen te leiden, met slechts één doel en geen ander: het verwerven van het eeuwige leven in het hiernamaals. Het leven hier op aarde is alleen maar van belang in het licht van dat hiernamaals.

Het leiden van een deugdzaam leven is erg moeilijk omdat de mens in wezen slecht is. Volgens de christelijke leer draagt immers iedereen op basis van de erfzonde het slechte in zich, met de vrouw, in de figuur van Eva, als bron van alle kwaad. Laat de mens zijn ding doen, en hij verkracht zijn moeder, doodt zijn vader en steelt van zijn broer. Zelfrealisatie is helemaal geen goed idee, zelfverloochening is noodzakelijk. Voor de christen is moraal een gevecht tegen het kwaad dat in hem woekert. Kennis willen verwerven is ook al uit den boze, want daar is alle ellende mee begonnen. Eva wou in de vrucht bijten van de Boom der Kennis; nota bene: kennis over goed en kwaad. Juist daarom werd ze samen met Adam uit het paradijs gezet. Kennis nastreven is bijgevolg ijdel, de gewone stervelingen kunnen dat maar beter overlaten aan God en zijn dienaren, en zich concentreren op biecht, boetedoening en zelfpijniging.

Voor de klassieken was de man met de grootste (zelf)kennis het meest geschikt om leiding te geven – de *primus inter pares*, de eerste onder de gelijken. Bij de christenen ligt dit helemaal anders: de leider wordt door God geroepen, en neemt een tussenpositie in tussen het opperwezen en de gelovigen. Daarmee ontstaat er meteen een duidelijke rangorde. God staat bovenaan, gevolgd door de door Hem verkozen leider. De gemeenschap en de politieke overheid zijn daaraan ondergeschikt, en de wetten van een land stellen niets voor in vergelijking met die van het Koninkrijk Gods. De Romeinse keizers gooiden de christenen voor de leeuwen niet omwille van hun geloof op zich, maar omdat ze de wetten van het keizerrijk niet wilden volgen. De Romeinen waren zeer tolerant op religieus vlak, maar burgerlijke ongehoorzaamheid was onaanvaardbaar.*

De klassieke ethiek ging uit van de immanentie: de kiem van de normen en waarden ligt in de mens. In tegenstelling daarmee doet het christendom het idee postvatten van de zogenaamde transcendentie, letterlijk: de overstijging. Al het goede ligt bij God, die boven alles uittorent. De mens is geschapen naar zijn beeld en gelijkenis en staat bijgevolg boven de natuur. De vanaf de vroege middeleeuwen populaire *Scala Naturae*, de ladder van de natuur, toont een strakke hiërarchische verhouding en kent aan elk wezen zijn door God bepaalde trede toe; het is van doorslaggevend belang dat iedereen zijn juiste plaats kent.* Studie van de natuur is studie van die ladder en wat er zich op bevindt, gaande van het stof tot de – inderdaad – zevende hemel.

De ladder is zowel volledig als onveranderlijk, aangezien God alles geschapen heeft wat er te scheppen viel. Verandering behoort niet tot de mogelijkheden, en wie zijn plaats wil verlaten begaat een hoofdzonde: de *superbia*, hoogmoed, als opvolger van de Griekse hybris. In het volgende hoofdstuk zal ik aantonen hoe deze centrale overtuiging – de onveranderlijkheid van de mens – pas honderd jaar geleden in haar tegendeel gekanteld is, en hoe deze kanteling tot op de huidige dag zeer ingrijpende gevolgen heeft. Om dat te begrijpen, ga ik kort in op iets wat op het eerste gezicht weinig tot niets te maken heeft met ethiek

* Terzijde: dit is perfect herkenbaar in de clash tussen het Westen en de moslims. Wij hebben geen probleem met hun godsdienst; die mogen zij vrij belijden, op voorwaarde dat die niet botst met de sociaalpolitieke organisatie van onze maatschappij. Wat zij hun 'martelaren' noemen, beschouwen wij als terroristen, net zoals de Romeinen onze christelijke martelaren als opstandelingen behandelden omdat ze weigerden de Romeinse wetgeving te volgen.

en religie, laat staan met identiteit: het ontstaan van onze vorm van economie, en – in het kielzog daarvan – de eerste moderne ideeën over een ideale maatschappij.

Gods vrijdenkende handelaars

De christelijke ethiek blijft gedurende eeuwen overeind, met als resultaat een diepgewortelde overtuiging: de mens is slecht, verlossing is enkel te verwachten via onderwerping aan God. Hij heeft de natuur als een onveranderlijk gegeven geschapen, punt uit. De populaire geschiedenis wil dat dit doorbroken wordt door moedige wetenschappers die – op risico van niet te hoeven wachten op het hellevuur om het heel erg warm te krijgen – de sterren in kaart brachten, omtrek en levensduur van de aarde berekenden, in diepe krochten lijken ontleedden, enzovoorts. Dit is maar de helft van het verhaal, en bovendien de tweede helft. De religie werd eerst van binnenuit uitgehold, zoals uiteindelijk het geval is met elke ideologie. Vanaf het begin van de christelijke tijdrekening duiken er afwijkende interpretaties van Gods geboden op. Die ruzies zullen alleen maar toenemen, en in totaal kunnen we bijna veertig tegenpausen tellen, die allemaal beweerden de enige echte en ware vertegenwoordiger van God op aarde te zijn. De katholieke kerk mocht dan wel haar zeven deugden prediken, in de praktijk beleden de prelaten vooral de zeven hoofdzonden – op geld beluste, drinkende en wellustige monniken zijn er legio in elke middeleeuwse satire.

Merkwaardig genoeg ontstaat als gevolg van de religieuze overtuigingen een toenemend belang van arbeid en handel. Ondanks alle disputen was men het over één ding eens: de mens moest zijn plaats in de hemel *verdienen*. De Bijbel was in dat verband vrij duidelijk: 'In het zweet uws aanschijns zult gij brood eten.'

Vanaf de late middeleeuwen lukt dit zo goed dat er een nieuwe kapitaalkrachtige klasse ontstaat, waardoor de statische middeleeuwse standenmaatschappij (clerus, adel, boeren) doorbroken wordt. Er ontstaat een stedelijke cultuur, met nieuwe klassen en dus meteen ook nieuwe identiteiten (ambachtslui, bankiers, handelaars). Een dergelijk klimaat leidt vervolgens tot een opbloei van wetenschap, die voor het eerst min of meer ongehinderd mag denken en experimenteren.

De combinatie van al die factoren – religieuze discussies, nieuwe sociale klassen, wetenschappelijk onderzoek – kent een verheviging vanaf het einde van de middeleeuwen. In vergelijking met de voorafgaande periode kwam alles op losse schroeven te staan, moreel en religieus, intellectueel en politiek. Hele bevolkingsgroepen moesten verhuizen, wie achterbleef stierf een gewelddadige dood – en dat was nog het minste kwaad in vergelijking met de eeuwige verdoemenis in de hel, waarmee alle partijen dreigden. De Dertigjarige Oorlog (1614-1648) tussen katholieken en lutheranen werd voorafgegaan door die tussen katholieken en hugenoten (Franse calvinisten) en gevolgd door de Engelse Burgeroorlog tussen koning en parlement, katholieken en anglicanen, waarbij het hoe langer hoe minder duidelijk was wie tegen wie vocht. Het is in dit licht dat we de toenmalige uitspraken van Thomas Hobbes moeten begrijpen, over de oorlog van allen tegen allen (*Bellum omnium contra omnes*), en het leven dat 'ellendig, barbaars en kort' is (*nasty, brutish and short*). Als politiek filosoof ziet hij de mislukking van een op religie gebaseerde maatschappij en zal hij een voor die tijd ongehoorde remedie voorstellen, namelijk een op de rede en wetenschap gebaseerd politiek, en dus maatschappelijk stelsel.

De tijd was rijp voor dergelijke ideeën omdat verschillende groepen gelovigen de autoriteit van de Kerk niet langer erkenden. Op grond van de godsdienstoorlogen ontstond er een nieuwe, zeer succesvolle vorm van het christendom, het protestantisme, dat overeenkomstig zijn uitgangspunt (het verzet tegen een centrale autoriteit) al snel uiteenviel in ontelbare verschillende vormen.

De radicale versies (calvinisten, presbyterianen, hugenoten) zijn zowel radicaal in hun afwijzing van een centrale en menselijke autoriteit als in hun godsdienstbeleving. De mens wikt, maar God beschikt: volgens de dwingende leer van de predestinatie is elke mens voorbeschikt op grond van de erfzonde. Wat God voor jou beslist heeft, weet je niet; het enige wat een sterveling kan doen, is een leven leiden in de vreze Gods, waarbij soberheid gecombineerd wordt met werken 'in het zweet uws aanschijns'. Werelds succes kán een aanwijzing zijn dat men genade vindt in Gods ogen, en dient bijgevolg niet om van te genieten. Integendeel, het is enkel een bevestiging dat men nog harder moet werken. Winst moet vooral opnieuw geïnvesteerd om nog meer winst te maken. Amsterdam wordt het centrum, en de Verenigde Oost-Indische Compagnie is de eerste multinational met een overduidelijke politieke macht. Begin vorige eeuw heeft Max Weber dit verband uitvoerig beschreven in *Die Protestantische Ethik und der Geist des Kapitalismus*. De grondslag van onze economie ligt in onze religie.

Met het protestantisme ontstaat er een verschuiving naar een religieus individualisme dat niet wil buigen voor een wereldlijke autoriteit. Dit belet niet dat er een strenge moraal heerst; eerder is het tegendeel het geval. Een priester mag dan makkelijk omkoopbaar zijn, God ziet alles en daar is geen ontsnappen meer aan. Het doel blijft meer dan ooit het leiden van een deugdzaam leven onder de alziende blik van een strenge God. De Republiek der Zeven Verenigde Nederlanden is een religieuze meritocratie, je krijgt loon naar werken, waarbij het ultieme evaluatiegesprek in het hiernamaals plaatsgrijpt. Armoede en mislukking zijn niet het gevolg van tegenslag of toeval, maar wijzen op een religieus én moreel tekortschieten waarop een misprijzende stilte de meest gepaste reactie is. Omgekeerd getuigen succes en rijkdom van Gods zegen over de persoonlijke inspanning. De combinatie tussen godsdienst en economie zorgde voor spaarzaamheid en keihard werken: ziedaar het recept voor de Gouden Eeuw.

De afwijzing van de roomse centrale autoriteit legde de basis voor een open samenleving, waarin nieuwe opvattingen welkom waren, ook, en misschien zelfs vooral, als ze elders bestreden werden. Het is moeilijk een controversieel denker uit die periode (eind zestiende en zeventiende eeuw) te noemen die niet naar Amsterdam gevlucht is en daar zijn werk uitgaf. Hun uitvindingen krijgen bovendien heel snel ook een praktisch nut, wat dan weer de handel ten goede komt.

Zolang de beginnende wetenschap niet al te veel aan de religie tornde, was er geen vuiltje aan de lucht. Meer nog: de wederzijdse herkenbaarheid was groot. Net zoals de calvinisten zich rechtstreeks tot God wendden, ondervroegen de wetenschappers rechtstreeks de natuur. Experimenten en mathematisch ondersteunde bewijsvoeringen wezen de weg binnen een denken dat enkel de Rede als maatstaf erkende.

De zelfdiscipline die we bij de calvinisten én hun wetenschappers aantreffen, heeft merkwaardig genoeg als effect gehad dat zowel uit de wetenschap als uit de religie de menselijke factor verwijderd werd. Godsdienst mocht geen antropologische projecties bevatten (weg met God als opa-met-baard), net zoals wetenschap strikt objectief moest zijn (de wetenschapper als koele rationele machine). In beide gevallen is zelfverloochening nodig, bij wetenschap als voorwaarde om echte objectieve kennis te produceren, bij religie als voorwaarde om de goddelijke waarheid te bereiken. De enige 'zelfkennis' die zowel in religie als in wetenschap aan bod komt, is die welke stelt dat het menselijke slecht is, want onzuiver, besmet en subjectief.

Ethisch goed handelen krijgt vanaf deze periode de voor ons nog steeds tamelijk bekende bijklank van 'zelfoverwinning'. We willen allemaal wel het goede, maar het vlees is zwak en bijgevolg moeten we ons verzetten tegen dat vlees, en dus tegen onszelf. Hoe meer en hoe strenger we dit doen, des te hoogstaander is onze moraal; een 'zelf'-overwinning die geen inspanning kost, die telt niet mee. Het moet pijn doen. Het is wachten op Freud voordat het ziekmakende effect van een dergelijke ethiek duidelijk wordt.

Verdeeldheid, zelfverloochening en transcendentie

Zelfs een beperkte vergelijking met de Grieks-Romeinse moraal toont welke belangrijke verschuivingen het christendom heeft doen postvatten in ons denken over onszelf. De klassieke ethiek heeft alles te maken met gewoontes en karakter, en is een zaak van zelfrealisatie. In het wezen van de mens ligt een ingebakken doel: voortreffelijkheid, waarvan de realisatie gebeurt via zorg voor zichzelf met als resultaat zelfbeheersing. De beste leider is die met de grootste zelfkennis. Overmoed, hybris, straft steevast zichzelf, waarbij niet alleen het individu maar ook de gemeenschap getroffen wordt. Omgekeerd komt zelfzorg ook de gemeenschap ten goede, want de mens is wezenlijk een gemeenschapsdier (zoön politikon).

Het christendom begrijpt ethiek binnen een verhouding tussen de mens en iets wat hem overstijgt, 'transcendeert': God. Meer nog: het wezenlijke van de mens, zijn 'natuur', is slecht; vandaar dat zelfverloochening noodzakelijk is om het goede, het goddelijke te bewerkstelligen. Sowieso is dat slechts mogelijk in een hiernamaals, het leven in dit ondermaanse is tijdelijk en enkel van belang om de genade Gods te verwerven. Elke sterveling leeft in voortdurende angst en moet voortdurend aan gewetensonderzoek doen. Het resultaat is een innerlijke verdeeldheid, een nooit aflatend gevecht van de mens tegen zichzelf, vaak genoeg gevolgd door boete en straf, waarbij vooral het lichaam het moet ontgelden. Ook een volgehouden inspanning, via bidden en werken (*ora et labora*), biedt geen garantie op verlossing, maar je kan het maar beter doen, want op de Dag des Oordeels volgt de afrekening. Dergelijke inspanningen worden niet geleverd ten dienste van de gemeenschap, want de gelovige heeft enkel verplichtingen tegenover God.

Deze dubbele verschuiving is tot op de dag van vandaag herkenbaar en maakt ondertussen deel uit van onze identiteit. Ten eerste, en in tegenstelling tot de klassieken, ervaren wij ethiek en moraal als iets wat buiten ons ligt, en als iets wat ingaat tegen onze 'natuurlijke' neigingen – wat meteen betekent dat natuurlijke neigingen slecht zijn. Ten tweede zijn we ervan overtuigd dat we verantwoording verschuldigd zijn aan een oppermacht buiten ons, een almachtige instantie die iedereen voortdurend in de gaten houdt. Gevolg is dat we allerlei ontsnappingsroutes moeten bedenken en we eigenlijk liefst die almachtige instantie zouden uitschakelen.

Die verschuivingen drijven op een basisovertuiging: de mens – wij dus – is inherent slecht. Het idee van de erfzonde hebben we vervangen door een even vage sociaal-biologische invulling over de mens als wolf voor zijn medemens, over zelfzuchtige genen, enzovoort. Met die invulling nemen we zonder het te beseffen de klassiek Griekse visie over – ja, ethiek ligt ingebakken in de biologie, – zij het met een omgekeerd besluit: de mens is van nature slecht en de opvoeding moet dat eruit ranselen. Geen wonder dat wij ethiek en identiteit als twee aparte dingen ervaren, en voor zover men de vraag naar het wezen van de mens al stelt, is het antwoord daarop eerder pessimistisch.

Even een gedachte-experiment: we halen Aristoteles uit zijn graf en confronteren hem met deze veranderde visie op ethiek en identiteit. Gegarandeerd rukt de man zich de grijze haren uit het hoofd en begint hij te weeklagen over het verlies van normen en waarden. De typisch christelijke deugden – naastenliefde, hoop en geloof – beschouwt hij als gevaarlijke nieuwlichterij; onze innerlijke verdeeldheid is een gevolg van te weinig zelfkennis; de zelfverloochening is een stoornis. Vervolgens schrijft hij een nieuw traktaat, de *Ethica Romana Decadentia*, met als centraal idee dat men vandaag de dag de essentie, het wezen van de mens miskent. Wat hij niet zou begrijpen, is dat het niet gaat om een verlies van normen en waarden, maar om een identiteitsverandering op grond van een ruimere maatschappelijke evolutie, waardoor *andere* normen en waarden deel zijn gaan uitmaken van een identiteit waarin hij zichzelf als klassieke Griek niet herkent.

Daarnaast introduceerde het christendom nog een belangrijke wijziging die tot vandaag in onze identiteit aanwezig is, en die ons straks wel eens erg zuur zou kunnen opbreken. Als opperwezen troont God in de hemel, onder Hem staan de engelen, en op aarde is de man dat onderdeel van zijn schepping dat het dichtst bij Hem staat. Bijgevolg staat de man boven de andere schepselen, te beginnen met de vrouw. Meer nog: hij staat boven, en dus buiten de natuur; enkel het geestelijke telt, de ziel. Dit is de transcendentie, de overstijging, waarover ik het hierboven reeds had. Tweeduizend jaar christendom heeft deze overtuiging zo sterk ingeprent dat wij er niet in slagen te redeneren in termen van immanentie, het deel uitmaken van, een onderdeel zijn van de ruimere natuur.

Lectuur van Ton Lemaires *De val van Prometheus* heeft mij het belang daarvan geleerd. Een transcendente godsdienst geeft aan de gelovigen een vrijbrief om de natuur naar believen te gebruiken: ze staan erboven en erbuiten en die beesten hebben toch geen ziel (in de latere wetenschap: het zijn 'redeloze' wezens). Niet-levende dingen zoals grond, lucht en water zijn al helemaal onbelangrijk. Een immanente godsdienst daarentegen ervaart zowel het goddelijke als het menselijke niet als 'boven', maar als 'in' de dingen, als onderdeel van het grotere geheel. Wat meteen betekent dat je beter twee keer kunt nadenken voordat je dieren afmaakt, bossen platbrandt of rivieren vervuilt.

Niks mee te maken, denkt de hedendaagse vrijzinnige, die zich sust met biopeentjes. Nee? Vandaag spreken we over 'het milieu', over de noodzaak dat wij iets aan 'het milieu' moeten doen, ja, dat wij 'het milieu' aan het vernietigen zijn – iets *buiten* ons dus, dat zo ongeveer vier meter voorbij onze voordeur begint. Voor een klassieke Griek zou dit een ultieme illustratie van hybris zijn: het idee dat wij, als mens, buiten, ja, boven de natuur zouden staan, en dat wij haar zouden kunnen vernietigen. We raken die transcendente redenering niet kwijt, en het merendeel van ons is niet in staat de nochtans voor de hand liggende immanentie te zien. Homo sapiens maakt ten volle deel uit van de natuur en de 'straf' voor onze hybris is dat wij die natuur onleefbaar maken voor onszelf – 'het milieu' zal het dan wel zonder ons verder rooien.

Dit brengt mij bij het punt van de geschiedenis waar een belangrijke aflossing van de wacht plaatsgreep. In de tweede helft van de vorige eeuw verloor religie haar moreel gezag, wetenschap nam de fakkel over. De rooskleurige verwachting is dat deze verschuiving een nieuwe identiteit mogelijk gemaakt heeft, met andere normen en waarden, gebaseerd op de Rede.

3

Jongens en wetenschap: de maakbare mens

Onder invloed van het christendom ontstond de overtuiging dat we slecht zijn. De mens is slecht, de vrouw zo mogelijk nog slechter, want zij bracht het kwade in de wereld. De zeven hoofdzonden sommen zeven menselijke kenmerken op: hoogmoed, hebzucht, wellust, jaloezie, gulzigheid, gramschap, luiheid. We moeten zoveel mogelijk ingaan tegen onze eigen natuur – begrijp: tegen ons lichaam, in de hoop daarvoor beloond te worden in het hiernamaals. Dat vraagt hard labeur, en nooit zijn we zeker of we wel voldoen aan de goddelijke verwachtingen.

Tot diep in de vorige eeuw konden deze overtuigingen in het Westen op een zeer ruime consensus rekenen. Ondanks de scheiding tussen Kerk en Staat was de maatschappij door en door religieus. De bijbehorende identiteit toonde een innerlijke verdeeldheid ('Doe ik het wel goed?'), die gebukt ging onder een steeds externe autoriteit ('God ziet u!') die zeer lichaams- en vrouwonvriendelijk was. Het is wachten tot de jaren '60-'70 voordat de effecten van de moderne wetenschap zich doen gelden.

Deze effecten werden mogelijk doordat de Verlichting de doodsteek toegebracht had aan een christelijk kernidee: de onveranderlijkheid. Volgens de religieuze doctrine had God alles geschapen, verandering was niet inbegrepen in het plaatje, enkel in het hiernamaals was verlossing mogelijk en wie daaraan durfde twijfelen, leed aan *superbia*, hoogmoed. Gooide God niet een derde van de engelen in de hel, juist vanwege hun hoogmoed? Op de koop toe werd hun opstand geleid door Lucifer, letterlijk: 'de drager van het licht', wat meteen het diabolische karakter van de Verlichting bevestigt.

Tegenwoordig neemt men algemeen aan dat de studie van het heelal (Newton, Kepler) de aanzet gaf tot het omverwerpen van het christelijke wereldbeeld. Dat ook geologen daar – letterlijk – hun steentje toe bijgedragen hebben, is minder bekend. Zoals het hoort in religieuze zaken kwam de ernstige uitdaging niet uit de hogere hemel van de kosmologie, maar uit de ondergrond van de hel, en in dit geval was ze afkomstig van de voorlopers van de geologie. Rond 1800 overtuigden grondwerken bij grote bouwwerven hoe langer hoe meer mensen dat de aarde er ooit anders had uitgezien, met bijvoorbeeld een zee waar er nu bergen zijn. *Principles of Geology* van de Schotse geoloog Charles Lyell zat in de handbagage van Darwin tijdens zijn reis met de *Beagle*. De ontdekking van fossielen leidde tot een nieuwe hobby bij elke Brit van rang en stand – *fossil hunting* – en in ieder adellijk huis was er wel een kabinet waarin de trotse eigenaar zijn collectie tentoonstelde. Probleem is dat die dingen het idee van een onveranderlijke natuur op de helling zetten – en dat klopt natuurlijk niet met de vaststaande Scala Naturae als definitief product van Gods eenmalige werkweek.

De Fransman Jean-Baptiste de Lamarck is de eerste die, vroeg in de negentiende eeuw, een consistente evolutietheorie formuleert, maar hij vindt nauwelijks gehoor. De Angelsaksische wetenschappers moesten ook toen al niks van die fransozen hebben, en de politieke klasse was als de dood dat al dat revolutionair gedachtegoed het kanaal zou oversteken, samen met guillotines en sansculotten. Evolutie? *Good Gracious!* – het zou mensen wel eens op ideeën kunnen brengen. Pas wanneer Darwin een halve eeuw later zijn bijzonder goed beargumenteerde theorie naar buiten brengt, moeten de hemelpoorten het definitief begeven. De ironie wil dat de laatste mokerslagen toegebracht worden door de experimenten van een obscure Oost-Europese monnik, Mendel, wiens resultaten pas in het begin van de twintigste eeuw hun volle gewicht krijgen. Erfelijke kenmerken worden doorgegeven via de ouders, elke generatie is een nieuwe combinatie en af en toe vinden er onvoorziene wijzigingen, mutaties plaats. Evolutie betekent verandering.

Dit is zonder de minste twijfel de allerbelangrijkste kanteling in de intellectuele geschiedenis van het Westen: het idee dat levende wezens en dus ook mensen kunnen *veranderen*. De gevolgen van dit idee zijn enorm, en de vragen die eruit voortvloeien zijn niet gering. Het betekent dat er geen vaststaande identiteit is – maar hoe zit het dan met die normen en waarden? En nog veel belangrijker: hoe zit het dan met die 'natuurlijke orde'? Betekent dit dat mensen niet hoeven te blijven zitten op een vooraf toegewezen plaats in de sociale hiërarchie? Dat ook maatschappijen voor verandering vatbaar zijn, en kunnen evolueren? Kunnen we die veranderingen ook bijsturen? Kunnen we ze zelfs sturen, in de richting van verbetering, vooruitgang? Is de mens maakbaar, is de maatschappij maakbaar?

Utopia: de maakbare maatschappij

Lang voor Darwin hadden de godsdienstoorlogen meer dan voldoende aangetoond dat een maatschappelijke orde niet exclusief op religie gebaseerd kon zijn. Thomas Hobbes trekt die vaststelling consequent door en zal met zijn *Leviathan* (1651) een voorstel doen voor een seculiere maatschappij onder strenge heerschappij van een soeverein, die zelf ook aan afspraken onderworpen is. Als dat mislukt, dan vervalt de mens weer tot zijn 'natuurlijke staat'. Voor Hobbes betekent dat: tot zijn eigen slechte zelf, de eenzame wolf die de andere wolven aanvalt (Homo homini lupus est). Als zijn voorstel wil slagen, dan is de noodzakelijke voorwaarde dat religie een privéaangelegenheid blijft en moet de maatschappelijke ordening gebaseerd zijn op kennis, onder de strakke leiding van een centrale autoriteit. Merk op dat Hobbes niet veel anders doet dan de religieuze redenering vertalen in een politieke versie, *zonder wijziging van de achterliggende redenering*: de mens is slecht (erfzonde, een wolf) en moet gecontroleerd worden door een oppermacht (God, de soeverein).

Dit is de hamvraag: zijn we er sedertdien in geslaagd op een andere manier naar onszelf te kijken en het idee van veranderbaarheid ernstig te nemen? Op het eerste gezicht is het antwoord positief, er zijn nogal wat voorstellen geweest voor een ideale maatschappij waarin de ideale mens kan opgroeien. Het beoogde resultaat noemen we een utopie, een woord waarvan de etymologie ons meteen waarschuwt. In de rooskleurige lezing is dit letterlijk een 'goede plaats' (van het Griekse *eu topos*), in de andere versie is het 'geen plaats', een onmogelijkheid dus (*ou topos*). Nadere studie hiervan kan ons in het beste geval een aantal valkuilen tonen die we maar beter kunnen vermijden.

Utopie, *Utopia*, verwijst oorspronkelijk naar een boek van Thomas More (1516), waarin hij de ideale staat beschrijft, als reactie tegen de toenmalige verscheurde Engelse maatschappij. Als literair genre kent het twee polen. De ernstige vorm houdt een oprecht pleidooi voor een betere samenleving, gebaseerd op een ideologie. De satirische versie – soms aangeduid als dystopia, letterlijk: 'slechte plaats' – waarschuwt ons voor de gevaren van dergelijke ideologische paradijzen. De meest bekende zijn *Brave New World* (Aldous Huxley) en *Nineteen Eighty-Four* (George

Orwell). Het is helaas geen toeval dat beide boeken een centrale plaats toekennen aan de psychologie en de psychofarmacologie. De meest profetische dystopia voor onze tijd is zonder twijfel *The Rise of the Meritocracy* van Michael Young, geschreven in 1958. De bespreking van dat boek reserveer ik voor hoofdstuk vijf, 'De Enron-maatschappij'.

Aan de basis van de rooskleurige utopieën ligt een belangrijke, dubbele interpretatie van het idee van veranderlijkheid. Verandering betekent *vooruitgang* en die is bovendien *maakbaar*.

Vooruitgang

Vragen waar dit idee vandaan komt, doet de wenkbrauwen fronsen: vooruitgang, die is er toch altijd geweest? Wij kunnen ons moeilijk voorstellen dat iedereen tot laat in de Renaissance uitging van het tegendeel, de onveranderlijkheid van de dingen. Zelfs de grondlegger van de botanica, Linnaeus, was ervan overtuigd dat alle planten er altijd al waren en zouden zijn, hij hoefde Gods werk alleen maar systematisch in kaart te brengen. Onze overtuiging is radicaal omgekeerd: niets is vast, alles is constant in evolutie, en die evolutie gaat almaar in de richting van het betere. De ontwikkeling die we individueel doormaken – van klein naar groot, van ongeletterd naar geschoold – herkennen we ook op maatschappelijk vlak ('primitieve' versus 'hoogontwikkelde' maatschappijen).

Als aanname is dit zo vanzelfsprekend dat we er zelden of nooit bij stilstaan. Merk op dat ook het idee van stilstaan tot dezelfde metafoor behoort ('Stilstaan is achteruitgaan!'). Het voornaamste argument voor deze redenering die evolutie gelijkschakelt met vooruitgang, is de stijging van onze levenskwaliteit in vergelijking met die van onze voorouders. Wat we daarbij uit het oog verliezen, is dat het vooral een technologische vooruitgang betreft, die het leven in het Westen zonder twijfel een flink stuk aangenamer gemaakt heeft. Daartegenover staan een aantal vaststellingen die we liever niet onder ogen zien: die vooruitgang geldt slechts voor een beperkt deel van de wereldbevolking ten koste van de rest, en de ecologische ravage is niet te overzien.

Vooruitgang is geen eenduidig begrip, en zelfs als we ons beperken tot het puur biologische aspect van de evolutieleer, vallen al een aantal misverstanden op. Evolutie betekent niet per definitie vooruitgang, en *fittest* is geen synoniem van succes. Darwin leert ons in de eerste plaats dat de mate waarin organismen meer of minder *fit*, 'aangepast' zijn aan hun omgeving, bepalend is voor het aantal nakomelingen dat ze zullen produceren. Dit is het gevolg van toevallige mutaties in combinatie met eventuele veranderingen in die omgeving, waardoor er een goeie 'match' of 'fit' ontstaat tussen die bepaalde levensvorm en die bepaalde omgeving. Als wij dit benoemen als 'succes', dan zegt dat meer over ons dan over de biologie. Het belangrijkste wat de evolutionaire geschiedenis ons leert is dat de richting van de evolutie 'random' is, onvoorspelbaar en bovendien steeds tijdelijk. Vooruitgang is een moreel oordeel van een wezen dat zichzelf o zo graag in de spiegel bekijkt.

Een tweede argument om evolutie gelijk te schakelen met vooruitgang wordt eveneens in naam van Darwin verdedigd. De huidige levensvormen zouden oneindig veel 'verder' staan dan de oorspronkelijke vormen. Er zijn 'lagere' en 'hogere' soorten, waarbij kruipdieren letterlijk en figuurlijk tot de lagere regionen behoren en wij fier rechtop boven aan de ladder pronken. We menen hetzelfde proces in versneld tempo te herkennen tijdens de embryonale ontwikkeling, van eencellige naar meercellige, van kikkervisje naar aapje – tot uiteindelijk mijn onvolprezen Ik in alle glorie tevoorschijn treedt. Een populaire voorstelling van Darwins evolutieleer toont een aantal figuren, beginnend met een voorovergebogen, behaarde en kortschedelige aapmens en eindigend met een fier rechtopstaande übermensch, al dan niet met laptop. Wetenschappelijk, toch? Nee hoor, ook dit is niets anders dan een variante van de Scala Naturae, bovendien met hetzelfde idee van transcendentie (de mens, in dit geval de blanke man, staat boven de rest). Voorbij de hoogste sport van die ladder wacht het penthouse, als aardse variant op het hemelse paradijs waar we eindelijk dat kunnen worden wat we oorspronkelijk waren, namelijk het evenbeeld van God.

Biologisch beschouwd is een dergelijke opdeling in hoger en lager onzin, en is het correcter te spreken over meer of minder complexe levensvormen, waarbij de graad van complexiteit niet zonder meer een synoniem van vooruitgang is. Blijkbaar is het ontzettend moeilijk om afstand te doen van de oude ideeën over onszelf en het radicaal nieuwe van de evolutieleer ernstig te nemen. Verandering is ingebakken in het leven, gebeurt bij toeval en kent geen richting. De interpretatie van evolutionaire verandering als vooruitgang, waarbij er 'hogere' en 'lagere' tredes zijn, is een christelijke lezing. Dit wordt nog duidelijker als we zien dat deze vooruitgangsgedachte gekoppeld wordt aan het idee van persoonlijke inspanningen: hoe meer iemand zich inspant, des te sneller zal hij evolueren. Daarbij maken we ongemerkt de overstap van een biologische evolutie naar een maatschappelijke en zelfs een persoonlijke vooruitgang.

Zowel de maatschappij als de mens zijn maakbaar, zo luidt het nieuwe credo.

Maakbaarheid

Nagenoeg iedereen schrijft de uitdrukking 'survival of the fittest' toe aan Darwin. Fout, die komt van Herbert Spencer, een invloedrijke tijdgenoot die Darwins leer in nogal sloganeske uitdrukkingen vertaalde, met als resultaat een toepassing van de evolutieleer op de maatschappij. Evolutie – begrepen als vooruitgang – mocht dan wel op toevallige veranderingen gebaseerd zijn, maar dat betekent toch niet dat we bij de pakken moeten blijven neerzitten? We kunnen dat toeval toch een handje helpen?

Daarmee krijgen we een heel belangrijke aanvulling van het veranderingsidee: we kunnen die verandering sturen, en dan liefst meteen in de juiste richting. Dit is de bedoeling van het sociaaldarwinisme, een ideologie die opgang maakte vanaf eind negentiende eeuw. In hun optiek is de maatschappij een levend organisme dat ook aan evolutie onderhevig is, en waarvan de afzonderlijke cellen (sociale klassen en rassen) ziek of gezond, *fit*, geschikt, of niet *fit* kunnen zijn. Ook hier zien we een belangrijke betekenisverschuiving. 'Fittest' betekent bij Darwin 'het best aangepast aan de omgeving'. Via Spencer verglijdt 'best aangepast' naar 'meest succesvol' in de betekenis van 'de meeste macht'. Bepaalde groepen of klassen zijn sterker en eigenen zich alles toe, andere zijn zwakker en zullen geleidelijk verdwijnen, en dit ligt in de *natuurlijke* gang van de wereld. Sociale wantoestanden zijn in deze redenering geen sociaaleconomische fenomenen, maar ziektes, 'kankergezwellen', waarvan de dragers 'parasieten' zijn die bestreden moeten worden.

Vanuit een naïef evolutionair perspectief is de remedie duidelijk. Zwakke groepen werken enkel remmend, zijn zelfs besmettelijk, en moeten via het bevorderen van de natuurlijke selectie zo snel mogelijk verwijderd worden. Aldus ontstaat de zogenaamde eugenetica als een sociaaldarwinistische praktijk: we moeten de voortplanting van de sterksten aanmoedigen en, omgekeerd, die van de minderwaardigen zoveel mogelijk beperken. Sommige wetenschappers worden ook vandaag nog wild bij het idee van *spermashopping* (een voortplantingsstrategie waarbij vrouwtjesdieren op zoek gaan naar het beste sperma) – welteverstaan in de veronderstelling dat hun sperma centraal staat in de etalage en ze het zelf mogen toedienen.

Vanaf de negentiende eeuw wordt het sociaaldarwinisme naar voren geschoven als wetenschappelijke rechtvaardiging voor racisme en machtsmisbruik. Kolonisatie: de negers, Indiërs, Aboriginals en andere 'savages' of 'brutes' in overzeese gebieden zijn evolutionair achtergebleven rassen, slechts een trapje hoger dan de 'redeloze' dieren. Immigratiewetten: op Ellis Island worden *chinks*, Chinezen, al snel geweigerd, *polaks*, Oost-Europeanen, en *whops*, Italianen, ondergaan een strenge keuring, en wie niet 'fit' genoeg is, wordt teruggestuurd of enkel toegelaten na sterilisatie. Rassenwetten: de nazi's schakelen eerst de zieke onderdelen van de maatschappij uit (gehandicapten en psychiatrische patiënten) en gaan vervolgens over tot een nog ambitieuzer programma, het verwijderen van 'gedegenereerde' rassen.

Dezelfde 'wetenschappelijke' redenering die racisme rechtvaardigde, bepaalde ook de negentiende-eeuwse kijk op sociale problemen. Mislukking is een teken van intrinsieke zwakte en ziekte, hulp is hierbij niet alleen overbodig, maar zelfs contraproductief, want daardoor blijven probleemgroepen alleen maar langer bestaan, en uitsterven doen ze toch. Herbert Spencer is ervan overtuigd dat de overheid op sociaal vlak vooral niets mag doen en het sociaaldarwinisme beroept zich op Malthus, niet toevallig een Britse econoom. Sociale voorzieningen worden geschrapt, zodat de armen zich niet meer kunnen voortplanten. Onder zijn invloed kwam er in Groot-Brittannië een 'Poor Law' (1834), die armoede als een *morele* tekortkoming omschrijft. De volgende stap was het oprichten van 'workhouses' waarin armen dwangarbeid moesten verrichten – Charles Dickens laat Oliver Twist in zo'n werkhuis geboren worden. En zelfs die 'workhouses' stuitten op verzet bij de sociaaldarwinisten. Weg daarmee, een verzorgingsmaatschappij is tegennatuurlijk.

De toepassing bleef niet beperkt tot sociale klassen en rassen. Het kolonialisme sterkte West-Europa in de overtuiging van zijn 'natuurlijke' superioriteit. Het duurde bijgevolg niet lang voordat dezelfde redeneringen – 'struggle for life', 'survival of the fittest' – een toepassing vonden op de West-Europese grootmachten zelf. Als Hitler stelde dat het Duitse volk het morele recht had om het grondgebied van *Untermenschen* te veroveren wanneer het Duitse territorium ontoereikend bleek, dan verwoordde hij daarmee precies de opvattingen van zijn tijdgeest. Vandaag de dag zijn wij vergeten dat het fascisme een progressieve ideologie was die zich op de toenmalige wetenschap beriep om een zo perfect mogelijke maatschappij gestalte te geven.

Inderdaad werd de inspiratiebron voor de maakbare vooruitgang bij de wetenschap gehaald. Of beter gezegd: bij een bepaalde invulling van wetenschap, met als mantra 'Meten is weten'. Het is vrij opvallend dat de uitsluiting van individuen en rassen in de eerste helft van de vorige eeuw zogenaamd objectief gemotiveerd werd op grond van cijfermateriaal, gaande van het meten van lichaamslengte, gewicht en schedelomtrek, tot het testen van de intelligentie en ander psychologisch onderzoek. Dit zijn de goeien, dat zijn de slechten. Stel je voor dat wij dit vandaag zouden doen: grootschalig testonderzoek op bijvoorbeeld kinderen om zo vroeg mogelijk te detecteren of ze geen storingen vertonen (storingen waarvan we beweren dat ze genetisch bepaald zijn), met als doel hen vervolgens te labelen en op te bergen.

Wetenschap: de verlichte samenleving

In het vorige hoofdstuk liet ik zien hoe de westerse religie een nieuwe invulling gaf aan identiteit en ethiek. Haar functie werd overgenomen door de wetenschap, die geleidelijk aan de verschillende godsdiensten van hun dominante positie beroofd heeft. De vraag wordt dan hoe wetenschap onze hedendaagse visie op identiteit en ethiek invult. Uit mijn bespreking zal vrij snel blijken dat het om een heel bepaalde interpretatie van wetenschap gaat, waarbij men natuurwetenschappelijke principes en methodes toepast op zo ongeveer alles, en dus ook op de menswetenschappen. Deze interpretatie staat bekend onder de naam 'sciëntisme' en is tegenwoordig zeer dominant.

In de aanvangsperiode van de Verlichting waren de verwachtingen hooggespannen. Wetenschappelijke kennis zou leiden tot de beste maatschappij. Deze opvatting was het resultaat van een halve eeuw Franse salons waarin intellectuelen debatteerden over de ideale samenlevingsvorm. Hun leidraad was eenvoudig: wat mensen schade berokkent is verkeerd, wat hun geluk bevordert is juist. Hun doel: het grootste geluk voor het grootste aantal mensen, zoals het bij de grondlegger van het utilitarisme, Jeremy Bentham, zal luiden. De radicalen onder hen zijn atheïst, wat voor verregaande implicaties op ethisch vlak zorgt. Als er geen God bestaat die oplegt wat goed of kwaad is, dan moet de mens daar zelf over nadenken. Voor beloning of straf hoeven we ook al niet te wachten op een hiernamaals, dat moet op aarde gebeuren volgens een systeem dat gebaseerd is op inzicht in de menselijke aard.

Studie van die menselijke natuur is voor de groep rond Diderot cruciaal, want juist daarop moet de nieuwe maatschappelijke ordening gebaseerd zijn. Wat is het echte wezen van de mens, wat bepaalt onze identiteit? Drie kenmerken springen eruit: rede, passie en empathie. Die kenmerken moeten volgens hen ook meteen de pijlers worden van een seculiere samenleving. Voor deze radicale verlichtingsdenkers is passie de drijvende kracht, die het best gestuurd kan worden door de rede, met empathie als toetssteen. De ontkenning van de passie zien zij als een typisch effect van de religie, waarin alles van het lichaam slecht is en alleen het spirituele telt.

Helaas konden Diderot en de zijnen – het 'verdorven genootschap' uit het boek van Philipp Blom met de gelijknamige titel

– hun letterlijk levensgevaarlijke ideeën nauwelijks publiceren, in tegenstelling tot Voltaire en Rousseau, die een eclatant succes kenden. De halfzachte opvattingen van beide laatstgenoemden, waarin ze religie combineerden met de rede binnen een romantisch natuurbeeld, worden in de jaren na de Franse revolutie uitgeroepen tot een seculiere staatsgodsdienst, met 'la Raison' als hoogste go(e)d. Ironischer dan dit wordt het niet: het regime dat alle kerken gesloten had, installeert een vrouwenfiguur als *godin* van de vrijheid en de rede. Ze kreeg ook een naam – Marianne – en haar beeltenis siert tot op de dag van vandaag de Franse gerechtshoven en stadshuizen, waar in naam van de rede elk religieus symbool (kruis, hoofddoek, keppeltje) ten strengste verboden is... Bovendien krijgt ze om de zoveel jaren een eigentijdse versie, steevast gebaseerd op een vrouw die de rede vooral hoog in de boezem voert; Brigitte Bardot is van hen wel de meest bekende.

Met de omvorming van de kerken tot de 'tempels van de rede' nam de ideologie van de Franse republiek ook letterlijk de plaats in van de vroegere godsdienst. Net zoals bij religie was er geen probleem, zolang er maar één ideologie was. Zodra meerdere godsdiensten of ideologieën pretenderen de enig juiste te zijn, ontstaan er echter religieuze en ideologische oorlogen in naam van het geloof of de rede.

Sindsdien zijn de seculiere godsdiensten elkaar in snel tempo opgevolgd, elk met hun belofte van een nieuwe, betere wereld: socialisme, communisme, fascisme, met als laatste variant de liberale democratie. Dat deze door Francis Fukuyama uitgeroepen werd tot 'het eindpunt van de geschiedenis' wijst andermaal naar het idee van een ladder met een ondermaats beginpunt en een glorieus einde.

Weer is het niet zo moeilijk om in die verschillende ideologieën de erfenis van het christendom te herkennen: de betere maatschappij, de hemel op aarde, wordt steeds in de toekomst gesitueerd, en vraagt van ons eerst heel veel inspanningen ('inleveren'). Het doet mij denken aan Freuds laconieke reactie toen hij hoorde dat het communisme een maatschappelijk paradijs beloofde, zij het na een aanvankelijke periode van revolutie met de bijbehorende offers en ontberingen. Hij zei geen enkele twijfel te hebben over de juistheid van die beginperiode, maar wel over het eindresultaat.

Maar wat moeten we dan met het belangrijkste verschil tussen religie en ideologie: het geloof tegenover de ratio?

Wees toch eens redelijk!

Ook de oorsprong van het accent op de rede gaat terug op de klassiek Griekse natuurfilosofie, zij het dat de rede van de Verlichting een veel beperktere betekenis krijgt in vergelijking met de oorspronkelijke. Voor Aristoteles en zijn tijdgenoten was het vanzelfsprekend dat zowel het individuele als maatschappelijke leven het best gebaseerd kon zijn op intellectuele deugden – let op de combinatie: intellect én deugd –, gegrond in de *logos*. Over de interpretatie van het concept logos zijn hele bibliotheken gevuld; het zou te ver voeren er op deze plaats diep op in te gaan. Vandaag de dag wordt het logos-begrip al te snel en te makkelijk gereduceerd tot een letterlijk berekenbare ratio, gebaseerd op empirisch meetbare gegevens. Over de effecten van deze reductie zal ik het vooral in deel twee van dit boek hebben. De oorspronkelijke versie waarnaar het idee van logos verwijst is veel ruimer, samen met de daarbij aansluitende visie op wetenschap. Het is de moeite waard om twee ideeën uit dit oorspronkelijke logos-begrip onder het stof vandaan te halen.

Ten eerste: 'wetenschap' roept vandaag de dag het beeld op van een computer, met daarachter de hyperrationele versie van Mister Spock, al dan niet met puntoortjes. Elke passie ontbreekt, en in de officiële versie luidt het dat wetenschap waardevrij moet zijn en objectief. Aristoteles en zijn tijdgenoten zouden versteld staan over zoveel naïviteit. Wetenschap is inherent waardebeladen omdat wetenschappers antwoorden zoeken op fundamentele vragen over het leven. Het is dan ook geen toeval dat Aristoteles zijn visie op kennis uitwerkt in twee boeken die gewijd zijn aan ethiek, want kennis is daaraan ondergeschikt. Waardevrije kennis bestaat niet, evenmin als wetenschap zonder passie. De ontkenning daarvan is de laatste decennia ernstig versterkt via een steeds engere visie op wat wetenschap is.

Dit brengt mij bij een tweede vergeten idee van Aristoteles. Voor hem bestaan er verschillende vormen van kennis, elk met hun specifieke toepassingsvelden. Kort door de bocht samengevat bestaat er een kennisvorm waarvan de bevindingen universeel zijn en dus onafhankelijk van de context. Twee plus twee is overal vier. Daarnaast staat een kennisvorm waarvan de bevindingen particulier zijn en de context een bepalende invloed heeft. Het toepassingsveld is bijvoorbeeld de psychologie, waar het idee van een persoonlijkheidsstoornis niet geldt in een cultuur die het begrip 'persoonlijkheid' niet kent.

Een dergelijke opdeling was tot twintig jaar terug ook min of meer herkenbaar in onze visie op wetenschap (alfa en bèta), en zelfs in ons Vlaamse schoolsysteem (afdelingen wiskunde-wetenschappen en Grieks-Latijnse). Tegenwoordig is daar in de praktijk maar één meer van over, en ook bij ons zal het onderwijs binnenkort helemaal 'competentie'-gericht zijn. De overtuiging heerst dat *alles* natuurwetenschappelijk begrepen kan en moet worden, met stellingen die universeel gelden, waarbij de context geen enkele rol speelt. Onderzoek (waardevrij, dat spreekt voor zich) berust op feitelijke metingen (alles is meetbaar), waarvan de cijfers vervolgens objectief verwerkt worden.

Dat een dergelijke verenging plaatsvindt in de naam van de ratio, is op zijn zachtst uitgedrukt vreemd. Aristoteles maakte juist een onderscheid tussen verschillende kennisvormen op grond van een heel rationele vaststelling: universele, contextonafhankelijke kennis heeft slechts een heel beperkt toepassingsgebied. De echt belangrijke kennis – in zijn optiek de kennis die nodig is voor het bestuur van de stadstaat – viel daar zelfs buiten; vandaar dat hij meer belang hechtte aan andere kennisvormen.

Vandaag is die wijsheid verdwenen, en binnen het sciëntistisch model denkt men alles te kunnen regelen naar het model van de natuurwetenschappen.* Begrijp: instrumenteel-rationeel, onafhankelijk van de specifieke contexten, perfect beheersbaar en voorspelbaar, met als toepassing protocollen die *evidence based* heten, 'gebaseerd op evidentie'. Vertaald in aristotelische termen: die protocollen zullen altijd en overal werken, want ze berusten op algemeen aanvaarde wetenschappelijke kennis. Merkwaardig genoeg bestaat er ondertussen zoiets als 'science wars', waarbij verschillende groepen wetenschappers elkaar bestrijden en elke groep zijn geloof staaft met hard cijfermateriaal. De evidence based wetenschap krijgt meer en meer de allures van een godsdienstoorlog, waarbij meerdere groepen lijnrecht tegenover elkaar staan, elk overtuigd van het eigen grote gelijk.

Wetenschap kwam in de plaats van religie, en hierboven stelde ik al de vraag welke effecten dit gehad heeft op onze identiteit, en wat de verschillen zijn in vergelijking met de effecten die re-

* In *After Virtue* maakt Alasdair MacIntyre de volgende vergelijking: beeldt u even in dat onderzoeksresultaten uit wiskunde, scheikunde en fysica om de haverklap weerlegd worden door ander onderzoek – de natuurwetenschappen zouden op hun kop staan. In de sociale wetenschappen volgens het natuurwetenschappelijk model – het sciëntisme – gebeurt dit voortdurend, en niemand van die wetenschappers ligt daar wakker van. Wat volgens MacIntyre meteen betekent dat ze hun eigen model niet serieus nemen. In *Making Social Science Matter* geeft Bjent Flyvbjerg, een hoogleraar te Oxford, zijn lezing van het aristotelische wetenschapsmodel, waarop hij vervolgens een pleidooi baseert om de menswetenschappen opnieuw op een eigen leest te schoeien, in plaats van de huidige pogingen om er een karikaturale kopie van de natuurwetenschappen van te maken. Zoals een jonge collega psychiater-psychoanalyticus het bijna wanhopig verwoordde: 'Wat is dat toch met die psychologen, ze willen allemaal doktoor worden.'

ligie had. De pijnlijke vaststelling is dat er bijzonder weinig verschil is wanneer wetenschap gereduceerd wordt tot het sciëntistisch model. In dat geval zullen de overeenkomsten overwegen.

Beide (religie en sciëntisme) installeren bij het individu een verdeelde identiteit, die haar vertrekpunt vindt bij de overtuiging dat men niet voldoet. Ik ben slecht en zondig of irrationeel en dom. Mits ik mij voldoende inspanningen getroost, kan ik het goede of het rationele bereiken, en de machtigen boven mij zullen mij daarbij helpen door mij voortdurend te controleren en mij te belonen of te bestraffen. Wanneer grote groepen zondig (de ongelovigen) of dom (de reactionairen) blijven, dan rest die machtigen alleen een radicale aanpak: massale bekering of heropvoeding, of desnoods simpelweg uitroeien. Maakbaarheid heeft duidelijk ook haar grenzen.

Zowel religie als de sciëntistische versie van wetenschap beschouwen de huidige mens als onvolmaakt; de eigenlijke volmaaktheid komt er pas in een hiernamaals of in een verre toekomst waarin de maatschappij echt wetenschappelijk functioneert. In beide gevallen vraagt dit van de mens zelf heel wat persoonlijke offers. De gelovige moet bidden en hard werken om Gods genade te verwerven. De onwetende moet hard studeren, zo nodig psychologisch behandeld worden om tot de juiste inzichten te komen teneinde redelijk te worden. In de postmoderne sciëntistische lezing is er nog minder hoop en moeten we wachten op een genetische wijziging van de menselijke soort die ons beter zal aanpassen aan de door onszelf gecreëerde postindustriële omgeving.*

In beide gevallen is passie verboden; het is ofwel zondig en moet dus bestreden worden, ofwel iets primitiefs en irrationeels dat men oogluikend wel moet toestaan, desnoods met enig ge-

* De verspreiding van dit idee in bredere kringen blijkt uit het feit dat het zo ongeveer de enige hoopgevende gedachte vormt in de cynische wereld van *Elementaire deeltjes*, de roman waarmee Michel Houellebecq internationaal doorbrak. Zijn eerste werk, *De wereld als markt en strijd*, toont de oorsprong van dat cynisme pijnlijk mooi aan.

gniffel, maar zeker niet iets om ernstig te nemen. Veranderingen voltrekken zich via de rede en het daarbij aansluitend onderzoek op grond waarvan men als rationeel wezen vanzelfsprekend de juiste weg inslaat.*

Religie en sciëntisme zijn beide uitermate intolerant tegenover andere opvattingen, en gaan ervan uit dat hun visie de enige juiste is – bij religie omdat die van God komt, bij het sciëntisme omdat die natuurwetenschappelijk bewezen is. Beide achten zichzelf superieur in vergelijking met de onwetenden. De Poolse politiek filosoof Leszek Kołakowski merkt daarbij terecht op dat een sciëntistische waarheid nog veel minder voor discussie vatbaar is dan een religieuze, en dat discussiëren met een sciëntist nog hopelozer is dan met een gelovige ('De cijfers zijn toch duidelijk!').[2] De ironie van het geval wil dat juist sciëntisten in naam van hun zogenaamd kritisch denken geen enkele andere benadering van wetenschap dulden.

De 'science wars' zijn verhulde discussies tussen verschillende ideologische opvattingen. Verhuld, omdat ze teruggaan op iets wat ze niet mogen erkennen: dat het om waarden gaat. In de vorige eeuw maakten we op ruimere schaal hetzelfde soort oorlogen mee, met als inzet de vraag naar de beste maatschappijvorm, gebaseerd op de juiste ideologie. Er kwam geen overtuigend antwoord, en die paar keren dat een verondersteld wetenschappelijk gegronde ideologie haar ideale maatschappij kon realiseren, waren ronduit rampzalig. Het debacle van het nationaalsocialisme en het communisme hebben in de tweede helft van de vorige eeuw het idee van een ideale maatschappij ernstig op de helling

* De huidige rationalisten vormen de tegenpool van de vroegere romantici. Deze laatsten zochten hun zekerheid in het zwijmelend passionele, de eersten vinden dezelfde zekerheid in een becijferbare rede, en beiden illustreren een vorm van onvolwassenheid. Dit wordt vooral duidelijk in hun pathologische uitvergroting: hysterie voor de romantici, dwangneurose voor de rationalisten.

gezet. De fascistische concentratiekampen en de communistische goelags werden min of meer als afgeleide producten van de Verlichting beschouwd, en dus werd het tijd om even te dimmen. Met de val van de Berlijnse Muur werd ideologie als dusdanig dood verklaard en het idee van een maakbare maatschappij opgeborgen. Verandering en maakbaarheid bleven wel de sleutelwoorden, maar dan met een nieuwe toepassing: het individu.

Het einde van de vorige eeuw is het startpunt van een radicaal nieuw idee inzake identiteit. Je moet *jezelf* maken, je moet *het* maken.

Het maakbare individu

Waar voordien het accent lag op de vooruitgang van de maatschappij, treedt vanaf het laatste kwartaal van de vorige eeuw de maakbaarheid van het individu op de voorgrond, eerst psychologisch, maar al snel ook lichamelijk en vooral, op de achtergrond, sociaaleconomisch.

Identiteit wordt in dat laatste kwartaal plots een heel persoonlijke aangelegenheid, iets wat 'authentiek' en 'waar' moet zijn, bovendien ook autonoom en origineel en dus tégen de groep en die oerburgerlijke maatschappij in. De mens krijgt de opdracht 'zichzelf' te ontdekken, de psychologie bulkt van uitdrukkingen als het 'echte', het 'ware', het 'oorspronkelijke' zelf. Die zelfontdekking verloopt niet zo vlot als men thuisblijft, de beste plaatsen daarvoor blijken India en Nepal. Wie dat niet kan betalen, wordt figuurlijk een aardig eind op weg geholpen via allerlei 'geestverruimende middelen', al dan niet in combinatie met alternatieve vormen van psychotherapie. Het is uit die periode dat de hedendaagse misvattingen over een 'unieke' identiteit ontstaan waar ik het in het eerste hoofdstuk over had.

Zo tegen de millenniumwisseling verschuift het zichzelf 'ontdekken' naar het zichzelf 'maken', waarbij alle accent op een jeugdig lichaam komt te liggen. Iedereen moet naar de fitness voor de zoveelste rage (van bodybuilding tot zumba), en als dat niet lukt, is er Botox en plastische chirurgie. Eeuwig jong en sexy is de boodschap, dertig worden een ramp. Het is ook de periode waarin bepaalde psychiatrische stoornissen spectaculair toenemen: zelfverwonding en eetstoornissen, depressie en persoonlijkheidsstoornissen. Die eerste twee hebben alles te maken met dat lichaam, de twee laatste alles met identiteit.

Ondertussen is er maatschappelijk heel wat veranderd, zonder dat al die individuen daar erg in hebben – die hebben het veel te druk met zichzelf. Het einde van de ideologieën heeft tot gevolg dat de traditionele discussies tussen politieke partijen verdwijnen en dat de 'verkozenen des volks' kleurloos dansen op de maat van een beursgestuurde economie. Dit gaat zover dat de politici zelf de staat afbreken en hun eigen burgers verweesd achterlaten. '*There is no such thing as society*' is een van de meest geciteerde politieke (!) uitspraken van Margaret Thatcher, die deze met haar beleid ook tot realiteit maakte.* De afbraak van de maatschappij doorbreekt geleidelijk het gemeenschapsgevoel en zal individuen meer en meer tot concurrenten

* Interview met M. Thatcher in *Women's Own Magazine* van 31 oktober 1987. Het ruimere citaat luidt als volgt:

> I think we've been through a period where too many people have been given to understand that if they have a problem, it's the government's job to cope with it. 'I have a problem, I'll get a grant.' 'I'm homeless, the government must house me.' They're casting their problem on society. And, you know, there is no such thing as society. There are individual men and women, and there are families. And no government can do anything except through people, and people must look to themselves first. It's our duty to look after ourselves and then, also to look after our neighbour. People have got the entitlements too much in mind, without the obligations.

Een generatie later zien we hoe haar politiek dit effectief gerealiseerd heeft.

van elkaar maken. Aanvankelijk heeft dat een rooskleurige kant: loon naar werken, wie zich het hardst inspant, die zal het ook het verst schoppen. Zichzelf ontdekken verschuift van zichzelf maken naar 'het' maken. Het zal enige tijd duren voordat de postmoderne Narcissus door de leegte van zijn spiegelbeeld heen de achterliggende maatschappelijke puinhoop ontdekt.

Op het eerste gezicht waren en zijn dit de hoogtijdagen van de psychologie: het individu is bevrijd, hij of zij kan zichzelf in alle vrijheid ontplooien. Deze vrijheid is heel erg relatief, want ze gaat bijna ongemerkt gepaard met een terugkeer naar de nieuwste vorm van het sociaaldarwinisme. Daarbij is het niet langer de soort, maar het individu waarop de 'natuurlijke' selectie plaatsgrijpt. Het is de sterkste man of vrouw die het haalt, ten koste van al die andere mannen of vrouwen, en het criterium is succes. Net zoals bij de vorige versie van het sociaaldarwinisme krijgt ook dit vrij snel een pseudowetenschappelijke grond, ditmaal met een obligate verwijzing naar *The selfish gene*, een titel waarmee Richard Dawkins in 1976 perfect de nieuwe tijdgeest aankondigde. De strijd om de beste te zijn blijft blijkbaar niet beperkt tot individuen; zelfs de genen rollen vechtend over het gras om toch maar de overhand te krijgen. Bijgevolg hoef ik me helemaal niet te schamen voor mijn ellebogenwerk, het zit hem in mijn genen. Net zoals het racisme van weleer heeft de huidige egocratie een wetenschappelijk schaamlapje nodig.

Deze verschuiving van groep naar individu gaat gepaard met een dito verschuiving qua verantwoordelijkheid. Ik kan alles hebben op voorwaarde dat ik in de *struggle for life* aan het langste eind trek, en dat is mijn verantwoordelijkheid. De maatschappij mag mij niets in de weg leggen, integendeel, ze moet iedereen alle kansen geven – en 'dat de beste moge winnen'. Binnen dezelfde redenering wordt zorg voor individuen die het niet gehaald hebben, andermaal een anomalie. Immers, die mislukking hebben ze enkel aan zichzelf te danken, waarom zouden we hen moeten helpen? Vooruitgang is een zaak van hard werken, en als zij op hun luie krent blijven zitten, dan moeten zij daar de gevolgen van dragen. Tegenslag kan je overwinnen en toeval bestaat niet. Wie het niet maakt, is schuldig.

De mens kan zichzelf maken, mits hij zich voldoende inspanning getroost, en het criterium daarvoor is succes en de bijbehorende macht. Dat laatste wordt algauw vertaald in termen van economisch succes en financiële macht, waarvan de combinatie het nieuwe levensdoel oplevert.

Op het vlak van ethiek ontstaat er daardoor een onverwachte koppeling met een onverwacht effect. Iemand die rijk is, die zal dat wel te danken hebben aan zijn eigen inzet en karakter, dús is hij een sterke persoonlijkheid, dús gaan we ervan uit dat hij ook ethisch boven aan de ladder staat (het dichtst bij God, maker van de ladder). Financiële macht staat gelijk aan moreel gezag. Het effect is dat we aan bankiers en 'the captains of industry' vragen hoe het nu verder moet met onze maatschappij. Omgekeerd: wie mislukt, heeft dat eveneens aan zichzelf te wijten, is bijgevolg een zwakke persoonlijkheid en vaak genoeg nog een profiteur ook, die een heel bedenkelijk normen-en-waardesysteem hanteert. Schorem, dat is het, te lui of te dom om iets aan hun eigen situatie te veranderen.

Ter vergelijking: ten tijde van Aristoteles was de beste leider hij die de grootste zelfkennis had en op grond daarvan zijn arètai, deugdzaamheid/wijsheid, ten dienste stelde van de gemeenschap. Ten tijde van het christendom werd de leider door God geroepen en kreeg hij de opdracht de eigen slechtheid zoveel mogelijk te bedwingen ter ere van het koninkrijk Gods. Nog niet zo lang geleden bepaalde een mediamagnaat zoals Murdoch wie er premier van het Verenigd Koninkrijk werd, net zoals een financiële lobby in de Verenigde Staten de presidentskandidaten aanwijst.

Daarmee hebben we ongemerkt een bocht van honderdtachtig graden gemaakt. De Verlichting ging ervan uit dat maatschappij en ethiek maakbaar waren, de evolutieleer bewees dat verandering de regel is. Daartegenover staat dat het sociaaldarwinisme een pleidooi houdt om *de natuur* haar gang te laten gaan, om dus vooral niet in te grijpen; het beste in de mens zal de beste mens naar boven brengen. De nieuwste mutatie van het sociaaldarwinisme heet ondertussen neoliberalisme, en in plaats van de natuur willen zij vooral 'de markt' zijn gang laten gaan. De achterliggende redenering blijft onveranderd, en wordt zo mogelijk nog meer met cijfers en tabellen bewezen.

Een dergelijk pleidooi om de natuur haar gang te laten gaan plaatst de ideeën van maakbaarheid en vooruitgang in een zeer verrassend daglicht. Maakbaarheid komt blijkbaar neer op het wegnemen van belemmerende factoren, zodat de 'echte' mens naar voren kan treden, zoals hij 'is'. Vooruitgang moeten we blijkbaar vooral verwachten van een terugkeer naar een 'natuurstaat', waarbij het échte wezen van de mens, zijn échte identiteit, zijn ingeboren normen en waarden onbelemmerd naar buiten kunnen treden.

Natuurstaat? Was dat niet precies waarvoor Hobbes ons waarschuwde, het Homo homini lupus est, de mens die als wolf zijn medemens aanvalt, met als resultaat Bellum omnium contra omnes, oorlog van allen tegen allen? We zijn terug bij af, bij het idee van een wezenlijke, 'natuurlijke' identiteit.

4

Het wezen van de mens?

In het eerste hoofdstuk heb ik uiteengezet waarom ik identiteit begrijp als iets wat van buitenaf komt, waarbij de interpersoonlijke verhoudingen, of ruimer, de cultuur zeer bepalend zijn. Normen en waarden maken daar ten volle deel van uit en staan nooit los van een identiteit of van die sociale verhoudingen. In een tweede hoofdstuk had ik het over de ethiek en de geschiedenis daarvan. Onder invloed van het christendom verschoof ethiek naar iets buiten de mens, met als boodschap dat we *in se* slecht zijn en dat het goede pas in een hiernamaals bereikbaar is. Daarvoor moeten we flink ons best doen, en bovendien worden we voortdurend beoordeeld – God is overal, ik ben er nooit zeker van dat ik wel goed genoeg ben. Het vorige hoofdstuk voegde daar de wetenschap aan toe. Tijdens de Verlichting ontstond een belangrijke nieuwe opvatting: verandering is mogelijk, de maatschappij is maakbaar, maar ook dat vraagt heel wat inspanningen. In de postmoderne tijd verschuift dit naar de maakbaarheid van het individu, met als criterium economisch succes. Vandaag de dag zijn we via een merkwaardige bocht opnieuw aanbeland bij de overtuiging dat biologie en genetica determinerend zijn, waartegen we vooral niet moeten ingaan. Identiteit zit hem in de genen en laat de sterkste winnen, dat is het hedendaagse credo.

Nature or nurture?

Daarmee zijn we ten volle teruggekeerd naar een klassiek debat: is erfelijkheid (*nature*) bepalend, of is het de omgeving en dus de opvoeding (*nurture*) die doorslaggevend is voor onze identiteitsontwikkeling? Nog sterker uitgedrukt: bezit de mens een wezenlijke identiteit, een essentie, of start hij als een onbeschreven blad papier, een tabula rasa, waarbij de omgeving voor de invulling zorgt? En, onmiddellijk daarbij aansluitend: zijn wij in wezen goed, waarbij de omgeving de schuld krijgt als we dan toch de verkeerde richting uit gaan (van slechte vriendjes tot te veel kleurstoffen en conserveermiddelen in de babyvoeding), of zijn we door en door slecht en kan enkel een strenge maar rechtvaardige opvoeding ons op het goede pad houden? Bestaat er zoiets als een vrije wil en keuzemogelijkheid, of ligt alles vast in genen en hersenen ('Wij zijn ons brein'), als nieuwste versie van de predestinatie?

De implicaties van dit debat zijn allesbehalve vrijblijvend. Als we ervan uitgaan dat identiteit een biologisch vastliggend gegeven is, dan is verandering niet of nauwelijks mogelijk, en dat geldt ook voor de daarbij aansluitende sociale verhoudingen. Hulpverleningsprogramma's kunnen we in dat geval maar beter schrappen, want dat is weggegooid geld. In deze redeneerlijn zijn dergelijke programma's letterlijk tegennatuurlijk: de natuur kent daar wel betere oplossingen voor.

Ik vermoed en hoop dat veel lezers dergelijke of-of-redeneringen erg ongenuanceerd vinden en zich schouderophalend afvragen wie zich daar nog mee bezighoudt. Het antwoord luidt: helaas heel veel mensen, en hun aantal stijgt, zij het dat dergelijke redeneringen meestal omzwachteld liggen in andere discussies, zodat de inzet ervan niet duidelijk is. Meer en meer zwaait men daarbij met wetenschappelijke bewijsvoering. 'Onderzoek toont aan dat...' is zonder twijfel de vaakst gehoorde dooddoener van het laatste decennium. Wat zijn de respectieve argumenten hetzij pro erfelijkheid, hetzij pro omgeving?

Volgens het eerste standpunt bezit de mens een wezenlijke identiteit, die vastligt in genen en hersenen. De oorsprong van deze biologische redenering kunnen we zelfs terugvoeren tot Aristoteles. Opgroeien betekent zelfrealisatie, waardoor we worden wat we in de kiem al vanaf onze geboorte waren. We kunnen het er wat die zelfrealisatie betreft beter of slechter van afbrengen, wat dan weer te maken heeft met de mate waarin we onszelf kennen en uit die zelfkennis de nodige conclusies trekken.

De koppeling aan Aristoteles oogt mooi, maar de moderne wetenschapper stuit algauw op een probleem. Voor Aristoteles zijn biologie en ethiek onverbrekelijk verbonden, wat vandaag zeer verdacht klinkt. Binnen het huidige, op Darwin geïnspireerde denkkader kan dat niet, integendeel zelfs. Diersoorten, waaronder de mens, zijn het product van een tijdloze evolutionaire selectie op basis van zelfbehoud en voortplanting, punt uit. Normen en waarden komen niet in het plaatje voor, dat zijn slechts culturele fenomenen. Een dergelijke duidelijke afbakening wordt echter een flink stuk minder duidelijk als we ons de vraag stellen wat dat 'zelf' bij dat zelfbehoud nu precies inhoudt. Is het de soort? Of het individu? Of zijn het zelfs de genen? Het antwoord heeft ingrijpende gevolgen, want wanneer men het accent legt op het individu, dan zegt men meteen dat de evolutie selecteert op individualisme en dus op egoïsme. Omgekeerd: indien het accent op de groep ligt, gaat de selectiedruk in de richting van sociaal gedrag en altruïsme. Egoïsme, altruïsme? Op die manier zijn we via de evolutionaire biologie ongemerkt toch bij ethische kwesties terechtgekomen.

Het andere standpunt, dat wij ons leven beginnen als een onbeschreven blad papier, berust op een psychologische redenering, met als argument ons enorme aanpassingsvermogen en de daaruit voortvloeiende verscheidenheid op het vlak van identiteiten, normen en waarden. We hebben zelfs een wetenschap nodig – de antropologie – om al die verschillen in kaart te brengen. De Verlichting vond een verklaring voor zowel het aanpassingsvermogen als de verscheidenheid in een typisch menselijke capaciteit, de Rede, waardoor bewuste keuze en doelgerichte verandering mogelijk werden. Het geloof in opvoeding – 'Geef mij het onderwijs en ik verander de natie' – was begin vorige eeuw een centrale pedagogische stelling. Nog wat later kreeg deze opvatting een wetenschappelijke grond in de vroege gedragspsychologie. Het latere cognitivisme sluit daarbij aan: conditionering en leerprocessen maken een doelbewuste sturing van mens en maatschappij mogelijk. In het volgende hoofdstuk zal ik aantonen dat die pedagogische stellingname nog steeds opgaat, zelfs meer dan we vermoeden.

Beide redeneringen vinden gretige aanhangers in tegenover elkaar staande ideologieën en krijgen daardoor een extreme formulering. Klassiek sluit de psychologische tabula-rasa-opvatting aan bij progressieve denkstromingen: de mens is maakbaar en dus veranderbaar; hetzelfde geldt voor de maatschappij, en de verandering kan beter snel dan traag gebeuren. In navolging van de Amerikaanse en Franse revolutionairen predikten de latere socialisten en communisten eveneens de revolutie: het was zaak om zo snel mogelijk de ideale mens in de ideale samenleving gerealiseerd te zien. Daartegenover staan de conservatieve ideologieën, volgens welke de menselijke flexibiliteit en rede slechts een dunne schil vormen rond een onveranderlijke passionele kern, die we het best in toom kunnen houden via een strakke opvoeding. Als er al veranderingen komen, dan liefst heel geleidelijk, en elke vorm van revolutie is uit den boze. Het is geen toeval dat de eerste politieke partij in Nederland de 'Antirevolutionaire Partij' heette, als reactie tegen de ideeën van de Franse revolutie.

Nadere overdenking toont aan hoe het ideologisch gebruik van die twee tegengestelde opvattingen zorgvuldig die dingetjes vergeet die de eigen centrale stelling weerleggen. Het sociaaldarwinisme zweert bij de struggle for life als biologisch bepaalde essentie van het leven en heeft bijgevolg geen oog voor alles wat samenwerking is – dat is hoogstens verhuld of uitgesteld egoïsme, zo luidt het, en de basisovertuiging blijft overeind. Het merkwaardige hierbij is dat men dezelfde wetenschappelijke gegevens evengoed kan aanwenden als argument voor een tegenovergestelde stelling. Met een beetje intelligentie is het zeer goed mogelijk om Dawkins' *The selfish gene* te herschrijven als *The cooperative gene*, waarbij de herschrijving de waarheid even veel of even weinig geweld aandoet als de originele versie.* Daartegenover staan de progressieve ideologieën die bij de ratio (het cognitieve) zweren, en weigeren irrationaliteit en passie in rekening te brengen – dat zijn primitieve kenmerken die aan vrouwen doen denken, en in navolging van de religie houdt ook wetenschap niet van vrouwen. Dat de mondiale verhoudingen drijven op emoties, zoals de Franse politicoloog Dominique Moïsi betoogt in zijn *Geopolitiek van emoties*, wijzen zij van de hand, net zoals ze nog steeds geloven dat economie berust op een rationele calculus, ondanks de vaststelling dat beursschom-

* Deze paragraaf schreef ik in de zomer van 2011. Zes maanden later werd Dawkins geïnterviewd voor de krant *De Morgen* (7 januari 2012). In dat interview zei hij onder andere dat het boek evenzeer *Het altruïstische individu* als titel had kunnen krijgen. Niet dus, en een hele generatie is opgegroeid met de overtuiging dat egoïsme ingebakken zit in de genen en dus in de mens. Wetenschappelijk onderzoek mag op methodisch vlak dan wel objectief zijn, vanaf het ogenblik dat een wetenschapper woorden gebruikt, verliest hij zijn objectiviteit.

melingen meer overeenkomsten vertonen met de hormonale gevoelsbewegingen van een puber ('Ja, ze houdt van mij, nee, ze houdt niet van mij') dan met die van een rekenmachine.*

Niet alleen 'vergeten' beide strekkingen de gegevens die de eigen overtuiging tegenspreken, op de koop toe heeft elk van hen de centrale stelling van de tegenpartij nodig om de eigen redenering overeind te houden. Zo kan die veronderstelde wezenlijkheid van de mens (nature) alleen maar gerealiseerd worden met behulp van de impact van de omgeving (nurture). Taal is daar een mooi voorbeeld van. Taal zal ongetwijfeld een genetische grondslag hebben, maar geen enkele geneticus zul je horen beweren dat er een gen voor Engels, Frans of Duits bestaat. En een kind dat niet opgroeit tussen mensen, leert nooit spreken. Wezenlijke kenmerken kunnen blijkbaar heel erg verschillende verschijningsvormen krijgen, afhankelijk van de omgeving waarin ze tot ontwikkeling komen. Zo is er overal opvoedingsgedrag, dus dat zal wel genetisch ingebakken liggen – maar de aard van dat opvoedingsgedrag verschilt enorm van cultuur tot cultuur. De conclusie is onvermijdelijk: in die wezenlijkheid is er heel wat variatie mogelijk.

Eenzelfde nuancering is nodig aan de kant van de tabula-rasa-opvatting, die het als het ware doet voorkomen dat 'alles' uit de omgeving komt, dat er niks op voorhand vastligt, zodat een mens bijna om het even wat kan worden en daarin zelfs kan kiezen ook. Bij deze overtuiging vergeet men dat vrije keuze en veranderbaarheid letterlijk ondenkbaar zijn zonder de typisch men-

* We hebben niet hoeven te wachten op de moderne neurologie om te beseffen dat er een duidelijk verband bestaat tussen seks, risicovol gedrag en economie, maar het is leuk om te weten dat hedendaags hersenonderzoek daarvan een bevestiging levert: dezelfde hersenzones lichten op bij het bekijken van porno als bij het nemen van financiële risico's, en mannen vergokken meer als ze seksueel opgewonden zijn – vandaar de aanwezigheid van vrouwelijk schoon in casino's en aanverwante lokaliteiten. Economie en rationaliteit? (Knutson, B., et al., 2008). Dit onderwerp wordt nog veel ruimer besproken in Akerlof, G. & Shiller, R. (2009).

selijke prefrontale cortex, en die is bij uitstek een zeer wezenlijk product van een trage evolutie.

Anders gezegd: de realiteit is een flink stuk complexer, genuanceerder én eenvoudiger. Met gezond verstand en een open blik kom je al een heel end. En bovendien wordt het tijd om inzake gedragsbiologie een echte wetenschapper aan het woord te laten. Dat het iemand van eigen bodem is, doet onze borst zwellen ('Jongens van Jan de Witt! Vlaanderen kennisland!'). Dat hij naar de Verenigde Staten emigreerde om een carrière te kunnen uitbouwen, pleit dan weer voor de noodzaak van een bevorderende omgeving. Ik heb het over Frans de Waal.

Ethiek en biologie

Een college aan de universiteit met de benaming 'Inleiding tot de biologische grondslagen van de ethiek – partim maatschappelijke organisatie' is vandaag de dag ondenkbaar: de ideeën van *Herrenrasse* en slavenmoraal liggen nog te vers in het geheugen. We zijn geneigd het nazisme als de laatste versie van het sociaaldarwinisme te beschouwen, waardoor we de nieuwste variant uit het oog verliezen. Nochtans is het niet zo moeilijk om het neoliberalisme daartoe te rekenen, en in zijn laatste boek *Een tijd voor empathie* trekt Frans de Waal van leer tegen hun eenzijdige recuperatie van de biologie. We moeten, zo zegt hij, het totaalplaatje proberen te zien, en daarin krijgt empathie een centrale plaats.

Als gedragsbioloog gaat De Waal uit van graduele veranderingen en verschillen tussen de verschillende diersoorten in het algemeen, en tussen mens en mensapen in het bijzonder. In tegenstelling tot wat het christendom en de dominante afdeling binnen de Verlichting denken, is er van een strikte scheiding geen sprake. Evolutionair beschouwd is een zoogdier een Russisch poppetje rond een kleinere pop die een nog kleinere pop bevat, enzovoort. Daarbij blijven de oudere kenmerken (het kleinere poppetje) behouden, zij het dat ze vaak een wijziging ondergaan op grond van de aanwezigheid van de nieuwere (de net iets grotere pop). Ik begrijp dit als volgt: wat karakteristiek is voor onze nauwste verwanten, de primaten, zal in heel wat gevallen ook voor de mens gelden; tezelfdertijd hebben wij bepaalde karakteristieken ontwikkeld die ontbreken bij onze soortgenoten. Daarbij denk ik vooral aan de typische menselijke taal in combinatie met reflexiviteit, bewustzijn en de daarbij aansluitende keuzemogelijkheden.*

Die verschillen zijn zeer belangrijk en maken het bestuderen van mensapen om antwoorden te vinden op de vraag naar onze identiteit weinig voor de hand liggend. De kans dat een of andere primaat 's morgens wakker wordt met de kwellende vraag wie hij is en wat de zin van zijn bestaan dan wel mag wezen, acht ik vrij gering – het is bijgevolg niet op dat vlak dat we eventuele antwoorden kunnen zoeken. Ik keer even terug naar de centrale stelling in mijn uitgangshoofdstuk: onze identiteit komt tot stand via de verhouding met de anderen; dergelijke verhoudingen zijn zelfs een noodzakelijke voorwaarde, want anders komt er geen identiteit tot stand. Als de studie van primaten ons iets kan leren, moeten we het op dat vlak zoeken: zijn er karakteristieke verhoudingspatronen te herkennen, op grond van bepaalde omstandigheden? Patronen, dat betekent gewoontegedrag,

* Meerdere diersoorten beschikken over complexe communicatiesystemen, maar deze verschillen op een structurele manier van onze taal. Heel kort door de bocht: bij dieren zijn het tekensystemen, waarbij een bepaald signaal een vaste betekenis draagt. Bij de mens kan hetzelfde woord zeer veel verschillende betekenissen krijgen, heeft taal naast communicatie ook een kennisfunctie en werkt hij bovendien identiteitsverlenend. Bovendien vooronderstelt het typisch menselijke bewustzijn het gebruik van woorden ('Als je het niet kan zeggen, dan weet je het niet'), en is het op dat vlak verschillend van een 'awareness', die beperkt kan blijven tot een affectieve ervaring.

wat ons terugvoert naar de oorspronkelijke betekenis van ethiek zoals ik die in het tweede hoofdstuk aangaf: gewoonte en karakter, die dan naderhand tot een regelsysteem kunnen uitgroeien.

Zodra we ons op deze aspecten concentreren, springt onmiddellijk een centraal kenmerk in het oog. De mens is een sociaal dier, wat Aristoteles ook al wist (zoön politikon), maar Hobbes, Thatcher ('There is no such thing as society') en de bedenkers van de sociaalcontracttheorieën blijkbaar niet meer. Deze opvattingen werden ontwikkeld in de achttiende eeuw, met als uitgangspunt dat de mens in zijn natuurlijke staat – weer de natuur! – zowel een solitair als een vrij wezen zou zijn. Enkel op grond van de rede zouden al die solitaire wezens bereid kunnen worden gevonden om hun individuele vrijheid op te geven en te kiezen voor de groep, zij het onder voorwaarden. Die krijgen dan vorm in een contract (vandaar contracttheorie), waaruit de voordelen die een maatschappelijke organisatie biedt voor dat individu duidelijk moeten blijken – bevalt het hem niet, dan kan hij het opzeggen.

Een dergelijke visie op de mens is wetenschappelijk onjuist, omdat ze op een verkeerd uitgangspunt berust. De biologie toont aan dat wij groepsdieren zijn, en binnen onze soort is een solitair levend individu ofwel ziek, ofwel uitgestoten. Uitsluiting is wereldwijd nog steeds de eerste straf ('Ga maar in de hoek staan') en verbanning stond ooit gelijk aan de dood. Het romantische beeld van de nobele wilde, eenzaam levend in de natuur, is inderdaad alleen maar een romantisch beeld. Primaten leven steeds in een hiërarchisch geordende groep, waarin sociale verhoudingen van doorslaggevend belang zijn voor overleving en voortplanting.

Samen met het belang van de groep treedt er een tweede kenmerk op de voorgrond: dat in die sociale verhoudingen de affectieve onderbouw (het 'buikgevoel') ook bij de mens veel en veel belangrijker is dan de rationeel-cognitieve bovenbouw. In cruciale situaties is er voor bewust nadenken nauwelijks tijd, en in het merendeel van de gevallen levert ons rationeel denken pas nadien een 'passende' verklaring voor onze grotendeels automatische reacties, die in feite door die onderbouw veroorzaakt zijn. Rationalisatie – het achteraf geven van een vergoelijkende uitleg aan iets wat we niet echt begrijpen en waarover we ons vaak schamen – bevat niet toevallig 'ratio' als woordstam. Een uitsluitend op de rede gebaseerde ethiek, die voorbijgaat aan het buikgevoel, werkt alleen op papier. En vaak genoeg is het hetzelfde papier als dat van de hierboven vermelde sociaalcontracttheorie.

De vraag is hoe die affectieve onderbouw functioneert en wat we ons daarbij moeten voorstellen. Voor Henri Bergson, grondlegger van het vandaag vergeten vitalisme, gaat het over een vorm van intelligentie die de mens deelt met de diersoort waartoe hij behoort. De daarbij behorende kennis is niet aangeleerd, grotendeels onbewust en functioneert vanuit een soort collectief geheugen, een collectief onderbewustzijn, dat ons gedrag mee helpt sturen. 'Onderbewustzijn' is vandaag uit de mode. In het moderne, evolutionaire jargon luidt het dat bepaalde reacties *pre-wired* zijn. De bekabeling ligt al klaar voor de start van het optreden en bepaalt de vormgeving van ons gedrag. Een dergelijk idee klinkt technisch-wetenschappelijk en dus overtuigend.

In feite zijn beide concepten (onbewuste intelligentie; prewired gedrag) niet meer dan een metafoor voor iets wat we niet echt begrijpen. Die terugkerende patronen in ons gedrag kunnen we vaststellen, dat wel, net zoals we weten dat ze geen gevolgen van bewuste beslissingen zijn. Voor wie mocht denken dat 'het' in de genen zit: genen coderen in eerste instantie eiwitten, en dat is het zo ongeveer. De afstand tussen eiwitten en gedrag is immens en tot nader order hebben we zelfs geen flauw idee hoe we het verband tussen beide zouden kunnen uitdenken. De metaforische 'verklaringen' (collectief onbewuste; pre-wired) die we voor waar aannemen, illustreren het succes van een bepaalde wetenschappelijke overtuiging gedurende een bepaalde periode, meer niet. Naar de gevleugelde uitdrukking van fysicus en Nobelprijswinaar Richard Feynman: dingen benoemen is niet hetzelfde als dingen begrijpen.

Zoals wel vaker is het makkelijker te zeggen wat iets níét is. Beslissingen worden vanuit onze onderbuik gestuurd, maar die sturing bevat geen zwart-wit-beslissingssysteem in het genre 'als dit, dan altijd dat'. Was dat wel zo, dan zou ons gedrag heel erg voorspelbaar zijn, en dat is duidelijk niet het geval. Bovendien strookt een dergelijk zwart-wit-beslissingssysteem niet met onze enorme capaciteit tot aanpassing. In het begrijpen van onze affectieve onderbouw zullen we ons bijgevolg tevreden moeten stellen met het vaststellen van ruimere gerichtheden en het corrigeren van misvattingen. Terug naar Frans de Waal – wat leert zijn werk ons over de sociale verhoudingen binnen onze soort?

'Do ut des' en 'An eye for an eye'

De bekendste veronderstellingen inzake het gedrag van primaten leunen aan tegen het idee van de struggle for life: mensapen zijn uiterst agressief, voeren oorlog, doen aan infanticide en kannibalisme, enzovoort. Kortom, *the killer ape*, een idee dat ondertussen deel uitmaakt van onze culturele bagage. Als ik de tot *Best cut in the history of cinema* uitgeroepen openingsscène van Stanley Kubricks *2001: A Space Odyssey* herbekijk, krijg ik nog steeds kippenvel. De aapmens die ontdekt hoe hij met een bot een schedel kan verbrijzelen, op de achtergrond Richard Strauss' aanzwellende, militair klinkende *Also sprach Zarathustra*, het bot dat in de staalblauwe lucht gegooid wordt en kantelend verandert in een ruimteschip, ditmaal op de fluwelen tonen van *An der schönen blauen Donau* van Johann Strauss... Brr.

Er is inderdaad voldoende wetenschappelijk bewijsmateriaal voor een sterke, hiërarchische structuur bij primaten, waarin dominantie en agressie uitdrukkelijk aanwezig zijn. Het rooskleurige 'Iedereen is gelijk'-idee vindt hier geen enkele bevestiging, integendeel. Wat doelgericht onderzoek ook aantoont, is dat hiërarchie in combinatie met een stabiele autoriteit voor rust zorgt; onrust en agressie treden onder andere op als de autoriteit verdwenen is, bijvoorbeeld omdat het alfadier ('de baas') door de onderzoekers weggenomen werd.

Frans de Waal zal de laatste zijn om agressie bij primaten te ontkennen. Het baanbrekende van zijn onderzoek is echter dat hij ook de andere kant onderzocht heeft en ons daardoor een veel genuanceerder beeld kan tonen. Het bestaan van wederzijdse hulp bij sociale diersoorten is intussen een algemeen aanvaard gegeven binnen de evolutionaire biologie. Er is ontzettend veel bewijsmateriaal voor altruïstisch gedrag bij primaten onderling, en ook, zij het meer anekdotisch, jegens niet-soortgenoten. Dit gaat van samenwerking bij voedselverzameling, zorg voor de kinderen en het verzekeren van veiligheid tot het spontaan helpen van anderen die in nood verkeren.

Zo zullen primaten in natuurlijke omstandigheden een teveel aan voedsel altijd met verwanten én vrienden delen, waarbij diegenen die krijgen zelf ook nog verder doorgeven. De verdeling van een jachtbuit gebeurt heel vaak op basis van het aandeel in de samenwerking en niet op basis van louter de hiërarchie – de alfaman of -vrouw moet ook meegewerkt hebben. Hiërarchie, ja, maar dan wel met een evolutionair gegronde voorkeur voor billijkheid, waarbij verschillen in status en voedselverdeling alleen maar binnen zekere grenzen geaccepteerd worden. Het wordt nog een stuk interessanter wanneer de onderzoekers ingrijpen en bepaalde proefopzetten installeren en variëren. Een aantal daarvan gaat uit van hetzelfde gegeven: de apen wordt geleerd dat ze een beloning, een 'loon' krijgen, in de vorm van voedsel wanneer ze een bepaalde taak uitgevoerd hebben. Daarbij organiseren de onderzoekers een aantal variaties.

Wanneer twee apen dezelfde taak uitvoeren, en daarvoor dezelfde beloning krijgen (komkommer), loopt alles vlot. Wanneer de eerste een royale en veel meer begeerde beloning krijgt (druiven) en de andere nog steeds dezelfde komkommer, dan weigert de tweede niet alleen verdere medewerking; hij weigert bovendien ook de komkommer, met een gezichtsuitdrukking die in het aaps zoiets uitdrukt als: 'Weet je waar je die komkommer kunt steken?' Dit onderzoek is intussen in veel varianten herhaald, en steeds rolt er dezelfde conclusie uit – een oneerlijke verdeling wordt niet geaccepteerd, en de dieren krijgen liever niks dan dat ze het moeten stellen met minder dan de ander voor hetzelfde werk.

In een volgende proefopzet krijgen apen als beloning voor het uitvoeren van een opdracht een plastic fiche waarmee ze voedsel kunnen 'kopen'. Ze kunnen kiezen tussen twee soorten fiches, één waarmee zij, en alleen zij, voedsel krijgen, en één waardoor een ander lid van de groep ook voedsel krijgt – ze kiezen nagenoeg systematisch voor de tweede optie. Dit is minder het geval wanneer de andere aap een onbekende is. Wanneer die andere aap toch een bekende is, maar hij door de opstelling van het experiment niet of nauwelijks gezien kan worden, daalt ook het delen. En wanneer een bepaalde fiche aan de andere aap meer en beter voedsel geeft, dan kiest de aap die het werk deed eerder voor de fiche die alleen hem beloont. Delen ja, weggeven ook, maar er zijn grenzen aan de gulheid.

Terzijde: in deze voorbeelden blijkt overduidelijk het belang van de blik – zodra een ander individu uit het gezichtsveld verdwenen is, daalt het niveau van de uitwisseling. De menselijke variant is een computergestuurde beslissing, genomen door anonieme aandeelhouders met zeer negatieve gevolgen voor onzichtbare arbeiders. Dit geldt nog meer voor onze moderne oorlogsvoering – doden van achter een computerscherm is niet veel meer dan 'gamen' – zelfs de consoles zijn identiek.

Leuk om te weten is dat de laatste proefopzetten afgeleid zijn van onderzoek bij mensen: het zogenaamde 'ultimatumspel'. Er zijn twee proefpersonen; een van hen mag beslissen over de verdeling van een som geld, de ander kan het voorstel aanvaarden of weigeren; weigert hij het voorstel, dan krijgen ze alle twee niks. Merk op dat ze geen enkele prestatie hoeven te leveren voor het geld, het gaat enkel om de verdeling. Telkens opnieuw blijkt dat de tweede speler liever niets krijgt dan een voorstel te aanvaarden waarin hijzelf weinig en de ander veel krijgt, 'want dat is niet eerlijk'. Dit is compleet irrationeel – je krijgt vijf euro waarvoor je niets moet doen – en toch perfect invoelbaar. Een licht voordeel voor de eerste speler (tien euro voor mij, acht voor jou) wordt meestal makkelijk aanvaard. Overigens is een billijke verdeling met neiging naar gelijkheid vrij universeel, en antropologisch onderzoek in verschillende culturen toont aan dat naarmate een cultuur meer is gericht op samenwerking, de verdeling billijker is, en omgekeerd.[3]

Dit gaat over delen, de mooie kant van de primaten. Maar hoe staat het met die andere kant, leedvermaak, het vermaak ten gevolge van andermans ellende en pijn? De aanblik van een soortgenoot die pijn lijdt, heeft verrassende gevolgen, zelfs bij zo'n nietige diersoort als muisjes. Wanneer zij een muis van het eigen nest pijn zien lijden, reageren ze net alsof ze die zelf voelen. Bij een onbekende muis is dat heel wat minder of zelfs helemaal niet het geval.[4] Ondertussen heeft men dit ook op mensen toegepast, en via de moderne medische technologie die ons toestaat 'in' het brein te kijken, zien we nog specifiekere resultaten. In een normale situatie voelen wij de pijn van de ander letterlijk: dezelfde regio's lichten ook in ons brein op, zij het minder sterk. Wanneer de proefopzet op een dusdanige manier georganiseerd wordt dat de persoon die pijn lijdt diegene is die ons zopas bedrogen heeft (tijdens een spelletje dat deel uitmaakt van de proefopzet), dan licht het *genotscentrum* op in onze hersenen – dit is de neurologische neerslag van leedvermaak. Overigens treedt dit effect bijna uitsluitend op bij mannen.[5]

Frans de Waal gebruikt tientallen van dergelijke onderzoeken om te laten zien hoe de sociale verhoudingen bij groepsdieren zowel pre-wired zijn als bepaald door de context. Zeker in het geval van primaten komt daar empathie aan te pas: het kunnen voelen van wat de ander voelt. Hij hecht daar enorm veel belang aan, ook al omdat dit lang als een exclusief menselijk kenmerk gold. Empathie plaatst sociale verhoudingen inderdaad op een totaal ander niveau. Zelf legt de Waal het verband niet, maar bijvoorbeeld Schopenhauer vond juist daarin de basis voor de ethiek, in tegenstelling tot zijn collega-filosofen die het in de rede zochten. Doe een ander niets aan wat je zelf ook niet wil *voelen*. Koppel daaraan het menselijk reflexief vermogen, het kunnen nadenken over onszelf en ons eigen gedrag, en we komen dicht in de buurt van het geweten – we weten wat wij voelen, wij kunnen voelen wat de ander voelt. Doen alsof onze neus bloedt (‘*wir haben es nicht gewusst*’), is veeleer een niet willen zien en dus een niet willen weten, gevolgd door de nodige rationalisaties.

Primatenonderzoek geeft geen antwoord op onze identiteitsvraag, maar laat wel een aantal stevige conclusies toe. De mens is zonder twijfel een groepsdier, en daar hoort een sociale hiërarchie bij die voor rust en samenwerking zorgt. Ook bij primaten dient leiderschap voor ‘peacekeeping’. Met enige welwillendheid kunnen we in de onderzoeksresultaten een hang naar rechtvaardigheid en solidariteit lezen, zij het dat deze hoofdzakelijk gericht is op bekenden. Evenzeer vertonen de resultaten agressie en tegenwerking, en via de moderne medische beeldvorming kunnen we leedvermaak nu letterlijk zichtbaar maken. Het onderzoek toont bovendien aan dat zowel medelijden als leedvermaak niet zozeer een individueel kenmerk van een bepaalde aap is (een stoornis!), als wel een onderdeel van een ruimere sequens: 'Jij hebt mij bedrogen, net goed dat je nu zelf een veeg uit de pan krijgt'. Onze dichtste verwanten kennen zowel het *Do ut des*, geef opdat je zal krijgen, als het *An eye for an eye*, oog om oog, tand om tand. In beide gevallen zal de sociale organisatie of het gebrek daaraan in combinatie met visueel contact een dergelijke verhouding bevorderen of afremmen. Anders gezegd: primaten zijn niet wezenlijk goed of slecht, de omstandigheden bepalen in welke richting het gedrag gaat.

Tot slot wil ik nog wijzen op iets waar ik zelf aanvankelijk weinig aandacht voor had. Uitwisselingsgedrag concentreert zich altijd op een concreet gegeven, variërend van voedsel, via vlooien of gevlooid worden tot zelfs simpelweg krabben of gekrabd worden. Het belang daarvan was mij aanvankelijk niet erg duidelijk, tot ik mij Marcel Mauss herinnerde. Met zijn *Essai sur le don* legde hij in 1923 de basis voor de moderne antropologie. Een gemeenschap *bestaat* bij de gratie van de gift – anders is er simpelweg geen gemeenschap –, en elke cultuur kan onder meer getypeerd worden door de manier waarop uitwisselingen plaatsvinden. Daarmee kan ik een stelling uit het eerste hoofdstuk uitbreiden: elke identiteit krijgt haar invulling door de gemeenschap waarin ze gevormd wordt *en bijgevolg door de typische manier van uitwisseling binnen die bepaalde maatschappij*. Ik zal in het tweede deel van dit boek sterk op dat idee leunen. Primaten wisselen vooral voedsel en seks uit, en ook onze economie laat zich daartoe herleiden. Verschillende economische systemen bepalen verschillende vormen van uitwisseling, en bijgevolg andere identiteiten binnen andere sociale verhoudingen.

Het werk van De Waal laat zien hoe sociaal gedrag bij primaten empathisch en altruïstisch kan zijn, of egoïstisch en agressief. Dit zit blijkbaar ingebakken in de soort, wat dan 'pre-wired' heet en waarbij de omgeving bepaalt welk gedrag er vooral naar buiten treedt. Dat in die sociale verhoudingen naast voedsel ook seks centraal staat, brengt mij bij Freud. In zijn theorie gaat het meer over het individu, wat niet wegneemt dat hij een aantal zeer lezenswaardige essays geschreven heeft over de verhouding tussen individu en maatschappij.

Net zoals Bergson gaat Freud uit van het idee dat wij als soort door de evolutie heen bepaalde gerichtheden en reacties verworven hebben. Deze liggen opgeslagen in een soort collectief geheugen, een gemeenschappelijk deel van het onderbewuste, en bepalen van daaruit ook het gedrag van hedendaagse individuen. In dat gemeenschappelijk onderbewuste herkent Freud twee aan elkaar tegengestelde basisdriften, die ons in twee verschillende richtingen sturen: Eros, de levensdrift, tegenover Thanatos, de doodsdrift.

De levensdrift stuurt de mens in de richting van vereniging met anderen. Freud benoemt dit als Eros, omdat hij de seksuele versmelting als voorbeeld neemt, zij het dat de levensdrift ruimer is dan het louter seksuele. Het gaat niet noodzakelijk, of niet zozeer, over de versmelting van twee lichamen, het heeft ook en misschien zelfs vooral te maken met een fusie van meerdere energieën in een steeds sterker wordend spanningsveld. Leven is letterlijk energetische spanning, vandaar de benaming 'levensdrift'. Daartegenover staat de andere gerichtheid, Thanatos, die koppels en groepen uit elkaar drijft en individuen op zichzelf terugwerpt. Freud begrijpt ook deze tendens veel ruimer, waarbij de splitsing gepaard gaat met een soms massale en abrupte ontlading van de energie, zodat alle spanning wegvloeit. Dit betekent de dood van het levende, vandaar ook de sombere benaming 'doodsdrift'.

Freud schreef deze speculaties neer zonder dat hij kennis kon hebben van dingen zoals atoomsplitsing of kernfusie, de *Big Bang* of de *Big Crunch*, en ik waag me niet aan veronderstellingen op dat vlak. Toegepast op de mens, kost het niet zoveel moeite om die dubbele beweging in ons alledaagse leven op te merken. De meest voor de hand liggende toepassing is de seksualiteit als dusdanig. Het versmelten van twee lichamen doet de spanning stijgen tot het punt van orgastische ontlading – *la petite mort* – waarna de twee uit elkaar vallen en weer aparte individuen zijn. Een wat minder spectaculaire toepassing ligt in onze identiteitsontwikkeling. Daarin maken we periodes door waarin we zoveel mogelijk aansluiting zoeken bij de ander, iets wat in de hedendaagse psychologie 'hechting' heet, en elke volwassene maakt momenten mee waarop hij als het ware 'in' de ander wil wegkruipen. Als de hechting voldoende stevig is, gaan we de andere richting uit en willen we per se onafhankelijk staan, ons eigen ding doen – dit is de separatie. In de spreekkamer van de psychotherapeut vinden we de twee bijbehorende angsten, de verlatingsangst ('nee, laat me niet alleen, ik heb je nodig') tegenover de intrusie-angst ('je vreet aan mijn lijf, laat me met rust, ik wil weg'). Dezelfde tegengestelde tendensen zijn ook op groepsniveau werkzaam, waarbij een toename van fusie onvermijdelijk een punt bereikt waar het kantelt naar de andere richting. Elke versmelting, of het nu instellingen, bedrijven of landen betreft, roept een eis tot onafhankelijkheid op.

Een van de vragen waarmee Freud zich geconfronteerd zag, was die naar de manier waarop die basisdriften leefbaar gehouden kunnen worden. Alleen maar Eros klinkt leuk, maar is even onhoudbaar als alleen maar Thanatos. Aangezien het over nabijheid en afstand gaat, bovendien in combinatie met genot, zijn we andermaal aanbeland bij de vraag naar de ethiek. Freuds antwoord is uitermate interessant omdat hij een koppeling maakt tussen drie op het eerste gezicht aparte zaken: de collectieve, ethische regelgeving, de individuele regulering van lichamelijke spanning en de sociale verhoudingen (versmelting versus splitsing). Volgens mij is hij de enige die dit doet.

Genot

Op organisch vlak functioneert ons lichaam op grond van energetische spanningen. De subjectieve ervaring van die spanningen heeft alles te maken met zowel angst- als lustbeleving, maar hoe kunnen we dit benoemen? 'Lust' is zo'n ouderwets woord, 'geil' is te specifiek en 'opgewonden' klinkt te mechanisch. Het gaat hier niet zomaar om een semantisch probleem, en het is geen toeval dat Freud op het einde van zijn leven het vraagstuk over lust en onlust het moeilijkste van heel de psychologie noemt. Eerst en vooral is niet onmiddellijk duidelijk wat we onder 'genot' moeten begrijpen. De tweede moeilijkheid heeft te maken met een bepaalde verwachting: elke mens wil zoveel mogelijk genieten, maar hoe zit het met de regulering van het genot?

Freuds eerste antwoord was typisch mannelijk: genot is spanningsontlading, met het orgasme als krachtigste voorbeeld. Spanningsstijging ('stress') daarentegen is onlustvol, afreageren is de boodschap. Een van zijn bekende vrouwelijke collega's, Lou Andreas-Salomé, wees hem terecht. Spanningsopbouw kan zeer prettig zijn en een ontlading is niet altijd leuk. Bovendien: hoe lager de spanning, des te dichter iemand bij de dood staat. Definiëren wat genot is en wat niet, is blijkbaar niet zo eenvoudig; lust en onlust kunnen zelfs door elkaar lopen. In zijn spreekkamer zal Freud nog iets anders moeten vaststellen: dat mensen zeer dubbelzinnig reageren op de ervaring van genot, waarbij schuld en zelf geïnstalleerde verboden legio zijn.

In zijn tijdskader valt de verklaring daarvoor makkelijk te vinden. In het victoriaanse tijdperk was zo ongeveer alles verboden, met als resultaat seksueel verkrampte burgers die hun spanningen nauwelijks konden ontladen, en die als dat al gebeurde, zich daarvoor schaamden. Deze vaststelling kan leiden tot een naïeve tegenstelling tussen een slechte, want frustrerende maatschappij en een goede, want onbedorven natuurmens. Voor alle duidelijkheid: een dergelijk contrast valt op geen enkele manier bij Freud te lezen. Zijn visie is een flink stuk complexer, en bevat een belangrijke stelling over de verhouding tussen het individu en de cultuur.

In mijn opvatting is deze stelling exact het omgekeerde van wat Freud in allerlei populaire interpretaties toegeschreven wordt. Vaak laten die het voorkomen alsof Freud elke vorm van maatschappelijke onderdrukking van seksualiteit als ongezond beschouwde, als tegennatuurlijk. In zijn teksten vind je een heel andere opvatting. De rem die op het driftleven staat, is een rem die intern in het organisme aan het werk is; bij de mens geeft dit aanleiding tot een externe, maatschappelijke vormgeving van die interne rem. In het victoriaanse Wenen was die maatschappelijke vormgeving ronduit hypocriet en ziekmakend, en Freud neemt er uitdrukkelijk een ethische positie tegenover in – maar dat betekent niet dat hij vervolgens de algehele bevrijding predikte. Zijn behandelingsdoel klinkt even nuchter als moralistisch: '[...]; de driften die indertijd onderdrukt werden, blijven onderdrukt, maar de behandeling bereikt hetzelfde resultaat langs een andere weg, vervangt het proces van de verdringing, dat automatisch en buitensporig verloopt, door de gematigde en doelgerichte beheersing met behulp van de hoogste psychische instanties. Kortom, ze vervangt de verdringing door de veroordeling.'[6] Uit dit citaat blijkt dat Freud een beheersing van ons driftleven noodzakelijk acht. De aristotelische koppeling tussen zelfkennis en zelfbeheersing is daarin ook makkelijk herkenbaar.

Op het einde van zijn oeuvre zal Freud die interne rem begrijpen als een gevolg van een volgens hem steeds aanwezige vermenging van levens- en doodsdrift. De een houdt de ander in toom en de twee samen bepalen het leven op alle niveaus, van individu tot maatschappij. Deze vermenging beschouwt hij als een gegevenheid, iets wat ingebakken zit in ons wezen. De Franse psychoanalyticus Jacques Lacan zal Freuds conclusie – merkwaardig genoeg ook op het einde van zijn carrière – hernemen en nog sterker uitdrukken. De moeilijkheid om genot te definieren omzeilt hij via een heel dubbelzinnig concept: *jouissance*, wat zowel voor genot als voor pijn staat. Elk organisme bevat een instinctieve rem op die jouissance, anders zou het heel snel sterven. De mens brengt die oorspronkelijk interne rem naar buiten en geeft hem in zijn sociale organisatie collectief vorm. Die organisatie kan nogal variëren, met dien verstande dat er altijd een autoriteitsfunctie geïnstalleerd wordt die het genieten zal beperken en verdelen. Traditioneel ligt die autoriteitsfunctie bij de vader, die daarbij als vertegenwoordiger moet optreden van een sociale regelgeving waaraan ook hijzelf onderworpen is.

Genot is geen zaak van het altijd wellustige individu tegenover de altijd inperkende maatschappij. Via hun klinische ervaring stellen zowel Freud als Lacan vast dat de mens behoefte heeft aan een regulering van zijn driftspanning, en dat zijn sociale organisatie een uitwerking is van die behoefte. Het specifieke karakter van die vormgeving bepaalt het specifieke van een gemeenschap. Het idee van een vrije 'natuurmens' in een 'natuurstaat' is onzin, zoals trouwens alle antropologische studies laten zien. Er bestaat niet zoiets als een regelloze gemeenschap, en een zogenaamde primitieve maatschappij is altijd veel strenger gereguleerd dan een postmoderne westerse gemeenschap. Dezelfde antropologie leert ons nog iets anders: een maatschappij is nu juist een gemeenschap op grond van haar do's-and-don'ts. De maatschappelijke regelgeving bepaalt de verdeling van voedsel en seks op basis van samenwerking en familiebanden. In het kielzog van die verdeling ontstaan zo ongeveer alle andere normen en waarden. Binnen een postmoderne maatschappij is dat verschoven naar de verdeling van geld, maar je hoeft geen econoom te zijn om te zien hoe ook dat teruggaat op voedsel en seks.

Vanuit een psychoanalytisch perspectief kunnen we hier een belangrijke conclusie formuleren. Het bovenstaande betekent dat wij nooit een naïeve keuze kunnen maken voor het individu en tegen de maatschappij, of omgekeerd, voor de maatschappij en tegen het individu. We kunnen dit niet, omdat we weten dat hun schijnbare tegenstelling een onderlinge afhankelijkheid verbergt. Dit neemt niet weg dat wij, net als Freud, wél duidelijke ethische standpunten kunnen innemen over bepaalde verhoudingen tussen maatschappij en burger, en daar kom ik in het tweede deel van dit boek op terug.

Essentie?

In het begin van dit hoofdstuk verwoordde ik de hedendaagse overtuiging: onze identiteit zit hem in de genen, mensen zijn competitieve individuen en moge de sterkste winnen, als nieuwste versie van het sociaaldarwinisme. Deze overtuiging klopt niet. Identiteit wordt grotendeels door de omgeving bepaald, de mens is wezenlijk een sociaal dier wiens evolutionaire erfenis zowel een gerichtheid op solidariteit als op egoïsme bevat. Omgevingsfactoren bepalen wat de overhand krijgt. Elke maatschappij is georganiseerd rond uitwisseling, waarbij voedsel en seks de eerste ruilobjecten zijn. De sociale regulering van die uitwisseling gaat terug op een regulering in het lichaam zelf, die voor een evenwicht zorgt tussen spanningsopbouw en spanningsontlading. Volgens Freud is dit hetzelfde evenwicht als dat tussen versmelting met en afstandname van de ander, de mechanismen die aan de basis liggen van onze identiteit.

INTERMEZZO

Maatschappij en stoornis

Onze identiteit ontstaat via identificatie met en afstandname van de anderen binnen sociaal bepaalde verhoudingen. Bepaalde gedragspatronen liggen evolutionair ingebakken, en treden al dan niet naar buiten, afhankelijk van de beïnvloeding vanuit de omgeving. Het doel is eerst overleven en later seks, waarbij zowel een gedrevenheid als een interne remming aan het werk is die bij de mens vorm krijgt in de maatschappelijke organisatie. Die vorm is de moraal of ethiek van die bepaalde maatschappij, en haar leden zullen die moraal als onderdeel van hun identiteitsontwikkeling ingeprent krijgen.

De maatschappelijke vormgeving van de interne remming kan zeer verschillend zijn, en is altijd voor verandering vatbaar. Er zijn geen absolute regels, met uitzondering van het universele incestverbod. Alle overige normen zijn grotendeels arbitrair – ik schrijf 'grotendeels' omdat we de belangrijkste vaststelling niet uit het oog mogen verliezen: dat er overal regelgevingen zijn. Hun arbitraire karakter – Waarom zou ik veertig dagen vasten? Waarom moet ik wachten met seks tot ik getrouwd ben? Waarom mag ik niet blowen maar wel alcohol drinken, of omgekeerd? – heeft een aantal mensen tot de overtuiging gebracht dat we evengoed zonder kunnen, vaak in de overtuiging dat onze ratio voor de juiste beslissingen zal zorgen. In de praktijk leidt een plotse verschuiving van traditionele normen en waarden niet tot perfecte vrijheid en op de rede gebaseerde verhoudingen, maar tot chaos en angst.

Ondertussen heb ik impliciet een conclusie geformuleerd die ingaat tegen het idee van een wezenlijke identiteit. Als maatschappijen in hun organisatie van sociale verhoudingen en bijbehorende normen en waarden grondig kunnen verschillen, dan kunnen zij ook behoorlijk verschillende identiteiten produceren.

Verschillen tussen culturen en dus tussen identiteiten veroorzaken vaak een wij-versus-zij-denken, waarbij we de veranderingen bij onszelf over het hoofd zien. Een vergelijking tussen onze identiteit vandaag de dag en die van twee generaties geleden legt nochtans radicale veranderingen bloot, op cruciale vlakken: autoriteit, seksualiteit, opvoeding, arbeidsorganisatie. Dergelijke ingrijpende wijzigingen hebben zonder twijfel ook een andere identiteit geïnstalleerd. We zijn ons daar niet van bewust en we blijven denken dat de 'echte' Vlaming of Nederlander niet veranderd is.

Ik druk het even kras uit, om mijn punt te maken: de gemiddelde Vlaming of Nederlander van toen vertoont meer overeenkomsten met een hedendaagse moslim dan met een Vlaming of Nederlander van vandaag. Het huidige geweeklaag over het verlies van normen en waarden, het teloorgaan van 'de' identiteit illustreert hoezeer wij weigeren in te zien dat onze normen en waarden *veranderd* zijn, samen met die identiteit.

Daarmee kom ik bij mijn vakgebied, de thans bijna alomtegenwoordige wereld van de 'psi'. Als een maatschappij bepalend is voor de sociale verhoudingen en de bijbehorende normen en waarden, dan bepaalt die maatschappij niet alleen 'de' normale identiteit, maar ook de stoornissen, de afwijkingen. Dit komt neer op een uitbreiding van een oubollige freudiaanse stelling, en ik kan mij levendig voorstellen dat nogal wat lezers nu reageren met een medisch argument. Psychiatrische stoornissen zijn toch ziektes die in de genen en de hersenen zitten? Daarmee vertolken zij de hedendaagse dominante opvatting. Dat bij een beperkt aantal psychiatrische stoornissen een genetische factor een rol speelt, is min of meer aangetoond. Voor de rest is het koffiedik kijken. Bovendien komt het onderscheid tussen psychisch normaal en psychisch abnormaal steeds neer op wat die uitdrukking letterlijk zegt: het gaat over afwijkingen van de norm. Begrijp: de sociale norm. Tot op de huidige dag is geen enkel wetenschappelijk onderzoek erin geslaagd het onderscheid tussen psychisch normaal en psychisch abnormaal los van sociale criteria te formuleren. In vakjargon: er zijn geen biologische 'markers'. De huidige hype rond neurobiologie en hersenen verbergt deze mislukking, en het algemeen geloof in die neurobiologie zegt vooral veel over onze behoefte aan verontschuldiging: ik kan er niks aan doen, het zit in mijn genen, in mijn brein. De duidelijke behoefte aan dergelijke verontschuldigingen laat zien hoezeer wij ons beschuldigd voelen.

Dus: een andere maatschappij hanteert andere normen en bepaalt bijgevolg andere afwijkingen. Waarmee ik opnieuw kan verwijzen naar Freud. Psychische stoornissen zijn ook, en zelfs vooral, *morele* stoornissen. 'Patiënten' beantwoorden niet aan de dominante normen en waarden van hun maatschappij en lijden daaronder en/of doen er anderen onder lijden. De stoornissen die Freud in kaart bracht, waren typisch voor de toenmalige victoriaanse samenleving en zijn ondertussen samen met dat tijdperk grotendeels verdwenen.

De samenleving was in Freuds tijd door en door patriarchaal, waarbij alle accent lag op de plichten van de burger en diens verantwoordelijkheid tegenover de groep. De tegenreactie kwam in de tweede helft van de vorige eeuw en bracht de bevrijding van het individu en een dalend belang van de groep. We kunnen dit mooi aflezen aan een bepaalde evolutie op het vlak van de rechten. De Verklaring van de rechten van de mens (1948) was in eerste instantie bedoeld voor bepaalde groepen (de vrouw, het kind, de arbeider), waarbij het ook over gemeenschappelijke belangen ging (recht op onderwijs, gezondheidszorg, enzovoort). Vanaf de jaren zestig richtte de burgerrechtenbeweging zich hoe langer hoe sterker tegen ongeveer elke vorm van autoriteit, waarbij niet zozeer een bepaalde groep, maar vooral het individu om vrijheid riep. Het was het tijdperk van het autonome zelf en de authentieke persoonlijkheid, met liefst zoveel mogelijk rechten. De plichten werden doorgeschoven naar de gemeenschap.

De problemen waarvoor mensen toen op consultatie kwamen, verschilden in wezen niet van die uit Freuds tijdperk, zij het dat ze andere antwoorden verwachtten en die ook kregen. Het waren de hoogtijdagen van de flowerpowerhysterie en de goeroe. Psychotherapie stond in het licht van de algehele bevrijding. Binnen relatief korte tijd werd het patriarchaal accent op de plichten vervangen door wat Peter Sloterdijk 'het grote verwenparadijs' genoemd heeft. De effecten werden vooral in de jaren zeventig duidelijk, waarbij in West-Europa de verzorgingsmaatschappij uit een verzameling individuen bestond die elk hun eigen rechten vanzelfsprekend vonden.

Vandaag de dag is het bon ton hiertegen te reageren, waarbij de 'mei '68-periode' met de vinger wordt nagewezen: de slinger is te ver doorgeslagen, we moeten dringend terugkeren naar normen en waarden, zo kan het niet verder, enzovoort. De linkse verzorgingsmaatschappij is de oorzaak van alle kwaad, en tot voor kort boekte overal in West-Europa rechts tot extreem rechts hiermee vooruitgang.

Mijn verklaring ligt elders. Wat wij vandaag meemaken, zijn de gevolgen van een nieuw maatschappelijk model dat een nieuwe identiteit met andere normen en waarden geproduceerd heeft. Bewust provocerend noem ik dit de 'Enron-maatschappij'. Haar meest typische kenmerk: depressief genot op afbetaling.

5

De Enron-maatschappij

'*May you live in interesting times*' – deze verondersteld Chinese wens is in zijn dubbelzinnigheid vandaag de dag heel erg toepasselijk. Een dalende economie, een stijgende werkloosheid, de bankencrisis, landen die bankroet gaan, noem maar op. De voornaamste politieke reactie is bezuiniging, het uitgommen van het opgebouwde sociaal vangnet, het uitroeien van wat men het 'profitariaat' noemt. Wat meteen de indruk wekt dat onwillige werklozen, te hoge lonen en te vroege pensioenen aan de basis van de crisis liggen. Vlamingen wijzen met de vinger naar de Walen, Nederlanders naar allochtonen en asielzoekers, jongeren naar de babyboomers, en een taxichauffeur in Dublin legde mij haarfijn uit dat het de schuld van de vrouwen is. Bovendien vindt iedereen dat de ander moet inleveren.

De economische waanzin doet ons vergeten dat onze aandacht niet eens zo lang geleden uitging naar andere problemen. De enorme stijging van het aantal mentale stoornissen bijvoorbeeld, iets wat nagenoeg altijd gekoppeld wordt aan de evenzeer enorme stijging van het aantal echtscheidingen en het veranderde opvoedingspatroon. In één adem volgt een verwijzing naar pesten op school en op de werkvloer, het toenemend drugsgebruik en de plunderende jongeren in Londen. Kortom, het normen-en-waardendebat, met op de achtergrond steevast de vraag naar de eigen identiteit.

Ondertussen leven we meer en meer in een virtuele wereld, en volgens sommigen heeft ook de economische crisis meer virtuele dan reële oorzaken. Het valt niet te ontkennen dat wij in het Westen al een halve eeuw in 'de beste der denkbare werelden' leven. Dit is zonder twijfel de belangrijkste paradox van onze tijd. Ik loop even het rijtje af, terwijl ik telkens de vergelijking maak met de eerste helft van de vorige eeuw. Ons onderwijs staat open voor iedereen, is goedkoop en kwalitatief hoogstaand. Onze kranten mogen schrijven wat ze willen, censuur bestaat vrijwel niet. Onze medische en sociale zorg behoort tot de beste ter wereld. We zijn hoogopgeleid, we leven veel langer in goede gezondheid, we kunnen onze mening vrijuit verwoorden en we kennen een ongehoord materieel comfort. Ter illustratie: ziektes die vroeger het privilege waren van de hogere klasse, zoals diabetes, zwaarlijvigheid en hart- en vaatziektes, zijn vandaag endemisch in de lagere maatschappelijke regionen – wat dan een welvaartsparadox heet.

Kort door de bocht samengevat: nooit had de westerse mens het zo goed, nooit voelde hij zich zo slecht. Dit vraagt om verklaring, en gemakshalve wordt die verklaring een beschuldiging. Ons ach en wee toont vooral aan dat de postmoderne mens tegen niets meer bestand is. 'Verwende kinderen, ingebeelde zieken, ja, ronduit profiteurs', is wat men aan de stamtafel te horen krijgt, waarbij bejaarde tooghangers steevast verwijzen naar de oorlog ('In onze tijd'), toen er tenminste échte problemen waren. Vervolgens gaat het over de verwilderde zeden en de noodzaak om daar zo snel mogelijk paal en perk aan te stellen. Mei '68 is één grote vergissing geweest, we moeten terug naar de tijd van toen.

Dergelijke borreltafelpraat verkoopt als zoete broodjes, ook bij intellectuelen – voor mij het zoveelste bewijs dat de menselijke ratio een flinterdun laagje is boven op een angstige onderbuik, zeker in tijden van onveiligheid. Dit verklaart het succes van figuren als Theodore Dalrymple – de man heet eigenlijk Anthony Daniels, maar ook hij heeft blijkbaar een probleem met identiteit. In zijn druk bijgewoonde lezingen en vele publicaties trekt Dalrymple met een zeer krachtige retoriek van leer tegen onze verzorgingsmaatschappij. Zijn stelling is zeer simpel, in meerdere betekenissen van het woord. De stortvloed aan problemen is een gevolg van onze verwenmaatschappij, en dan vooral van een gezondheidssector die mensen in de rol van patiënten blijft duwen, waardoor ze nooit de moeite doen om hun lot in eigen handen te nemen. Stop met janken en doe iets, zo luidt zijn boodschap.

In tijden van crisis vindt een oproep als deze altijd vlot gehoor, zeker wanneer hij uit de mond van een vlotte spreker komt die zijn betoog lardeert met anekdotische bewijsvoeringen. Toch is het erg makkelijk om zijn stelling te weerleggen. De verzorgingsstaat, voor Daniels de oorzaak van alle kwaad, is in zijn eigen Groot-Brittannië al in de jaren negentig verdampt, en de situatie van de zorgsector is er vandaag de dag rampzalig.* Het westerse land dat het dichtst zijn ideaal benadert, dat wil zeggen het tegenovergestelde van een verzorgingsstaat, is ook het land dat het hoogst aantal medische, psychosociale en mentale stoornissen combineert met de grootste gevangenispopulatie, namelijk de Verenigde Staten.[7] Dat er van ons medisch en sociaal vangnet misbruik wordt gemaakt, is ongetwijfeld juist; iedereen kent daar voorbeelden van. Het lijkt mij evenwel vrij moeilijk om de steeds stijgende zelfdodingscijfers bij volwassenen en zogenaam-

* Ter illustratie: 'De [Britse] toezichthouder op de kwaliteit van de zorg (de Care Quality Commission, CQC) constateert dat in een op tien ziekenhuizen zo slecht voor bejaarde patiënten gezorgd wordt, dat de ziekenhuizen volgens de wet strafbaar zijn. Basale zorg – iemand helpen met eten of drinken, pijnbestrijding, iemand helpen op de po of naar het toilet te gaan – ontbreekt daar "systematisch".' (Bron: NRC *Handelsblad*, 2 februari 2012.)

de gedragsstoornissen bij kinderen te verklaren op grond van simulatie en profitariaat.

Een tweede verklaring zoekt de oorzaak een stuk verder terug in de tijd. Jean-François Lyotard – zelf een icoon van mei '68 – heeft het over het verdwijnen van de Grote Verhalen. Religie en ideologie waren eeuwenlang een bron voor een gemeenschappelijke identiteit, waarin ethiek en zingeving centraal stonden. Binnen dezelfde redeneerlijn leggen moraalfilosofen de schuld bij de Verlichting en de daaruit voortgevloeide ontzielde instrumentele rationaliteit. Er is niets waarin de moderne mens nog kan geloven, zo luidt hun conclusie. Bijgevolg zijn er geen ankerpunten meer voor de identiteit. Dat er zoveel problemen zijn, is dus niet zo vreemd. Hun oplossing bestaat uit de constructie van een nieuw Groot Verhaal, waarin we met zijn allen kunnen geloven en waaruit we een nieuwe identiteit kunnen putten ('Gandalf for president!'). Probleem is dat we niet goed weten hoe we een dergelijk dragend verhaal kunnen maken, laat staan hoe we het zouden kunnen doordrukken.

Het nieuwe verhaal: neoliberalisme

De tweede verklaring is meer onderbouwd dan de eerste, en eerlijkheidshalve moet ik toegeven dat ik er zelf een tijd geloof aan gehecht heb. Dat veranderde toen ik ontdekte dat beide verklaringen op hetzelfde neerkomen: vroeger was het beter. De wijde verspreiding van dit idee vandaag de dag illustreert op een pijnlijke manier de onbetrouwbaarheid van ons geheugen, in combinatie met een verkeerde vorm van romantiek. Ondertussen heb ik een meer voor de hand liggende verklaring gevonden – meer voor de hand liggend omdat ze mooi aansluit bij de manier waarop onze identiteit tot stand komt, zoals ik uiteengezet heb in het eerste hoofdstuk. Als toemaatje bevat deze verklaring meteen de uitleg waarom we haar niet zo makkelijk vinden.

Als veel mensen erg ontevreden zijn over de identiteit van hun medemens en ervoor pleiten om terug te keren naar die van vroeger, dan kan dat maar één ding betekenen: vandaag zet een nieuwe identiteit de toon. Wat meteen ook betekent dat er wel degelijk een nieuw, dominant verhaal overheerst, waaraan die nieuwe identiteit zich spiegelt. Het toemaatje bestaat erin dat juist die dominantie de verklaring biedt waarom we niet beseffen wat er aan het gebeuren is. Een identiteitsverlenend verhaal wordt pas als verhaal zichtbaar nadat het zijn dwingend karakter verloren heeft. In het Westen hebben we dit recent meegemaakt op het vlak van religie: zolang het christelijke narratief dwingend was, vielen verhaal en werkelijkheid samen. Pas na de teloorgang van de religie werd het zichtbaar als verhaal, waardoor de oudere generatie zich bedrogen voelt – 'Wat hebben ze ons toch wijsgemaakt?' Zolang narratief en werkelijkheid samenvallen, gelooft de meerderheid dat dit de realiteit ís. '*Get real*' betekent dan zoveel als: buig je naar de nieuwe norm van het nieuwe verhaal, want dit is nu eenmaal de werkelijkheid.

Zodra we dit beseffen vallen er heel wat puzzelstukjes in elkaar en kunnen we ook het verschil met vroeger zien. Niet zo lang geleden werd onze cultuur, en dus onze identiteit, bepaald door een wisselwerking tussen vier centrale aspecten: politiek, religie, economie en kunst, waarbij politiek en religie om de macht streden. Tegenwoordig zijn politici voer voor cabaretiers als Geert Hoste en Youp van 't Hek, religie doet denken aan zelfmoordterrorisme of seksueel misbruik, en iedereen is kunstenaar. Enkel de economie telt nog en het neoliberale economische verhaal determineert alles. In *De utopie van de vrije markt* toont filosoof Hans Achterhuis nuchter, en daardoor des te overtuigender, aan hoe wij vandaag die moderne utopie voor realiteit aannemen en haar daardoor ook realiseren. Als je gelooft in een bepaald mensbeeld en een bepaalde visie op de wereld, bepaalt dit je gedrag en lok je die dingen uit, met een 'zie je wel'-reactie tot gevolg. Ik doe een poging om het daarbij aansluitende mensbeeld, de spiegel die ons omringt, onder woorden te brengen:

> *Mensen zijn competitieve wezens die vooral uit zijn op hun eigen profijt. Op maatschappelijk vlak is dat in het voordeel van ons allemaal, want iedereen zal in die competitie zijn uiterste best doen om aan de top te geraken. Daardoor krijgen we betere en goedkopere producten in combinatie met een efficiëntere dienstverlening binnen een één gemaakte vrije markt, zonder inmenging door de overheid. Dit is ethisch correct, want het slagen of mislukken van een individu in die competitie hangt volledig af van diens eigen inspanningen. Iedereen is bijgevolg zelf verantwoordelijk voor het eigen succes of falen. Vandaar het belang van onderwijs, want onze wereld is een razendsnel evoluerende kenniseconomie die om hoogopgeleide mensen met flexibele competenties vraagt. Eén hogeronderwijsdiploma is goed, twee is beter en levenslang leren een must. Iedereen moet blijven groeien. Immers, de competitie is bikkelhard. Vandaar ook de dwingende noodzaak aan functioneringsgesprekken en constante evaluaties, dit alles geleid door de onzichtbare hand vanuit een centraal management.*

Dit is de korte samenvatting van het grote verhaal dat vandaag de dag onze cultuur beheerst en dat bijgevolg onze identiteit vormt. Cultuur kunnen we het best begrijpen in de ruime betekenis, want dit verhaal heeft ondertussen alle sectoren ingenomen, van wetenschap via onderwijs tot de zorgsector en de media. Ik herinner er nog even aan dat identiteit ook onze normen en waarden bevat en bijgevolg de verhouding tegenover anderen bepaalt.

Over de ruimere historische achtergrond van het neoliberalisme zal ik het niet hebben.* Hans Achterhuis heeft dit heel mooi beschreven, en als men er *Kapitalisme zonder remmen. Opkomst en ondergang van het marktfundamentalisme* naast legt, het laatste boek van historicus Maarten van Rossem, wordt het verband met de huidige economische crisis glashelder. Uit hun analyse treden een aantal belangrijke zaken naar voren. Studie van de geschiedenis laat zien dat economie altijd ingebed lag in een geheel van religieuze, ethische en maatschappelijke structuren. Met het neoliberalisme is dat niet langer het geval. Integendeel, religie, ethiek en maatschappij worden ondergeschikt aan 'de markt'. In die zin is het neoliberalisme niet langer een economische theorie, maar een veel ruimere ideologie.

Achterhuis illustreert hoe het neoliberalisme zich, net als elke ideologie, voordoet als de meest correcte weergave van 'de realiteit'. Zeker voor bonafide wetenschappers is het pijnlijk om te zien hoe Darwin voor de kar van dit betoog wordt gespannen, samen met het argument van de 'ratio'. Het onderscheid tussen wat ik elders in dit boek het sciëntisme noem en het 'objectivisme', de filosofie van de groep rond Ayn Rand, is zeer gering. Achterhuis toont eveneens aan dat er een belangrijk verschil bestaat tussen het klassieke liberalisme en het neoliberalisme. Het eerste wil een strikte scheiding tussen staat en samenleving, terwijl neoliberalisme de staat ondergeschikt wil maken aan de verondersteld vrije markt. Waar het liberalisme reageert op de

* Dit zal veel lezers verwonderen: het neoliberalisme is een progressieve beweging, die net zoals andere progressieve ideologieën (communisme, nationaalsocialisme) via revolutionaire ingrepen een snelle verandering teweeg wil brengen, in het volle besef dat daarvoor een generatie mensen vaak letterlijk geslachtofferd moet worden. Dit is wat de Chicago Boys, de groep economen onder leiding van Milton Friedman, effectief uitgevoerd hebben in Chili. Hetzelfde verhaal valt te lezen in wat Achterhuis terecht de bijbel van het neoliberalisme noemt, *Atlas Shrugged* van Ayn Rand. Het boek eindigt wanneer de hoofdfiguur triomfantelijk boven het vernietigde landschap vliegt: 'De weg is nu vrijgemaakt. We gaan terug naar de wereld. Hij hief zijn hand omhoog en boven de lege verwoeste aarde maakte hij in de lucht het teken van de dollar.'

excessen van de verzorgingsmaatschappij, wil het neoliberalisme de staat omvormen tot een verzorgingsmaatschappij voor banken en multinationals voor het geval het ondenkbare gebeurt: dat de veronderstelde zelfregulatie van de vrije markt mislukt. Daarentegen is alles wat privépersonen betreft – school, zorg, veiligheid – een zaak voor die privépersonen zelf; daar mag de overheid geen geld aan besteden.

De hamvraag in dit tweede deel van het boek is dan ook de volgende: wat zijn de effecten van pakweg dertig jaar neoliberale ideologie op onze identiteit? En op welke manier heeft dit systeem ons denken gekoloniseerd, terwijl het ingaat tegen al onze private en collectieve belangen? Voor het antwoord op die laatste vraag moet ik nader ingaan op wat ik het schaamlapje van het neoliberalisme noem: de meritocratie.

Loon naar werken in naam van de vrijheid

Het woord 'meritocratie' was tot voor kort vrij onbekend, in tegenstelling tot de onderliggende gedachte waarmee zo ongeveer iedereen opgevoed is: loon naar werken; iedereen krijgt wat hij verdient; boontje komt om zijn loontje; zoals men zaait, zo zal men oogsten, enzovoort. Zelfs de Bijbel heeft zijn meritocratische parabel, waarin de talenten verdubbeld worden al naargelang iemand hard werkt en zijn intellectuele en fysieke mogelijkheden ten volle ontplooit (Matteüs 25: 14-30). De macht (*kratos*) dankzij de inzet, de verdienste (*merit*). In West-Europa kreeg dit idee een maatschappelijke vormgeving na de Tweede Wereldoorlog. Elk kind moest maximale ontwikkelingsmogelijkheden krijgen. Elke belemmering op grond van sociale klasse, ras of geslacht moest verdwijnen. Eigen capaciteiten in combinatie met een volgehouden inspanning werden de nieuwe criteria voor maatschappelijk succes.

Dit Verlichtingsidee heeft zonder twijfel voor een grote sociale mobiliteit gezorgd. Jongens voor wie hoger onderwijs vroeger ondenkbaar was (tenzij ze bereid waren priester te worden of in het leger te gaan), konden nu voor het eerst verder studeren. Voor de meisjes was het nog even wachten. Vanaf de jaren zestig werden kinderen in het Belgische lager onderwijs systematisch getest op hun intellectuele mogelijkheden en kregen bijvoorbeeld mijn ouders, net zoals vele anderen, van het toenmalige PMS (Psycho-Medisch-Sociaal centrum) te horen dat hun puisterige zoontje middelbaar onderwijs moest volgen. Het werd nog kostschool ook, en aangezien talenten niet vanzelf tot ontwikkeling komen, kregen we vier uur en twintig minuten opgelegde studie per dag, zes jaar lang.

Met meritocratie op zich is er niks mis, en tot op zekere hoogte geldt hetzelfde voor prestatiedruk – de effecten hangen grotendeels af van de inbedding, en die was toen zonder twijfel positief. In de tweede helft van de vorige eeuw werd dankzij het opengooien van de schoolpoorten een statische maatschappij in relatief korte tijd van tafel geveegd. Daarom spreken we van een 'onderwijsmeritocratie', die min of meer tegelijkertijd overal in Europa ingevoerd werd. De Amerikaanse tegenhanger is ouder, en van een heel andere orde. Het is de mythe van het schoenenpoetsertje dat op basis van zijn inzet uitgroeit tot een steenkoolmagnaat, van de krantenjongen die eindigt als mediatycoon, met als recente variant de garages in Silicon Valley, als kraamkamer van internetmultinationals. Kortom: *the American Dream*. Dit is de economische variant van de meritocratie, die heel nauw aansluit bij het idee van 'negatieve vrijheid': het individu mag door anderen geen belemmeringen opgelegd krijgen, en al helemaal niet door een al te betuttelende overheid. Binnen de Amerikaanse traditie wordt dit puur economisch begrepen – geen staatsinmenging in *business* – terwijl de oorspronkelijke Europese invulling vooral politiek was. Begrijp: de politieke overheid mag haar burgers geen levensbeschouwing opleggen.

De combinatie tussen die twee denkbeelden – vrijheid en loon naar werken – verklaart de aantrekkingskracht die meritocratie op ieder van ons uitoefent. Ondertussen zijn onderwijsmeritocratie en economische meritocratie versmolten, zelfs in die mate dat een intellectuele verdienste die geen economische meerwaarde biedt, nauwelijks nog waarde heeft. Ter illustratie: het woordje 'intellectueel' klinkt vandaag zo ongeveer als een scheldwoord, en de uitdrukking '*If you are so smart, why aren't you rich?*' is voor velen géén ironisch te begrijpen titel van een kritische studie.[8]

Juist deze versmelting heeft gezorgd voor een kantelpunt, waarna we het beste kunnen spreken van een 'neoliberale meritocratie'. Het belang van dat kantelpunt kunnen we afwegen aan de gevolgen. Binnen de kortste keren valt de sociale mobiliteit stil, ontstaat er een groeiende kloof tussen onder- en bovengroep en moet vrijheid het veld ruimen voor een veralgemeende paranoia. Exact het tegenovergestelde dus van wat oorspronkelijk de bedoeling was. De oorzaak van deze kanteling is dubbel. Enerzijds is de opvatting dat iedereen met gelijke kansen aan de start verschijnt een illusie. Anderzijds zal het systeem na verloop van tijd een nieuwe elite installeren, die de deur zorgvuldig sluit voor wie na haar komt.

Sommige mensen zijn visionair. In 1958 beschreef Michael Young die oorzaken en gevolgen in zijn satirische roman *The Rise of the Meritocracy*. Het boek verhaalt hoe een utopische maatschappij die de besten beloont – diegenen met de hoogste intelligentie en de meeste werkkracht – en de anderen afstraft, zeer snel giftig wordt voor haar burgers en in chaos en opstand eindigt. Als sociaal bewogen politicus schreef Young deze satire tegen de naar zijn mening zeer kwalijke gevolgen van iets wat hij midden vorige eeuw al voelde aankomen. De ironie wil dat zo'n vijftig jaar later (!) een partijgenoot van hem, een zekere Tony

Blair, een pleidooi hield om het Verenigd Koninkrijk volledig om te vormen tot een meritocratie, wat hem een publieke oorwassing van de hoogbejaarde Young opleverde.[9] Het visionaire karakter wordt nog scherper als we weten dat Young in zijn boek uitdrukkelijk aantoont dat de lijn van het socialisme naar een meritocratie helemaal geen toeval is – en dat is exact wat er in de decennia nadien in de West-Europese politiek zou gebeuren. De weg naar de hel is altijd geplaveid met de beste bedoelingen.

Toch oogt een gecombineerde meritocratie (economisch en onderwijskundig) op het eerste gezicht erg aantrekkelijk en makkelijk verkoopbaar. Iedereen gelijke kansen, wie het hardst zijn best doet, krijgt de grootste beloning – daar kan toch niemand tegen zijn? De praktijk wijst evenwel uit dat de verschillen bij de start het eindresultaat heel sterk bepalen. Bij een onderwijsmeritocratie kan men dit gedeeltelijk ondervangen door massaal te investeren in het basisonderwijs, zij het dat de intellectuele en morele bagage die kinderen vanuit hun thuismilieu meekrijgen, slechts moeizaam te veranderen valt. Bij een economische meritocratie is het al helemaal onmogelijk om gelijke startkansen te installeren – geboren worden in een kapitaalkrachtig milieu is nu eenmaal een uitzondering. Bovendien komen de twee startsituaties dikwijls samen voor: een kapitaalkrachtig milieu betekent meestal een goede scholing. Al met al is de vrije keuze minder groot dan verwacht, en Ad Verbrugge merkt terecht op dat het idee van het zogenaamde 'vrije' individu met onbeperkte keuzemogelijkheden dankzij eigen inspanning een van de grootste waandenkbeelden van onze tijd is.[10]

Zelfs als we die ongelijkheid aan de start zoveel mogelijk zouden kunnen wegwerken, dan nog zou een neoliberale meritocratie uiteindelijk zeer negatieve effecten oproepen – maar dat wordt pas duidelijk als we die effecten op de langere termijn bestuderen. In de aanvangsperiode levert een meritocratie overweldigend positieve resultaten op, zeker als het een maatschappij of een instelling betreft die voordien functioneerde op grond van een combinatie van traditie, vriendjespolitiek en louter anciënniteit. Eindelijk krijgt men loon naar werken, eindelijk kan men doorgroeien op grond van de eigen inzet. Na die beginperiode komt er een korte fase van stabiliteit, waarna het bestel exact het tegenovergestelde realiseert van wat oorspronkelijk de bedoeling was. Ik heb dit pas goed begrepen toen ik de analogie opmerkte met iets wat ik in het derde hoofdstuk belicht heb: het sociaaldarwinisme.

Sociaaldarwinisme in een economische verpakking

Het meritocratische plaatje oogt inderdaad een heel stuk minder fraai als we de verwantschap opmerken met het sociaaldarwinisme uit de tweede helft van de eervorige eeuw. In het derde hoofdstuk kwam deze als pseudowetenschappelijke rechtvaardiging voor de kolonisering al aan bod: het blanke ras is superieur en moet al die primitieve rassen verheffen tot ons niveau, dat was *The white man's burden*. Om die superioriteit te behouden kon men het best bijtijds de zwakke elementen binnen de eigen groep verwijderen. De medisch-wetenschappelijke aanpak leidde rond 1900 zowel in Europa als in de Verenigde Staten tot eugenetische denkbeelden en maatregelen, die uiteindelijk door de nazi's verregaand in de praktijk werden gebracht.

De analogie is makkelijk te ontdekken: net zoals het sociaaldarwinisme beoogt een neoliberale meritocratie een 'survival of the fittest', waarbij de besten voorrang krijgen en de anderen weggeselecteerd worden. Merk op dat het sociaaldarwinisme een verschuiving kende van groepen (het blanke superieure ras) naar individuen, naar uiteindelijk zelfs zelfzuchtige genen. Een andere belangrijke analogie is dat ook voor het sociaaldarwinisme zaken zoals opvoeding, sociale klasse en, ruimer, milieu-invloeden, geen enkele rol speelden. Enkel de erfelijk bepaalde factoren zijn van belang.[11] Vervang genen door talent, en de overeenkomst is duidelijk: het individu is doorslaggevend, hij kan het maken op grond van inzet en aangeboren kenmerken.

Deze analogie laat toe het zwakke punt in de redenering bloot te leggen. Sociaaldarwinisme en neoliberale meritocratie wekken de indruk dat zij de *van nature* beste persoon bevoordelen. Hij of zij zou het sowieso gehaald hebben, maar wij steken de natuur een handje toe om die 'fittest' sneller naar boven te halen. In werkelijkheid liggen de zaken wel even anders. Zowel de sociaaldarwinistische als de meritocratische aanpak gaan zélf bepalen wat zij als de 'fittest' beschouwen en – heel belangrijk – hoe ze dat gaan meten. In de praktijk roepen zij in toenemende mate een door henzelf bepaalde, enge realiteit in het leven, terwijl ze beweren een 'natuurlijke' winnaar te bevorderen. Vervolgens houden zij die 'realiteit' structureel in stand, omdat ze systematisch die winnaars bevoordelen, waardoor die aan de top blijven. Op de koop toe beschouwen de aanhangers van dit bestel de vaststelling dat die winnaars aan de top blijven als een bewijs voor de juistheid van de redenering.

Een klassieke illustratie hiervan is het verondersteld wetenschappelijk onderbouwde geloof in een 'natuurlijke' suprematie, eerst van de mannen over de vrouwen, later van het blanke ras (Europeanen) en de WASP's (White Anglo-Saxon Protestants) over de rest van de wereld. Gevolg: vrouwen en niet-blanke mensen kregen geen kans op een degelijke scholing, laat staan op een degelijke baan – daartoe werden ze toch niet in staat geacht. Enkel blanke mannen mochten leidinggeven, wat dan de indruk wekte dat vrouwen en niet-blanken daar niet toe in staat waren. Op de koop toe mocht de blanke man hen op grond van hun veronderstelde minderwaardigheid schaamteloos uitbuiten. Consequente doorvoering van een dergelijk systeem leidt tot een statische samenleving waarin de bovengroep zijn eigen positie en privileges bestendigt en deze vooral afschermt van de lagere groepen.

Vandaag de dag zijn dergelijke racistische opvattingen eerder zeldzaam, en wij zijn ervan overtuigd dat we die fout niet meer maken, ook al omdat de uitgangsvraag van het sociaaldarwinisme ons niet meer interesseert – wie of welke groep is er de 'fittest'? Dat laatste is vreemd, want de mens heeft daar eeuwenlang vaak bloedige discussies over gevoerd: wat is de beste maatschappijvorm en hoe kunnen we die bevorderen? Die vraag is verdwenen onder een dwingend antwoord als gevolg van een dwingende praktijk. Het vroegere debat vond plaats binnen een maatschappij waar het politieke, het religieuze, het culturele en het economische min of meer naast elkaar stonden. Tegenwoordig zijn die typisch menselijke dimensies allemaal onderworpen aan één dwingende praktijk: de neoliberale markteconomie. Die biedt ook meteen het antwoord op de vraag wie de ideale mens is: de man of vrouw die voor de hoogste productie zorgt – en ook dat had Young in 1958 al voorspeld. Nog een paar eeuwen vroeger schreef David Hume, een van de belangrijkste filosofen uit de Verlichting, dat een maatschappij georganiseerd op grond van 'merit' onvermijdelijk eindigt in het uit elkaar vallen van de gemeenschap. Het ziet ernaar uit dat hij gelijk krijgt.[12]

De vraag is op welke manier het neoliberalisme tot Humes 'dissolution of society' leidt, vooral in het licht van het toch zo rooskleurige begin. Zolang meritocratie zich beperkt tot het beste jongetje of meisje van de klas dat daardoor de begeerde studiebeurs krijgt, is er geen probleem. Vandaag echter is meritocratie volledig ingebed in een gedigitaliseerde, razendsnelle en geglobaliseerde vrije markt, en het is die combinatie die dodelijk blijkt voor de samenleving als gemeenschap. Bedrijfsresultaten – die steeds een selectief beeld van de werkelijkheid bieden – worden elektronisch geregistreerd, gegroepeerd en verwerkt, nagenoeg zonder dat er nog eigenlijk denkwerk aan te pas komt – '*Computer says no*'. Vervolgens wordt er op grond van 'de cijfers' beslist, over de hoofden heen, hoofden die dan maar voldoende flexibel moeten zijn om voor de zoveelste keer te volgen. En ten slotte roepen die cijfers de werkelijkheid in het leven waarop ze verondersteld worden gebaseerd te zijn – reïficatie heet dit (van *res*, ding en *facere*, maken). Het ondertussen klassieke voorbeeld is dat de geringste paniek op de beurs over een multinational die minder winst maakt dan verwacht, de koersen onmiddellijk doet dalen, waardoor de paniek selffulfilling wordt.

Dergelijke praktijken lijken zich vooral op het niveau van systemen voor te doen, de zogenaamde macro-economie, waardoor wij als individuen er niet zo onmiddellijk mee te maken hebben. Helaas is dit een illusie, en nog een gevaarlijke ook, met als onthutsende illustratie het zogenaamde Enron-model als basis voor een personeelsbeleid. Het gaat om een sociaaldarwinistische praktijk waarbij de man met de grootste productie alle bonussen krijgt en die met de laagste de bons. Enron, een Amerikaanse multinational, voerde eind vorige eeuw onder de benaming '*Rank and Yank appraisal system*' deze praktijk in. De prestaties van iedere werknemer werden continu competitief beoordeeld, op grond waarvan jaarlijks één vijfde zijn ontslag kreeg, echter niet na eerst publiek vernederd te worden: hun naam en foto, én hun mislukking, kwamen op de website van het bedrijf. Resultaat: binnen de kortste keren vervalste zo ongeveer iedereen zijn cijfers en heerste er totale paranoia. De grootschalige fraude leidde tot een proces en een bankroet.

Ondanks die mislukking en het bijbehorende criminele aspect vind je vandaag overal toepassingen van het Enron-model. HR-managers van multinationals dienen te werken volgens een 20/70/10-regel. Twintig op de honderd werknemers zijn de 'high flyers', zeventig zorgen voor de kritische massa en tien op de honderd moeten elk jaar aan de dijk gezet, ook als er voldoende winst en groei gerealiseerd is. Vijf minuten googelen met als zoektermen Rank and Yank, 20/70/10 rule volstaat om honderden bedrijfsdocumenten te vinden die deze aanpak aanprijzen, steevast met een verwijzing naar Spencers 'survival of the fittest' en Dawkins' 'selfish gene'.

De sociaaldarwinistische praktijk beperkt zich dus zeker niet tot de macro-economie, zoveel mag duidelijk zijn. Zoals ik hierboven reeds schreef: denken dat een dergelijk systeem beperkt blijft tot het bedrijfsleven is al evenzeer een gevaarlijke illusie. Een illusie, omdat het ondertussen zo ongeveer alles bepaalt en juist daardoor ook onze identiteit vormgeeft. En gevaarlijk, omdat dit betekent dat er weinig of geen reactie tegen komt. Ter illustratie ga ik in op de effecten van een neoliberale meritocratie in sectoren waar deze helemaal niet thuishoort: wetenschap en zorg. De impact op het onderwijs behoud ik bewust voor het volgende hoofdstuk, omdat het mij de mogelijkheid biedt de stap te zetten naar het allerbelangrijkste, namelijk de effecten op onze identiteitsontwikkeling en op onze verhoudingen ten opzichte van anderen.

De universiteit als kennisbedrijf

Oktober 2011 – de Universiteit van Antwerpen start een blits nieuw magazine en vraagt bekende alumni om een column. Journalist Sven Speybrouck gaat daar graag op in, maar moet tot zijn verbijstering vaststellen dat de redactie zijn tekst weigert. De reden? Hij noemt een aantal grote bedrijven die nul komma nul vennootschapsbelasting betalen – en dat mag niet, de universitaire overheid vreest dat zoiets gevolgen zou kunnen hebben. Voor alle duidelijkheid: de UA is een onafhankelijke, door de staat gesubsidieerde instelling. Academische vrijheid?

Niet eens zo lang geleden werd het hoger onderwijs vooral gewaardeerd omwille van zijn maatschappelijke relevantie. De bedoeling was kritische, hoogopgeleide burgers af te leveren, die via hun persoonlijke ontwikkeling konden bijdragen aan een betere maatschappij. Een dergelijk idee klinkt vandaag de dag ongelooflijk wollig, en het woord 'burgers' roept bij mensen onder de dertig alleen nog gedachten aan McDonald's op. Universiteiten, dat zijn toch kennisbedrijven die bij hun studenten competenties moeten ontwikkelen, zodat ze regelrecht het bedrijfsleven in kunnen? Om dit te bevorderen deden een aantal Vlaamse prominenten in de loop van het crisisjaar 2011 heel concrete voorstellen: verhoog het universitaire inschrijvingsgeld voor alle opleidingen die niet aansluiten bij het bedrijfsleven en verlaag het voor alles wat wél rendeert. Wie hardleers is en toch kiest voor een niet-rendabele opleiding, moet bestraft worden met een kleinere werkloosheidsuitkering, of hij krijgt die uitkering zelfs helemaal niet. Als klap op de vuurpijl kwam het voorstel om kleuters te screenen op hun vaardigheden, zodat men ze meteen de juiste economische richting uit kan sturen. Schrijver Marc Reugebrink kaartte die ideeën nog eens aan in een kritisch artikel met als ironische publicatiedatum de feestdag van de Onnozele Kinderen (*De Standaard*, 28 december 2011). De week daarop las een redacteur wetenschap van diezelfde krant hem de les: geesteswetenschappen dragen niets bij, menswetenschappers zouden er beter aan doen Darwin te lezen en met het neoliberalisme is niks mis.

Dat dit soort voorstellen uit de mond komt van mensen met macht doet mij huiveren – zo moet het, denk ik dan, rond 1930 ook begonnen zijn. Dat er nauwelijks protest komt, vraagt om een verklaring – waar is onze mondigheid gebleven? Om dat te begrijpen moeten we de recente geschiedenis onder de loep nemen, en dan vooral die van het academische milieu.

De universiteit is lang het spiegelbeeld geweest van een statische maatschappij, waar iedereen die op een bepaalde leerstoel zat daar ook bleef zitten, en waarbij afkomst en partijpolitiek grotendeels de stoelverdeling bepaalden. De hilarische roman *Onder professoren* van W.F. Hermans, geschreven in 1975, is niet meer dan een lichte uitvergroting van een toenmalige kolderieke realiteit. In het laatste kwart van de vorige eeuw heeft de invoering van een meritocratisch personeelsbeleid dat systeem gelukkig drastisch gewijzigd. Tot ontzetting van oudere collega's volstond bij een benoeming of een bevordering niet langer een stemming. De keuze diende ook grondig gemotiveerd te worden op basis van vergelijkingen tussen cv's. In de beginperiode, na die kanteling, werd een academische carrière zodoende afhankelijk van iemands didactische kwaliteiten in combinatie met zijn maatschappelijke en wetenschappelijke inzet, met publicaties, lezingen en deelname aan congressen als bewijzen. De universiteit werd een dynamische omgeving waar zeker jongere docenten zich vrij goed voelden; eindelijk kregen ze appreciatie voor hun inspanningen.

Dit positieve effect had niet alleen te maken met de ervaring dat hard werken voor een relatief snelle bevordering en loonsverhoging zorgde, want vanaf een bepaald niveau verliest bezoldiging haar motiverend effect.[13] Psychologisch beschouwd hing dit positieve gevoel vooral samen met de ervaring dat men eindelijk zelf controle had over de eigen loopbaan, los van vriendjespolitiek, achterkamertjestoestanden en andere duistere praktijken. Juist daardoor krijgt de eigenwaarde een serieuze opsteker, wat de motivatie om te werken nog doet stijgen, samen met het plezier dat men daaraan beleeft. Bovendien voelt men zich uitdrukkelijk verbonden met en loyaal tegenover de instelling die dit mogelijk maakt.

Binnen de tijdspanne van één generatie veranderde deze situatie echter dramatisch, met als gevolg dat zeker jongere academici thans nog nauwelijks het gevoel hebben zelf invloed te kunnen uitoefenen op hun carrière. Integendeel, de overtuiging heerst dat ze naar de pijpen van een onzichtbare administratie moeten dansen. Ze werken keihard, maar beleven minder plezier aan hun werk. Bovendien identificeren ze zich helemaal niet meer met de instelling, en de collegialiteit is grotendeels zoek. De oorzaak ligt in de evolutie van de aanvankelijke meritocratie naar een neoliberaal evaluatiesysteem. Ik noem het neoliberaal, omdat alle accent op kwantitatieve productie ligt.

In vijftien jaar tijd werd de genuanceerde beoordeling van iemands kwaliteiten en inzet stapsgewijs vervangen door een letterlijke meting en telling van zijn productie, in het nieuwe jargon: zijn 'output'. Zaken die niet vlotjes te meten zijn vielen buiten de boot. Het belang van onderwijs en maatschappelijke dienstverlening ging pijlsnel naar omlaag en het accent kwam vrijwel exclusief te liggen op onderzoek en 'projecten'. De omvang wordt letterlijk geteld aan de hand van het aantal publicaties dat uit onderzoek en projecten voortvloeit. Artikelen in de eigen taal tellen niet meer mee, enkel internationale publicaties zijn van belang. 'Internationaal' blijkt een eufemisme voor 'Engelstalig'. Engelstalig vergleed al snel naar een handvol toptijdschriften, de zogenaamde *A1-journals*, vervolgens naar die met de hoogste bibliografische impactscore en naar citatie-indexen. Tegenwoordig luidt de internationale (begrijp: Angelsaksische) regel: een academicus moet scoren in journals met de hoogste *ranking*. Ondertussen toont het nieuwste criterium een betekenisvolle verschuiving: de beste academicus is hij – inderdaad *hij*, vrouwen passen niet goed in dit systeem – die de meeste externe fondsen kan verwerven, bij voorkeur bekroond met patenten. Hier laat zich de koppeling tussen onderwijs en economie het duidelijkst kennen.

Een dergelijke evolutie is geen toeval. Integendeel, zij is structureel bepaald en dus onvermijdelijk. Een meritocratie kan slechts functioneren op grond van een centraal geleid en strak gepland meetsysteem van de 'productie' en van de individuele bijdragen daartoe, waarbij er uit hoofde van het systeem slechts een beperkt aantal 'winnaars' mogen zijn – *De beste de baas.*[14] Dit betekent dat elke aanstelling of bevordering noodzakelijkerwijs in onderlinge competitie verloopt, waarbij slechts enkelingen mogen doorgroeien. Daardoor ontstaat een bikkelharde concurrentie, wat op zijn beurt de succescriteria steeds strakker en strenger maakt. Dezelfde competitie doet zich ook grootschalig voor, waarbij allerlei mythische rankings van universiteiten (de Shanghai Ranking, CHE excellence ranking, enzovoort) de waarde van beursnoteringen krijgen, waar op hun beurt de bestuurders van wakker liggen.

Dit is de academische versie van het Rank and Yank-systeem, en met dezelfde gevolgen: een op papier steeds stijgende productie, boven op een mix van persoonlijke frustratie en afgunst, angst en paranoia, die bovendien dodelijk is voor de creativiteit. Alles wat buiten de strak bepaalde krijtlijnen valt, telt letterlijk niet langer mee. 'Out of the box'-denken, dé voorwaarde voor innovatie en ontdekking, kan niet langer. Toch maar naar die garage dus.*

Het is de moeite waard om hier naar de historicus en filosoof Foucault te verwijzen, met zijn opvattingen over disciplinering. Binnen de huidige academische wereld gaat iedereen gebukt onder het juk van een anonieme, globale Evaluator die zich geïncarneerd heeft in de toptijdschriften en vanuit die verheven positie iedereen in de gaten houdt, disciplineert en op zijn verondersteld juiste plaats zet. Wat meteen verklaart waarom nie-

* Mijn eigen universiteit (Gent) heeft vanaf oktober 2011 haar personeelsbeleid voor docenten drastisch omgegooid, in die zin dat bevorderingen niet meer in onderlinge competitie plaatsvinden en dat de bevorderingscriteria zowel ruimer (niet enkel A1 publicaties) als specifieker (een hoogleraar taalkunde verschilt nogal van een hoogleraar experimentele psychologie) kunnen zijn. Dit zal de verhoudingen op de werkvloer zonder twijfel ten goede komen. En van de Shanghai Ranking ligt er op die vloer niemand wakker.

mand nog durft te protesteren. Paradoxaal genoeg werkt dit kwaliteitsbewakend systeem fraude in de hand, net als bij Enron, gaande van de affaire-Stapel in Nederland tot de zwendel met doctoraatsdiploma's aan Duitse universiteiten. De Nederlandse hoogleraar sociale psychologie Diederik Stapel was tot voor kort een autoriteit op zijn vakgebied, op grond van zijn omvangrijk empirisch onderzoek en zijn talrijke publicaties in toptijdschriften. De overgrote meerderheid bleek vervalst te zijn... Ongeveer elke krant had het over de hoge publicatiedruk en de moordende concurrentie als verklaring voor dit soort praktijken. In augustus 2009 kwam in Duitsland een grootschalig gesjoemel met doctoraatsdiploma's aan het licht, waarbij verschillende universiteiten en een honderdtal professoren betrokken waren.

Veel hoogleraren zijn ervan overtuigd dat de ontdekte vervalsingen maar een fractie uitmaken van wat er werkelijk gaande is, maar vrijwel niemand durft dat luidop te zeggen. Naast deze reële vervalsingen doet zich echter nog een veel groter probleem voor: het merendeel van de onderzoeksresultaten is onjuist, en ook dat heeft alles te maken met concurrentie en publicatiedruk. Wetenschappers krijgen simpelweg de tijd niet meer om iets grondig te overdenken en uit te zoeken. John Ioannidis, een gereputeerd epidemioloog van Stanford, schreef daar in 2005 een baanbrekend artikel over: *Why most Published Research Findings are False*. Zes jaar later is er nog niets veranderd, stelde hij in april 2011 tijdens een lezing aan de Radboud Universiteit Nijmegen.

Een dergelijke disciplinering met de bijbehorende negatieve effecten is inherent aan dit neoliberale meritocratische systeem. Dit volstaat om de mythe van de zogenaamde 'vrije' markt te doorprikken – een neoliberale 'vrije' markt kan enkel en alleen functioneren via onderlinge afspraken tussen bedrijven en op grond van globale beleidsbeslissingen – dat wist Jeremy Bentham al, en zowel Hans Achterhuis als Richard Sennett hebben dat ook voor onze tijd overtuigend aangetoond. Ik kom daar in het volgende hoofdstuk op terug, als ik het heb over mijn eigen vakgebied, de psychotherapie.[15]

Wat de universiteiten betreft: als de huidige trend doorzet, zijn er twee mogelijkheden. Of het hoger onderwijs wordt een door de burger betaald en dus goedkoop onderzoekscentrum voor multinationals, met als bonus de persoonlijkheidsvorming (competitief, flexibel, enzovoort) van hun toekomstige werknemers; óf universiteiten worden simpelweg opgekocht en omgevormd tot beursgenoteerde bedrijven, waarbij input (studenten) en output (werknemers) afhangen van de markt. We zijn daar minder ver van verwijderd dan men aanneemt.

Het ziekenhuis als zorgbedrijf

In de marge van een symposium vertelde een verontwaardigde collega me dat zijn ziekenhuis, in de grootste Vlaamse stad, alle psychiatrische bedden had 'afgestoten' en vervangen door 'cardio'-bedden. De reden was simpel: cardiobedden brengen letterlijk drie keer meer op. Bovendien liggen er voornamelijk Nederlandse patiënten in, wat het financiële plaatje nog interessanter maakt.

Dit is geen geïsoleerd voorbeeld, verre van dat. In een poging om de zorgsector beheersbaar te maken, hebben nogal wat regeringen aan de gezondheidssector het marktmodel opgedrongen, in de overtuiging dat dit goedkopere en efficiëntere zorg zou opleveren. Het resultaat is exact het tegenovergestelde, zoals de voorbije jaren uit letterlijk tientallen Nederlandse krantenartikelen is gebleken. Zoals elke 'marktspeler' kiest een ziekenhuis voor wat het meest opbrengt en stoot het die taken af die het minst opleveren. Patiënten zijn daarbij helemaal niet meer het doel, wel het middel, en dit begint angstaanjagende vormen aan te nemen. De combinatie tussen een, zeker in Vlaanderen, vaak verbijsterende werkdruk, de concurrentie tussen verschillende medische disciplines, een kafkaëske regelgeving en de noodzaak om nóg meer winst te maken, maakt dat je tegenwoordig maar beter uit het ziekenhuis weg kunt blijven – dat is wat meerdere artsen mij privatim vertellen. Naast het maximaliseren van de winst door een exponentiële toename van diagnostische onderzoeken en tal van overbodige behandelingen, beoogt de zorgsector, zoals elk bedrijf, ook het minimaliseren van de kosten. Besparing op personeel is daarbij een constante, maar ondertussen wordt ook duidelijk dat de voorkeur uitgaat naar goedkoper en dus minderwaardig materiaal, van makkelijk scheurende en potentieel giftige borstimplantaten tot falende heupprotheses. Tel uit je winst.

Een belangrijk onderdeel van elke marktwerking is het werven van klanten. Reclame maken voor een medische praktijk is voorlopig *not done*, maar het kan ook anders. Overtuig mensen dat ze potentieel ziek zijn of het kunnen worden, en dat ze zich daar vooral tegen moeten wapenen. De laatste tien jaar worden we overspoeld met gezondheidsrages en de bijbehorende adviezen: doe toch maar dat preventief onderzoek en vergeet uw inentingen niet. Bloeddruk en cholesterol moeten om de zoveel tijd gemeten, borsten, hart en baarmoeder gescreend, en hoe zit het met uw dikke darm? Dit soort ongewenste intimiteiten wordt zorgvuldig georkestreerd vanuit een hoofdzakelijk Amerikaanse medische industrie. De tactiek bestaat onder andere uit publireportages (reclame vermomd als journalistiek) in dagbladen, uit radio- en tv-spotjes ('Erectiestoornissen? Praat erover!'), tot het oprichten van nep-patiëntenorganisaties die reclameruimte kopen in bushokjes om het publiek geleidelijk aan te sensibiliseren voor een bepaalde 'stoornis' en vervolgens voor een bepaald medicijn.* Dit soort dingen is zonder twijfel schadelijk voor onze gezondheid – in het minst erge geval houden we er collectieve hypochondrie aan over. Dat de kosten voor gezondheidszorg zo langzamerhand onbetaalbaar zijn geworden, heeft voor een flink stuk ook hiermee te maken.

Het inleveren van wetenschappelijke en klinische onafhankelijkheid gaat hand in hand met een toegenomen controle. De tijd dat artsen zelfstandig een beslissing namen, behoort in de Verenigde Staten al geruime tijd tot het verleden. De zorgverzekeraar en de administratie beslissen wat kan of niet kan. Even een persoonlijke noot: in 2008 was ik samen met mijn vrouw in Philadelphia. Op de allereerste dag van ons verblijf gleed zij uit op een losliggend straatrooster. De hevige pijn liet er geen twijfel over bestaan: we hadden medische hulp nodig. Een Amerikaanse collega zei ons met grote stelligheid naar dát bepaald ziekenhuis te gaan, omdat de andere volgens haar niet deugden. Daar ging alle aandacht eerst en vooral uit naar mijn creditcard, pas daarna geraakten we voorbij de ontvangstbalie. Vervolgens duurde het – gezien onze Europese origine – nog geruime tijd voordat onze verzekeringsstatus uitgeplozen was, want die bepaalde de behandelingsmogelijkheden. Pas toen alles helemaal duidelijk was, kregen we een dokter te zien. Mijn vrouw had een gecompliceerde elleboogbreuk opgelopen; ik moet er niet aan denken hoe het zou zijn afgelopen bij een hartinfarct. Tot slot kregen we, gezien de oorzaak van het uitglijden, het advies een procedure aan te spannen tegen het stadsbestuur: we zouden die gegarandeerd winnen en een forse schadevergoeding kunnen eisen. Wat we dus niet gedaan hebben.

* In de Verenigde Staten is dit op een zeer succesvolle manier gedaan voor sociale angst. Christopher Lane (2007) bespreekt dit hallucinante voorbeeld, samen met een aantal andere, in een hoofdstuk met als sprekende titel 'Direct to consumer'. Zijn boek is een zeer pijnlijke eyeopener voor de manier waarop het psychiatrisch-farmacologisch concern vandaag in het Westen de agenda bepaalt van de klinische en wetenschappelijke praktijk.

De controle door de zorgverzekeraar van wat ondertussen ook in de medische sector de 'prestaties' heet, vraagt een uitgebreid management. Naast de vermarkting is dit meteen de tweede kanker die zich blijft uitzaaien. Een toename van topdownmanagement is trouwens een wezenlijk onderdeel van elke neoliberale werking: een neoliberale organisatie creëert steevast een niet-productieve toplaag, wiens voornaamste functie erin bestaat zichzelf in stand te houden via het controleren van anderen, met als resultaat een groeiende regelgeving. Dergelijke prestatiemetingen worden onder andere gepromoot onder de noemer van *transparancy* – de criteria zijn helder en bovendien voor iedereen dezelfde. Nader onderzoek toont echter al snel aan dat die metingen enkel gelden voor de mensen die het eigenlijke werk doen, niet voor diegenen die de metingen uitvoeren – dit is het onderscheid tussen de werkmieren en de bovenlaag van de *évolués*.

Een van de belangrijkste hedendaagse sociologen, Zygmunt Bauman, gebruikt een duidelijke metafoor om de zogenaamde transparantie van die metingen aan de kaak te stellen. De *glass pane*, de fameuze 'glazen wand' op de werkvloer waardoor iedereen iedereen kan zien en dus controleren, is veeleer een *one-way mirror*. Dit is een speciale spiegel die gebruikt wordt om ongezien te kunnen kijken: van de ene kant is hij doorzichtig, van de andere kant is het een gewone spiegel. Achter de spiegel staan de metende voyeurs, die zelf uit het zicht blijven tijdens hun observatie van werknemers die in de hen omringende spiegels hun eigen ellende alleen maar zien toenemen.[16]

Daarmee stuiten we op een onverwacht gevolg van een neoliberale organisatie, onverwacht in het licht van haar accent op deregulering en het vrijmaken van 'de markt'. Een dergelijke organisatie leidt onvermijdelijk tot een excessieve ontwikkeling van regels en regeltjes, in combinatie met een nooit gezien controlesysteem en een loodzware administratie. Deze combinatie is dodelijk voor creativiteit en productiviteit, met als gevolg vaak een pleidooi voor... meer neoliberalisme. In zijn *Open brief van een arts* beschrijft Marc Desmet op grond van zijn ervaring als ziekenhuisarts vier managementsymptomen. Ze kunnen alle vier naadloos toegepast worden op alles wat door de marktwerking aangetast is.

Een eerste klacht betreft de voortdurende veranderingen, gaande van constante verbouwingen, het invoeren van het allerlaatste computerprogramma, een nieuwe aanpak voor het uurrooster tot de 'inkanteling' van een ander ziekenhuis of de zoveelste fusie tussen diensten, waarbij alles voortdurend 'getoetst' en 'bijgestuurd' wordt. Opvallend: de mensen die het eigenlijke werk moeten doen, krijgen weinig of zelfs helemaal geen inspraak.

Dat laatste voert onmiddellijk naar een tweede pijnpunt: het Big Brother-gevoel. Niet de veranderingen, maar de werknemers worden voortdurend geëvalueerd, middels functioneringsgesprekken, audits en dergelijke. Erg bevorderlijk voor een plezierige werksfeer is het allemaal niet, en op veel afdelingen is de teamgeest ver te zoeken. Ook hier wordt er gemeten en geteld, en ook hier heeft dit een pervers effect. Binnen de kortste keren gaan werknemers op alle niveaus hun gedrag op de metingen instellen: het andere 'telt toch niet mee'. Dat de dictatuur van het meetbare haaks staat op wat zorg is, valt helaas niet met cijfers te bewijzen, dus verdwijnt de eigenlijke zorg pijlsnel.

Vandaar een derde, al helemaal paradoxale klacht: het systeem leidt ertoe dat er almaar minder aandacht naar de kern van het werk gaat, en steeds meer naar administratie, management en controle. Zonder twijfel zouden ziekenhuizen veel beter functioneren indien er geen patiënten waren. In een ironische bui heb ik ooit, na geweeklaag van collega's tijdens een faculteitsraad, voorgesteld het onderwijs af te schaffen. Patiënten en studenten nemen te veel van onze kostbare tijd in beslag, en zij zijn zich daar goed van bewust: 'Professor, ik weet dat u geen tijd heeft, maar als het even kan, zou u dan...' 'Zuster, wanneer denkt u dat ik de arts zou kunnen zien?' Weg met die handel, kun je meteen de stookkosten drukken.

Tot slot iets over wat Desmet samenvat als 'ontmoedigende contradicties'. Iedereen wordt voortdurend aangemaand om te besparen, iedereen ziet hoe er massaal geld gaat naar zaken die het werk niet ten goede komen: een factuur voor de *consultancy* die een nieuwe naam moest verzinnen en een dito slogan – die je vooral niet moet toepassen ('Wij zijn er voor u!'), of de aanschaf van een nieuw boekhoudprogramma, waarvan ingewijden al op voorhand zeggen dat het niet zal werken en dubbel zoveel zal kosten als begroot. Symptomatisch is ook het bombastisch taalgebruik: topverpleegkundigen, speerpuntonderzoek, expertgroepen. In de psychiatrie leidt dergelijk taalgebruik tot de diagnose van een narcistische persoonlijkheidsstoornis.

Effecten op de kwaliteit

De verwachting is dat een meritocratie betere producten zal afleveren dan een niet-meritocratisch georganiseerd bedrijf. Als de beste mensen met de grootste inzet de hoogste functies krijgen, dan moet de kwaliteit van de afgeleverde producten of diensten toch ook optimaal worden? Op zich is dit een correcte redenering, maar in de praktijk zijn er twee factoren die haar bemoeilijken. Om te beginnen is het niet zo eenvoudig om kwaliteit cijfermatig uit te drukken, met als gevolg dat men de redenering vaak omkeert: enkel datgene wat in de cijfers verschijnt, is kwaliteit. Ten tweede: de enige bedoeling van een neoliberale markteconomie is winst maken; kwaliteit is op zich geen doel. In weerwil van alle hoera-metingen deel ik met ongeveer iedereen dezelfde ervaring. De vroegere openbare diensten, van de spoorwegen tot de elektriciteitsvoorziening, zijn onder invloed van de vrijemarktwerking duurder en minder efficiënt geworden; de kwaliteit van nogal wat consumptiegoederen is er veeleer op achteruit gegaan, waardoor ze sneller aan vervanging toe zijn.

Kwaliteit op een uniforme manier meten is realiseerbaar wanneer het om tastbare producten gaat (een auto). Als er esthetiek en smaak mee gemoeid zijn (voedingswaren), ligt het minder eenvoudig. Wanneer het gaat over kennis en dienstverlening (onderzoek, onderwijs en gezondheidszorg) wordt kwaliteitsmeting bijzonder moeilijk. Het meetsysteem dat bij een meritocratie hoort geeft op dit vlak zelf het antwoord: meting en meetbaarheid bepalen wat kwaliteit is, en wat niet kan worden gemeten, telt niet mee. Meten is dus niet zomaar passief registreren, het is wel degelijk actief ingrijpen in de praktijk. Een wijziging in de meetlat impliceert steevast een wijziging in wat men als kwaliteit beschouwt, en werkt daardoor sturend op het gedrag van de betrokkenen. Er ontstaat een tunnelvisie: dít, en alléén dit, is kwaliteit. Wat buiten het meetsysteem valt levert niets op, en dus is het niet verstandig er tijd aan te verspillen. Als de kijkcijfers bepalend zijn voor de 'kwaliteit' van een televisieprogramma, dan creëer je hamburger-tv. Het relatieve karakter van een dergelijke 'kwaliteit' blijkt vooral op het ogenblik dat de manier van meten en de criteria veranderen – iets wat overal steeds sneller gebeurt. Binnen de kortste keren vergeet men al het vorige, en bepaalt de nieuwe meetlat wat er nu voor kwaliteit doorgaat – waardoor ook het gedrag van alle betrokkenen wijzigt.

Daar komt nog bij dat binnen een meritocratie kwaliteitsmetingen geen rekening kunnen houden met lokale en contextuele factoren – de meetlat 'moet voor iedereen gelijk zijn' en de meting moet 'gestandaardiseerd' verlopen, anders heet de vergelijking niet 'objectief'. Dit laatste toont hoe de voorstanders van dit systeem, teneinde kritische tegenstanders de mond te snoeren, hun praktijken koppelen met de zeer enge visie op wetenschap die in het derde hoofdstuk aan bod kwam.

Het is opvallend dat dergelijke meetsystemen in de meerderheid van de gevallen vanuit een anoniem hoofdkantoor opgelegd worden, en heel vaak uitgedacht zijn door externe 'task forces' en 'consultants', die nauwelijks voeling hebben met de praktijk die ze dienen te meten. Op de koop toe gaat er pakken geld naar die externe consultants, wat de frustratie bij de mensen op de werkvloer alleen maar doet groeien. Dat de eigenlijke professionals ook nog eens een deel van hun tijd moeten besteden aan de registraties van die metingen, komt de kwaliteit van het eigenlijke werk al evenmin ten goede.

Een ziekenhuis heet plotseling een 'zorgbedrijf', de universiteit wordt omgedoopt tot een 'kennisbedrijf', waar de arbeiders-onderzoekers zoveel mogelijk moeten produceren. De inhoud van wat men doet, is minder belangrijk dan de vraag of een bepaalde prestatie of activiteit 'meetelt' of niet. De verplichting om te scoren heeft tot gevolg dat er in het werkveld voortdurend verschuivingen ontstaan op grond van de verschuivende kansen op scoringssucces. Zo zijn de meest succesvolle onderzoekers zij die de wetenschappelijke hypes volgen. En aangezien hypes slechts een kort leven beschoren is, kan men geen inhoudelijke expertise opbouwen, enkel een formele. Dit is tegenwoordig wel vaker het geval. Toen ik een jongere universitaire collega vroeg hoe het mogelijk was dat hij in een tijdspanne van pakweg tien jaar verscheidene keren van onderzoeksdomein veranderd was, luidde het antwoord: 'Het is alleen maar een kwestie van je [computer] programma aanpassen'. Onbewust echode hij daarmee het antwoord dat Richard Sennett, de Amerikaanse arbeidssocioloog, te horen kreeg van ongeschoolde arbeiders in een industriële bakkerij, die ongeveer niets anders deden dan icoontjes aanklikken op computerschermen – iets wat ze voordien in andere bedrijven ook al gedaan hadden. Toen hij hun vroeg welke *skills*, vaardigheden, zij hadden, luidde het antwoord: '*Baking, shoemaking, printing, you name it, I've got the skills.*' Vijfentwintig jaar eerder had hij in hetzelfde bedrijf Italiaanse bakkers ontmoet die trots waren op hun vakmanschap.[17]

Dezelfde tunnelvisie vinden we in de zorgsector, waar de kwaliteit tegenwoordig bepaald wordt door een bepaalde interpretatie van het label evidence based. Binnen de psychologische en sociale hulpverlening denkt men kwaliteit te kunnen meten met methodes die overgewaaid zijn uit farmacologisch onderzoek – welke medicijnen werken het best bij die bepaalde ziekte? Bij de overname van die evaluatiemethodes reduceert men de werking van psychotherapie tot die van een pil en mentale stoornissen tot een organische ziekte. Gevolg is dat een dergelijke evaluatie maar op een heel beperkt aantal psychotherapievormen en op een heel beperkt aantal mentale stoornissen kan worden toegepast. In plaats van te concluderen dat men bijgevolg geen uitspraak kan doen over al die andere behandelvormen, luidt het verdict thans dat enkel díé beperkte groep behandelingen doeltreffend is. Het gaat zover dat de andere therapiemodellen meer en meer hun bestaansrecht verliezen en zelfs uit het opleidingsaanbod verdwijnen, met als resultaat andermaal tunnelvisie en eenheidsworst.[18]

Overal waar men bij kwaliteitsmeting kwantitatieve meetlatten hanteert, duwt de lat het gedrag zeer snel in dezelfde richting, met als onvermijdelijk resultaat het verdwijnen van diversiteit. Dit levert voor een meritocratisch beleid een probleem op: hoe minder verschillen tussen kandidaten, producten of diensten, des te moeilijker het wordt om ze te rangschikken. Vergeet niet dat binnen een meritocratie het aantal 'winnaars' per definitie beperkt moet blijven. Vandaar dat kandidaten op uiterlijke factoren beginnen te mikken, om toch maar als de beste over te komen. In nagenoeg alle gevallen komt dit neer op een accentverlegging van het product naar de verpakking: resultaten worden aangeboden in *glossy* rapporten, opgesteld door gespecialiseerde bedrijfjes. Wat vroeger propaganda en vriendjespolitiek heette, is nu het duurbetaalde product van spindoctors en lobbyisten.

Dit laatste is de ultieme stap in het streven om tot de winnaars te behoren. Aanvankelijk zal elke slecht scorende 'productie-eenheid' – autofabriek, universiteit of ziekenhuis – haar 'productie' zo goed mogelijk proberen bij te sturen. Met dat doel voor ogen richt men zich op die aspecten die de cijfers zo snel mogelijk in de juiste richting kunnen duwen: weg met die psychiatriebedden, en die publicatie moet je toch echt in tweeën splitsen, dan telt ze dubbel mee. Dit fenomeen heeft zowel een effect op de uitvoering van het werk als op de meting ervan. In de uitvoering laat men die inspanningen vallen die te weinig meetellen en focust men op activiteiten waarmee snel te scoren valt. Op het vlak van de metingen worden de resultaten zoveel mogelijk in de juiste richting gemanipuleerd, waarbij de stap naar vervalsing erg klein is. *Toefta* heette in het Stalin-tijdperk het subtiel manipuleren, en eventueel vervalsen, van de statistieken om toch maar de gewenste norm te behalen. In onze tijd gebeurt precies hetzelfde met wat tegenwoordig in managementjargon *the stats* heet, de statistieken. Er ontstaat een papieren werkelijkheid die in toenemende mate verschilt van de echte.

De zogenaamde efficiëntie van onderwijs, onderzoek en gezondheidszorg is inderdaad niet zo eenvoudig te meten, maar de nieuwe *buzzwords* wekken wel die indruk: onderwijsrendement, output, ranking, *benchmarks*, etc. Ter overweging: zegt het aantal sterfgevallen per maand iets over de kwaliteit van een ziekenhuis? Of eerder over het soort patiënten dat er wordt opgenomen? Zegt het aantal geslaagde leerlingen iets over de kwaliteit van een school? Of eerder over de sociale buurt waarin die school ligt? Zegt het aantal geslaagde masterstudenten iets over een universiteit? Of eerder over de output-financiering van die universiteit? Als dergelijke cijfers deel gaan uitmaken van het evaluatiesysteem, en dus medebepalend zijn voor de subsidiëring, zullen sommige ziekenhuizen niet aarzelen om terminale patiënten elders onder te brengen, net zoals heel wat scholen sommige leerlingen zullen weren of hun slagingscriteria zullen aanpassen. In alle gevallen zal de kwaliteit stijgen. Althans op papier.

Maatschappelijke gevolgen

Een economische meritocratie valt stil op grond van de patrimoniumerfelijkheid: wie een kapitaal erft, blijft bovenaan de ladder; wie schulden erft, onderaan. Een onderwijsmeritocratie valt stil op grond van sociale erfelijkheid: hoogopgeleiden brengen hun kinderen vanaf de geboorte interesses en kennis bij die hen op school bijna automatisch in de toplaag brengen, bij kinderen van laagopgeleiden is dat vaak net het omgekeerde.[19] Een neoliberale meritocratie combineert beide vormen van erfelijkheid en installeert een nieuwe, statische klassenmaatschappij door de combinatie van diploma's en geld, waarbij de top de eigen privileges niet alleen zorgvuldig bewaakt, maar ook gevoelig zal uitbreiden. Concreet leidt dit tot een zeer snelle toename van ongelijkheid tussen de verschillende groepen. Dit wordt vandaag de dag overal duidelijk, zowel binnen organisaties en bedrijven, als op ruimere maatschappelijke schaal. Binnen een ziekenhuis groeit die afdeling die het meeste geld in het laatje brengt, de andere moeten inleveren; binnen een universiteit groeien die vakgroepen die het best aansluiten bij de scoringslat, ten koste van vakgroepen die niet in de waan van de dag passen.

Op maatschappelijk vlak heeft dit bedenkelijke gevolgen. De middenklasse is aan het verdwijnen en er ontstaat een kleine topgroep boven op een grote onderklasse. De sociale verhoudingen worden hoe langer hoe grimmiger. De topgroep kijkt neer op de onderlaag, want in de redenering van de toplaag is het de schuld van de onderlaag als die laatste in de goot ligt. 'Schuld' wordt hier begrepen in termen van te weinig inzet en talent.

Waar die topgroep eventueel hulp biedt, is dit steeds in de vorm van *welfare*, liefdadigheid – in de ogen van de top verdient de onderklasse geen hulp. In feite zie je ook hier, analoog met de herintrede van het sociaaldarwinisme, een heropleving van een ander negentiende-eeuws concept: de caritasgedachte. Rijken moeten de armen helpen met giften – waarbij de armen wel arm dienen te blijven; de hulp beperkt zich tot het lenigen van materiële nood, sociale emancipatie blijft buiten beschouwing. Een caritatief denken – och god, die arme mensen – herdefinieert sociale problemen als armoedeproblemen; denk aan 'kansarmoede', 'gekleurde armoede'.

Net zoals in de negentiende eeuw vergeet men hierbij gemakshalve het belangrijke effect van puur toeval, naast de sociale effecten van etniciteit, sociale klasse, ouderdom, ziekte, tegenslag, en zelfs geslacht. Wat dit laatste betreft: in augustus 2009 rapporteerde de Britse krant *The Observer* toenemende discriminatie van zwangere vrouwen en moeders op de werkvloer, en de ervaring wijst uit dat een carrière zeer moeilijk combineerbaar is met moederschap. De universiteit vormt daar absoluut geen uitzondering op – welke universiteit voorziet in voldoende crèches voor haar onderzoeksters? Meritocratie sluit perfect aan bij de typisch mannelijke fallische competitie. De bloedige sociale opstand waarmee Michael Young *The Rise of the Meritocracy* eindigt, wordt niet toevallig georganiseerd door hoogopgeleide vrouwen.

De ondergroep brengt een en ander natuurlijk wel in rekening; ze verwijt de top arrogantie en gebrek aan zelfkritiek, en in toenemende mate ook zelfbevoordeling. De boodschap die de verliezers te horen krijgen, staat haaks op wat zijzelf ervaren. Van buitenaf horen ze dat hun mislukking hun verantwoordelijkheid is; van binnenuit voelen ze zich onmachtig om er iets aan te veranderen. Deze combinatie loopt uit op een voortdurende vernedering. In *Geopolitiek van emoties. Hoe culturen van angst, vernedering en hoop de wereld veranderen* heeft Dominique Moïsi deze redenering op de wereldpolitiek toegepast, om aldus de verhoudingen tussen Europa, China, de moslimlanden en de Verenigde Staten beter te begrijpen. Dezelfde redenering geldt evengoed op kleinere schaal. Zowel op mondiaal niveau als tussen sociale klassen en zelfs individuen is de stap van vernedering en wanhoop naar wraakgevoelens en het daaruit voortvloeiende geweld bijzonder klein.

Het statische karakter van deze sociale verhoudingen veroorzaakt uitzichtloosheid voor de verliezers, wat op zijn beurt leidt tot zinloos geweld, als de machteloze opstand van de onmachtigen. Dit is niet zozeer de revolutie waarmee Young zijn boek eindigt; als clinicus denk ik hier vooral aan het zelfverwondingsgedrag van iemand die elke greep op zijn leven verloren heeft. Zie bijvoorbeeld de onlusten in 2005 in de Franse voorsteden, uitgelokt door een bevolkingsgroep die niets meer te verwachten heeft en die zijn eigen wijken vernielde. De uitzichtloze situatie werd nog eens bevestigd door de reactie van president Sarkozy, die deze groep *racaille*, uitschot, noemde, dat met de hogedrukreiniger van straat gespoten moest worden. De Britse premier Cameron had een paar jaar later dezelfde reactie bij de onlusten in Londen: geen softe verklaringen, was de boodschap, maar streng straffen: het ging om geboren misdadigers. Daarmee verwoordde Cameron onbewust de negentiende-eeuwse opvattingen van de criminoloog Lombroso over de 'geboren' crimineel, erfelijk belast en meestal herkenbaar aan diens wijduitstaande ogen en aaneengesloten wenkbrauwen. Toen duidelijk werd dat ook heel wat jongeren uit de gegoede milieus aan de plunderingen hadden deelgenomen, moest hij zijn mening herzien.

Hoe zat dat ook al weer met die identiteit?

6

Identiteit: machteloze maakbaarheid

Zo ongeveer om de vijftien jaar herlees ik *East of Eden*, en telkens opnieuw geniet ik van de manier waarop Nobelprijswinnaar John Steinbeck erin slaagt door middel van een meeslepend verhaal de meest fundamentele vraagstukken bijna ongemerkt ter sprake te brengen. Die over erfelijkheid en milieu is er een van: ligt ons leven al vast bij de geboorte, of heeft de omgeving nog een serieuze vinger in de genenpap? Bestaat er zoiets als morele keuze? Een van de romanfiguren is ervan overtuigd dat erfelijkheid alles bepaalt: '*You can't make a racehorse of a pig*'; de ander antwoordt: '*No, but you can make a very fast pig.*'

In het eerste hoofdstuk heb ik uiteengezet dat onze psychologische identiteit een product is van onze omgeving. Dit betekent natuurlijk niet dat de omgeving van een baby om het even wie of wat kan maken – de krijtlijnen liggen genetisch vast, maar binnen die krijtlijnen is er erg veel mogelijk. Vandaar dat ik in het vierde hoofdstuk op zoek ging naar wat we als essentieel kunnen beschouwen. Veldbiologen vind ik op dit vlak een betere informatiebron dan zelfverklaarde hersendeskundigen. Frans de Waal toonde overtuigend aan dat de primaten, waartoe wij behoren, empathie bezitten en gericht zijn op samenwerking en solidariteit – *op voorwaarde dat de omgeving dit gedrag bevordert.* In een tegenovergestelde omgeving kunnen we ons ontpoppen tot zeer wreedaardige en egoïstisch handelende wezens. Dit bevestigt wat Steinbeck ook al wist en wat hij in zijn roman prachtig beschrijft: de omgeving is zeer determinerend, maar dat sluit het aspect van individuele keuze en verantwoordelijkheid niet uit.

De processen (spiegeling en separatie) waarmee de vorming van onze identiteit plaatsvindt, beschreef ik in het openingshoofdstuk van dit boek. Ik heb daarbij de formele kant van de zaak wat minder benadrukt; daarom wil ik die nu sterker in de verf zetten.

Een identiteitsontwikkeling verloopt optimaal in een stabiele omgeving waar duidelijke autoriteitsfiguren voor een veilige hechting zorgen. In normale taal: het kind voelt zich bemind door mensen die op een consequente manier voor hem of haar beslissingen nemen ('Eerst nog een verhaaltje, en dan lekker slapen'), tot het in staat is dat zelf te doen. Wanneer die vormvereisten voldoende aanwezig zijn, wordt de inhoud via de spiegelingsprocessen vlot doorgegeven, ontwikkelt het kind vertrouwen in zichzelf en in de ander, en kan het daardoor ook afstand nemen en zelf keuzes maken. Op die manier ontstaat beetje bij beetje een stevige identiteit. De inhoud van die identiteit hangt af van de ruimere groep waarin iemand opgroeit, en vooral van de dominerende gemeenschappelijke opvattingen; het door de groep gedeelde 'verhaal'. Die opvattingen zijn steeds ethisch van aard, ze bevatten vooral normen en waarden die bepalend zijn voor de manier waarop we naar onszelf en naar de anderen kijken. De weerspiegeling van die opvattingen vinden we in de *mores* of de ethiek, waarvan het rechtswezen de officiële neerslag vormt.

Tot twee generaties geleden was het gezin waarin men opgroeide, in combinatie met de onmiddellijke sociale omgeving, daarbij doorslaggevend. De verklaring is eenvoudig: daar bracht men nu eenmaal de meeste tijd door, en de impact van de buitenwereld was betrekkelijk gering. Het toen nog perfect functionerende spoorwegnet diende – naar een gelukkige uitdrukking van Erwin Mortier – vooral om iedereen op zijn plaats te houden. Vandaag de dag maken de nieuwe communicatiemogelijkheden afscheid nemen zo goed als onmogelijk. De eindscène van *Casablanca*, '*We'll always have Paris*', is ondenkbaar geworden. Het vliegtuig van Ingrid Bergman zou nog niet goed en wel opgestegen zijn, of zij en Humphrey Bogart waren al stiekem aan het sms'en. Het effect van al die veranderingen is zonder twijfel een serieuze daling van de invloed die ouders hebben op de ontwikkeling van hun kinderen. De grens tussen binnen- en buitenwereld is verdwenen en de buitenwereld domineert.

De manier waarop onze identiteit tot stand komt is echter niet veranderd: nog steeds spiegelen we ons aan het dominante verhaal met de normen en waarden die erin vervat zijn. De spiegeling komt nu in veel mindere mate van onze ouders, en veel meer van de flatscreens, waaraan niet meer te ontsnappen valt sedert ze ook de publieke ruimtes vervuilen. Dit is de millenniumversie van de voortdurend herhaalde hypnopedische boodschappen in *Brave New World*, en de doeltreffendheid ervan overtreft zelfs Huxleys ergste nachtmerries. De reclamewereld, of ruimer, de media, brengen de blijde boodschap waartegen maar weinig verweer mogelijk is. Daarachter schuilt een uitgekiende strategie die ons ervan wil overtuigen dat ze het beste met ons voorheeft, en dan vooral door de aanschaf van een bepaald product, 'Omdat u het verdient'.

Met flatscreens op zich is niks mis, noch met de media. Het probleem zit in de boodschappen die ze doorgeven en – ruimer – in de dominante marktwerking. De expliciete boodschap luidt: iedereen kan perfect zijn, iedereen kan alles hebben. De impliciete boodschap voegt eraan toe: als je maar voldoende je best doet. Dat laatste sluit perfect aan bij wat zonder twijfel de hedendaagse mythe bij uitstek is, zoals ik in het derde hoofdstuk uitwerkte: de maakbare mens. Merk op dat publiciteit als bron van hedendaagse ethiek op geen enkel moment een verbod laat horen, hoogstens een obligate waarschuwing ('Alcohol kan uw gezondheid schaden') die volledig door de dominante boodschap overstemd wordt. Geniet nu, geniet zoveel mogelijk.

Is dit verkeerd? Wat is er tegen genieten, behalve dan dat het ongelijk verdeeld is? En als die anderen wat meer hun best doen, is het toch ook voor hen bereikbaar? Ellen Key, een Amerikaans-Zweedse pedagoge, riep de vorige eeuw uit tot de eeuw van het kind. De huidige kunnen we nu al benoemen als die van het gevaarlijke, of toch minstens het gestoorde kind. Zogenaamde dubbeldiagnoses (combinaties tussen ADHD, ODD, CD, ASS, automutilatie, eetstoornissen, etc. etc.) swingen de pan uit. Over die gestoorde diagnostiek zal ik het in mijn volgende hoofdstuk hebben. In ieder geval zijn er steeds meer kinderen en jongeren met problemen, net zoals er ook meer volwassenen zijn met serieuze moeilijkheden. Sommigen zijn gestoord, sommigen gevaarlijk, en sommigen zijn het allebei – met het accent op *sommigen*. Veel volwassenen reageren op die jongeren met een combinatie van angst en afwijzing. Angst voor de bedreiging die men meent te voelen en afwijzing van de denkbeelden en het gedrag die ze aan die jeugd toeschrijven. De jeugd wil niet meer werken, jongeren willen alleen maar plezier maken, ze willen alles onmiddellijk, ze nemen drugs en ze doen te vroeg aan seks, enzovoort. Kortom: ze worden verondersteld al die dingen te doen waar elke volwassene van droomt, maar waarvoor hij terugdeinst.

Geruststellend is dat dergelijke afwijzingen zich bij elke generatiewisseling voordoen. De volgende regels zullen voor nogal wat lezers herkenbaar zijn:

> *Onze jeugd heeft tegenwoordig een sterke hang naar luxe, heeft slechte manieren, minachting voor het gezag en geen eerbied voor ouderen. Ze geven de voorkeur aan*

kletspraatjes in plaats van oefening [...] Jonge mensen [...] spreken hun ouders tegen, houden niet hun mond in gezelschap [...] en tiranniseren hun leraren.

Actueel, niet? Het citaat is ongeveer 2500 jaar oud, en Plato legt het in de mond van Socrates. Het laat zien hoe de kern van die klacht altijd over hetzelfde gaat: de jeugd heeft geen normen en waarden meer, help, de wereld gaat om zeep. De onderliggende betekenis is een stukje pijnlijker: ik word oud, ik kan het niet meer volgen, ik herken me niet meer in die jongeren, ze zijn anders.

Het gevoel van vervreemding bij ouderen jegens jongeren wijst op een veranderde identiteit als gevolg van verschuivingen in de cultuur, iets wat kennelijk steeds weer tot een generatieconflict leidt. Een nieuwe generatie is inderdaad *anders* in vergelijking met de vorige. Dit roept meteen drie belangrijke vragen op: hoe komt het dat die nieuwe generatie anders is, op welke manier is ze anders en welke reacties lokt dat uit? Het antwoord op de eerste vraag is al voor een flink stuk gegeven in het vorige hoofdstuk: de nieuwe identiteit is een spiegeling van het nieuwe, neoliberale verhaal. Hoe wij daarop reageren vormt het onderwerp van het volgende hoofdstuk. Hier ga ik in op die tweede vraag: op welke manier is de jongere generatie anders? En werkt dit anders-zijn inderdaad bedreigend en verstorend, en is er dus meer aan de hand dan alleen maar een generatieconflict?

Morele ontwikkeling

Het woord 'opvoeding' bevat het idee van een opwaartse beweging, een verheffing tot iets wat er aanvankelijk niet was. In meer prozaïsche termen: kinderen dienen de regels van hun cultuur over te nemen, van tafelmanieren, lichaamshygiëne en seksuele normen tot hun politiek bewustzijn. Afgaande op het aantal boeken over opvoeding, het aantal deskundigen dat om de haverklap in de pers verschijnt en het aantal gezinnen dat in de pedagogische zorg terechtkomt, lijkt kinderen opvoeden tegenwoordig een bijzonder moeilijk proces. De vaststelling dat de generatie van mijn ouders die vraag slechts zelden stelde, maakt de huidige problematisering des te vreemder.

Bijgevolg is het de moeite waard even na te gaan hoe een normale morele ontwikkeling in zijn werk gaat. Daar is heel veel ontwikkelingspsychologisch en pedagogisch onderzoek naar verricht, en het resultaat van dat onderzoek zal niemand verbazen. Vanaf de prille kleutertijd leren wij normen en waarden aan van onze ouders, en in toenemende mate van de ruimere omgeving, op grond van wat ze zeggen ('Ja, je moet je beurt afwachten') en doen (hun voorbeeldfunctie) binnen een context van straf en beloning. Het tonen van liefdevolle aandacht is de beste beloning, het wegnemen van die aandacht tot zelfs het sociaal uitsluiten van het kind de meest effectieve straf ('Ga jij maar eventjes in de hoek staan'). Materiële beloningen ('Als je braaf gaat slapen, krijg je nóg een snoepje') en lichamelijke straffen moeten uitzonderingen blijven, anders wijzen ze voornamelijk op mislukking en machteloosheid.

Dit aanleren gebeurt constant, vraagt voortdurende herhaling en is bij tijd en wijle zeer vermoeiend, zoals elke jonge ouder al snel ervaart. Aanvankelijk situeren autoriteit en de gewetensfunctie zich buiten het kind, in de figuur van de ouder, die daardoor de positie van controleur moet innemen. Sterker: elke driejarige zal die autoriteit uitdagen en testen hoe rekbaar de grenzen zijn, iets wat tien jaar later een van hormonen doordrenkte herhaling kent tijdens de puberteit. Zoals Orson Welles zei: ouders zijn het bot waarop kinderen hun tanden scherpen en ouders vinden dat niet leuk. Dikwijls genoeg zorgen kinderen ervoor dat ze betrapt worden, teneinde een geruststellende afgrenzing te krijgen. De gevolgen – stampvoetende woedebuien, leugentjes om bestwil, schuld en schaamte – horen daar ook bij. Als ouder moet je stevig in je schoenen staan.

Wanneer er sprake is van een veilige en liefdevolle omgeving zal het kind rond de leeftijd van vijf jaar de oorspronkelijk externe regelgeving beginnen over te nemen en te verinnerlijken, zodat zij voortaan deel gaat uitmaken van zijn identiteit. We noemen dit 'interiorisatie', als basis van het morele besef, het 'geweten'. Concreet: ook als papa of mama niet lijfelijk aanwezig zijn, weet het kind heel goed wat mag en wat niet, en als het toch de regel overtreedt, zal het zich in meerdere of mindere mate schuldig voelen. De school en de ruimere sociale omgeving beginnen hun invloed uit te oefenen, en zullen die aanvankelijk zwakke interiorisatie nog verder versterken.

Een zichtbaar effect van deze versterking is dat de omgeving aan de opgroeiende jongere meer en meer vertrouwen kan geven. Met vallen en opstaan leert hij of zij dc juiste beslissingen te nemen, waarbij ook andere normen en waarden – andere dan die van de ouders – een rol gaan spelen. Dat alles is het fameuze *coming of age*, dat in heel wat boeken en films het centrale thema vormt. Tegelijkertijd bieden die boeken en films ook een spiegel aan de opgroeiende jongere: dit zijn de moeilijkheden, dit zijn de mooie dingen, dit zijn de fouten die je kunt begaan, dit is zwart en dat is wit, maar daartussen ligt een hele regenboog, enzovoort. Opvoeding gaat daar naadloos over in *Bildung*, vorming, waarbij een zo rijk mogelijke cultuur borg staat voor een rijk palet aan identificatiemogelijkheden. Kennis staat daarin centraal, maar dan in de klassiek Griekse betekenis van *phronesis*, wijsheid. Het gaat om een totaal andere kennisvorm dan het natuurwetenschappelijke weten, om de eenvoudige reden dat het om morele en existentiële keuzes gaat, waarbij absolute antwoorden en generaliseerbare oplossingen vooral een illustratie van domheid en angst opleveren. Ter illustratie nog even terug naar *East of Eden*: 'Aron kreeg zijn opleiding in wereldse zaken van een jongeman zonder ervaring en dus met de mogelijkheid tot generaliseren zoals alleen de onervarenen dat kunnen.'

Het groeiend vertrouwen in de beslissingsmogelijkheden van een jongvolwassene betekent dat hij of zij steeds meer autonomie verwerft en krijgt, en steeds minder behoefte heeft aan externe controle. Dit mondt uit in de legale volwassenheid, die de laatste decennia in nagenoeg alle landen op steeds jongere leeftijd wordt ingesteld, van 23 via 21 naar 18. Wie legaal volwassen is, wordt verantwoordelijk voor zijn of haar gedrag, omdat hij of zij de morele norm voldoende overgenomen, geïnterioriseerd, moet hebben. Hij of zij wordt een burger, een volwaardig lid van een maatschappij, met de bijbehorende rechten en plichten. In het geval van mislukking zal die maatschappij ingrijpen, hetzij door hem of haar te veroordelen wegens het niet volgen van de regels, hetzij door hem of haar gestoord, abnormaal te verklaren, afwijkend van de norm dus.

Blijkbaar gaat dit tegenwoordig niet langer van een leien dakje. Uit gedegen onderzoek blijkt dat drie op de vier volwassen Nederlanders de huidige kinderen te brutaal, te asociaal, te stiekem en te ongehoorzaam vinden. Officiële statistieken geven aan dat in Nederland veertien procent (één op de zeven kinderen) speciale zorg of onderwijs behoeft, en dat bijna zeven procent van de achttienjarigen in de Wajong (Wet Arbeidsongeschiktheid Jongeren) terechtkomt – in principe krijgen ze voor de rest van hun leven een uitkering omdat ze 'arbeidsongeschikt' zijn. Voor België heb ik geen betrouwbare cijfers gevonden, maar die zullen in dezelfde orde van grootte liggen.[20]

De oorzaken van deze evolutie met even gedegen wetenschappelijk onderzoek aantonen is onmogelijk – er zijn veel te veel verschillende factoren die een rol kunnen spelen. Maar een aantal zaken springt wel in het oog. De beïnvloeding die vanuit ouders en familie komt, is slechts een fractie van wat die ooit geweest is – en toch wijst men in eerste instantie naar de ouders wanneer het misgaat met de kinderen. In onze veranderde maatschappij komen de pedagogische vormvereisten waar ik het al over had ernstig in het gedrang. Door de organisatie van onze arbeid is een voorspelbare en stabiele omgeving nog slechts weinig kinderen gegeven. De meeste peuters wisselen per dag minstens één keer van omgeving en verzorgingsfiguren, sommigen zelfs twee keer. Bovendien is in diezelfde tijdsperiode de autoriteitsfunctie zo goed als verdwenen en durven ouders hun kinderen nauwelijks nog een verbod op te leggen. Bij peuters leidt dit paradoxaal genoeg tot een groter gevoel van onveiligheid, waardoor veel kinderen er niet in slagen een normale hechting en een normaal vertrouwen in zichzelf en in de ander te ontwikkelen. De reclame-gestuurde media brengen voortdurend de boodschap dat er voor elk verlangen een antwoord bestaat, op voorwaarde dat je het juiste product koopt. In combinatie met het ontbreken van autoriteit zorgt dit voor onhandelbare kinderen.

Naast de vormvereisten voor een goede identiteitsvorming is de vraag naar de inhoud zo mogelijk nog belangrijker: welke spiegel krijgt een kind voorgehouden? Die inhoud kunnen we afleiden uit twee op het eerste gezicht tegenstrijdige klachten jegens de jongeren van vandaag. Ze zijn prestatiegerichte hyperindividualisten voor wie enkel hun carrière telt, los van de belangen van anderen. Of, lijnrecht daartegenover, ze zijn niet bereid zelf inspanningen te verrichten, werken is er niet meer bij, ze willen alleen maar profiteren. In feite is er sprake van nog een derde groep: zij die een stoornis opgeplakt krijgen – de bespreking van die groep reserveer ik voor het volgende hoofdstuk. Op hun beurt houden deze drie groepen ons een spiegel voor: zij zijn het product van het dominante verhaal waarbinnen en waarmee ze opgegroeid zijn.

In deze tijden van ernstige werkloosheid zijn er duizenden vacatures voor laaggeschoolde mensen – meteen ook een belangrijke groep onder de werklozen. Die vacatures raken niet ingevuld, en elke werkgever kan verbijsterende verhalen vertellen over jongvolwassenen die het na amper een week werken voor bekeken houden – ze vinden het werk te zwaar, het verdient te weinig, geef ons dan toch maar liever die uitkering. Geen wonder dat werkgevers ernstige twijfels hebben over een zorgsysteem dat dit soort misbruik mogelijk maakt. Wat zij echter niet beseffen, is dat het slechts om een deelgroep gaat, die ik hier gemakshalve 'fopspeenjongeren' noem.

Samen met de succesvolle en de gestoorde jongeren vormen fopspeenjongeren het product van het huidige dominante verhaal en de wijze waarop dit via de opvoeding wordt doorgegeven. Allemaal hebben zij dezelfde boodschap te horen gekregen, namelijk dat elke behoefte, elk verlangen perfect te bevredigen is, bovendien zelfs op de korte termijn, en dat genieten via consumptie het belangrijkste levensdoel is. Wat de fopspeenjongeren van de twee andere groepen onderscheidt, is dat zij de bevrediging volledig van de ander verwachten. Op zich is dat niet eens zo vreemd, omdat elk kind dit gedurende een aantal jaren ook heeft ondervonden. Eigenaardig is vooral dat deze groep daarin is blijven steken.

Om het waarom beter te begrijpen, moeten we even terugkeren naar onze paradijselijke babytijd. In ideale omstandigheden is iedereen dolgelukkig met onze geboorte, en onze ouders zijn dat al helemaal. Als baby kennen, kunnen en weten we nog niets. Onze reacties zijn reflexmatig, met als belangrijk overlevingskenmerk dat we beginnen te huilen zodra er iets scheelt: honger, dorst, kou, een natte luier. En – o wonder – binnen de kortste keren staat er iemand naast ons wiegje om ons te helpen en ons ook nog eens te troosten. Aanvankelijk neemt een fopspeen daarin een centrale plaats, vandaar mijn benaming. Deze interactie wordt gedurende de eerste levensjaren letterlijk duizenden keren herhaald, met als resultaat een geconditioneerde overtuiging: hebben we een probleem, dan zal die ander het wel voor ons oplossen. Afhankelijk van onze graad van volwassenheid verschuift die overtuiging geleidelijk. We gaan zelf meer en meer op zoek naar oplossingen, met dien verstande dat ziekte of trauma ongeveer iedereen terugwerpt naar dat vroegere stadium, toen mama voor alles een oplossing had.

Ik heb het niet voor niets over onze graad van volwassenheid. In elke opvoeding doet zich een cruciale kanteling voor, waarna het kind moet leren omgaan met wat ik enigszins pathetisch 'Het Tekort' wil noemen. Mama is er niet altijd, papa is geen superdaddy, en zelfs als ze er zijn, hebben ze vaak andere besognes. Ook wanneer ouders op een normale, liefdevolle manier met hun kroost omgaan, maken frustraties inherent deel uit van het opgroeien. Geen enkele realiteit, geen enkel product kan een perfect en definitief antwoord geven op onze behoeftes en verlangens. De kwaliteit van een opvoeding kunnen we onder andere afmeten aan de wijze waarop een kind geleerd heeft met deze onvermijdelijke frustraties om te gaan.

De overgang van dat mythische paradijs, waar alles kan en de ander altijd voor ons klaarstaat, naar de realiteit, waarin we zelf verantwoordelijkheid moeten nemen en zelf voor antwoorden en invullingen moeten zorgen, is cruciaal en de omgeving speelt daarin een doorslaggevende rol. Ongeveer elke cultuur markeert deze overgang door rituelen die het opgroeiende kind nieuwe rechten en plichten toekent: dit is wat je van de ander kunt krijgen, dat is iets wat je vanaf nu zelf moet doen. Tezelfdertijd krijgt de jongvolwassene te horen dat bepaalde verlangens slechts beperkt en onder bepaalde voorwaarden vervulbaar zijn, en andere al helemaal niet. Daarmee zijn we weer aanbeland bij het onderwerp van het tweede hoofdstuk: de ethiek en de bijbehorende regelgevingen, die altijd neerkomen op beperkingen. Erotiek, voedsel en drank zijn toegestaan, maar niet eindeloos. We krijgen het nog moeilijker als het gaat over vragen betreffende geboorte ('Waarom krijg ik geen kind?'), over dood ('Waarom moet ik sterven?') en, ruimer, over de natuur ('Wanneer regent het eindelijk, onze oogst dreigt te mislukken') – daar mag Het Tekort inderdaad met hoofdletters worden geschreven.

De confrontatie met de grote existentiële vragen maakt een typisch kenmerk zichtbaar: de menselijke creativiteit, waarmee we op alle mogelijke manieren antwoorden construeren. We doen dat zelfs collectief, met als resultaat de uitbouw van grotere symbolische gehelen waarmee wij dat tekort proberen te bezweren. Religie en kunst zijn de twee oudste, wetenschap (in de ruime betekenis van het woord) is de meest recente. Stuk voor stuk zijn dit manieren om onze angsten toch maar hanteerbaar te houden. Maar in geen van de drie vinden we definitieve antwoorden, en dus zoeken we verder.

Zowel het besef dat er geen definitief antwoord bestaat voor ons tekort als de volgehouden inspanning om, samen met en voor anderen, toch antwoorden te construeren, is het resultaat van een geslaagde opvoeding. Daarbij hebben ouders hun kroost duidelijk gemaakt dat er niet alleen materiële beperkingen zijn aan wat ze kunnen geven, maar dat er ook een intrinsieke onmogelijkheid bestaat om het menselijk verlangen volledig in te vullen. Wat we ook krijgen, wat we ook geven, er zal nooit een definitief antwoord komen. De allermooiste definitie van de liefde, ooit verwoord door Jacques Lacan, luidt dan ook: '*L'amour, c'est donner ce qu'on n'a pas*', liefde is geven wat men niet bezit.

Bij wijze van experiment kunnen we ons de vraag stellen wat het effect zou zijn van een maatschappij die als voornaamste motto heeft dat alles verkrijgbaar is. Dat pijn een uitzonderlijk en vermijdbaar onderdeel van het bestaan is en genot de normale toestand. Dat alles controleerbaar en voorspelbaar is, en dat er wanneer er bij hoge uitzondering toch iets verkeerd loopt, altijd een schuldige moet zijn. Een samenleving ook waarin iets verbieden nagenoeg synoniem is met kindermishandeling, omdat kinderen volmaakte wezens zijn die het recht hebben op ongeveer alles wat te koop is.

Het experiment opzetten is overbodig, het is volop gaande – elke flatscreen, elk billboard stuurt die motto's onophoudelijk op ons af: voor elk tekort bestaat een perfect antwoord, voor alles is er een product, en je hoeft echt niet te wachten op het hiernamaals om grenzeloos te mogen genieten. Het leven is één groot feest, maar wel op één heel belangrijke voorwaarde: je moet 'het maken'.

Die laatste clausule hebben de fopspeenjongeren niet gehoord, vaak genoeg omdat hun ouders er alles voor gedaan hebben om hun kind elke frustratie, elk pijntje, elk tekort te besparen – ook als die peuter ondertussen twintig is. Iedere hoogleraar krijgt tijdens de examenperiode wel een paar telefoontjes van bezorgde mama's die hem er vooral van willen overtuigen dat hun lieveling echt niet in staat was om negen uur op het tentamen te verschijnen – en of we voor één keer geen uitzondering kunnen maken...

Zulke jongeren zijn níét het product van een verzorgingsmaatschappij. Ze zijn het afval van een consumptiemaatschappij die hard op weg is om de verzorgingsmaatschappij de das om te doen.

Make it or Break it

Een tweede groep jongeren heeft de clausule wel degelijk gehoord. Dat wil zeggen, hun ouders hebben hem gehoord, en ze hebben hun kroost ook in die zin opgevoed, met op de achtergrond dezelfde basisovertuiging: toeval bestaat niet, alles is controleerbaar, op elk tekort bestaat er een antwoord. Deze jongeren maken het wel, maar dat is ook zo ongeveer het enige wat ze doen. Vandaar de terugkerende klachten over hun asociale hyperindividualisme. Ze zijn in de eerste plaats uit op het eigen succes, zich inzetten voor een ander en zichzelf daarbij wegcijferen hoort niet tot wat ondertussen 'kerncompetenties' zijn gaan heten. Nogal wat zelfverklaarde wetenschappers schrijven dit gedrag toe aan het typisch menselijke egoïsme – onze zelfzuchtige genen, weet je wel? *Ecce homo*, en verdere verklaringen hoeven niet. In één klap verklaart die zelfzuchtigheid ook de competitiedrang van deze jongvolwassenen, die zeer prestatiegericht zijn en ongeveer alles opofferen voor hun carrière, zoals blijkt uit de titel van een bekende tv-reeks, *Make it or Break it*.

Mijn verklaring luidt anders. Ook deze ego-gerichte moraal is het resultaat van het dominante ideaalbeeld dat al dertig jaar de samenleving wordt voorgehouden, en dat intussen ook het thuismilieu en het klaslokaal heeft ingenomen. Wat het onderwijs betreft, vind ik dit ronduit dramatisch, vooral omdat die wijzigingen met de beste bedoelingen werden ingevoerd. Net als zorg was onderwijs vroeger vooral een roeping waarvoor men koos op grond van een ideaal. Daarom zijn deze beide sectoren altijd al een twistappel geweest tussen verschillende politieke en religieuze overheden, want iedereen wilde er zijn ideale mensbeeld in kwijt. Zoals ik al aangaf, is de vraag naar de ideale mens en de ideale maatschappij verdwenen onder een dwingend antwoord. In het onderwijs weerklinkt het toverwoord 'competences', waarbij scholen gaandeweg een bijkomende opdracht kregen, namelijk vroegtijdige detectie van zowel gestoorde als arbeidsonbekwame leerlingen.

Ook hier is het nodig om de geschiedenis te kennen. Een van de lessen uit de twintigste eeuw is dat elke dictatuur het onderwijs aangrijpt om kinderen ideeën op te dringen die voor een hoop ellende zorgen en die hun ontplooiing tot kritische, zelfstandig denkende mensen sterk belemmeren. Daarom gingen er meer en meer stemmen op om het onderwijs zoveel mogelijk waardevrij te maken. Leerlingen hoeft niet gedicteerd te worden wat ze moeten denken, elke vorm van indoctrinatie is vrijheidsberoving, en zeker het pedagogische proces mag zich daar niet aan bezondigen. Fascisme en communisme hadden autoriteit uitermate verdacht gemaakt, dus ook dat kon men maar beter uit het klaslokaal weren. Laat kinderen in vrijheid leren, zonder opgelegde waarden of autoriteit, en ze ontpoppen zich vanzelf tot integere, volwassen burgers. Dat Jean-Jacques Rousseau – de grondlegger van deze ideeën – zijn eigen kroost naar het vondelingentehuis stuurde, vergat men maar even.

In dit pedagogisch vacuüm heeft het competentiemodel een vruchtbare voedingsbodem gevonden. De aanvankelijke doelstellingen waren nobel: laat ons uitgaan van vaardigheden die belangrijk zijn in het beroepsleven en bekijken hoe we die vaardigheden het best door onderwijs kunnen ontwikkelen, zodat jonge mensen straks alle kansen krijgen om hun eigen weg te gaan, los van morele, religieuze en ideologische poespas. Dit is de neutrale uitgangsgedachte van het competentiegericht onderwijs. Vreemd genoeg vond *Ethische Perspectieven*, een tijdschrift van de Leuvense universiteit, het nodig er in 2007 een volledig nummer aan te wijden – zo neutraal zijn competenties blijkbaar niet.[21]

Het uitgangspunt van het competentiegericht onderwijs richt zich op die vaardigheden die van belang zijn voor een baan. Vrij snel deed zich echter een heel belangrijke betekenisuitbreiding voor: van praktische competenties (bijvoorbeeld talenkennis en communicatie) naar persoonlijkheidskenmerken (flexibel zijn), en uiteindelijk naar de persoonlijkheid als dusdanig (de mens als manager van zijn eigen leven). Daarbij ging men uit van een hoopgevende gedachte: als de omgeving voldoende prikkelend en pragmatisch is, dan zullen kinderen vanzelf leren. Dit heet een beroep doen op hun intrinsieke motivatie, wat mooi aansluit bij de democratiseringsgedachte, want men hoeft niks meer op te leggen, het komt vanzelf en van binnenuit. Dit blijkt ook uit de *newspeak* waarin competentiegericht onderwijs zich hult: in een aangepaste *leeromgeving* (vroeger bekend als 'de school') moeten de *leerprocesbegeleiders* (vroeger 'onderwijzers' of 'leerkrachten') in hun functie van *coach* het leerproces *faciliteren* zodat jongeren hun *competenties* kunnen *kapitaliseren*. Voor de jongere lezers die al slachtoffer zijn van competentiegericht onderwijs: 'newspeak' is een term van George Orwell, een zowel belangrijke als goede schrijver uit het midden van de vorige eeuw; kijk maar op Wikipedia, ik ga uit van de veronderstelling dat je de basiscompetentie – het opzoeken van informatie – voldoende gekapitaliseerd hebt. Als faciliterende prikkel geef ik nog mee dat Big Brother zijn uitvinding is en niet die van John de Mol.

Merk op dat de verantwoordelijkheid voor het leerproces door deze visie grotendeels bij de leerling komt te liggen, wat in Nederland tot de installatie van het zogeheten 'studiehuis' heeft geleid. Vanaf 1998 mochten scholieren in het Nederlandse secundaire onderwijs voor verscheidene vakken kiezen of ze de doelstellingen door klassikaal onderwijs zouden realiseren, of door zelfstudie in een multimediazaal, genaamd het studiehuis. Meteen gebruikte men die term ook als aanduiding voor een vernieuwde visie op leren. Tien jaar later bleken de resultaten vrij negatief (commissie-Dijsselbloem, 2008), iets wat de leerkrachten zelf al geruime tijd geprobeerd hadden duidelijk te maken.

De vergelijking met de pedagogische aanpak van weleer legt het drastische verschil bloot. Het vroegere 'bildungsmodel' had het over vorming, waarbij jongeren door ouderen met autoriteit in een brede kennis en cultuur binnengeleid werden; normen en waarden maakten daarvan ten volle deel uit. Aangezien die ouderen een autoriteitsfunctie innamen, waren ze ook verantwoordelijk voor zowel het motiveren van hun leerlingen als voor de kennisoverdracht. In het huidige competentiemodel wordt het individu voorgesteld als een vrije ondernemer die met de hulp van anderen zijn eigen vaardigheden uitbouwt. De dominantie van het neoliberalisme blijkt uit het gangbare taalgebruik en uit courante zinnetjes als 'kennis is menselijk kapitaal'; 'competenties vormen een kapitaal dat jongeren moeten leren beheren en ontwikkelen'; 'leren is een langetermijninvestering', enzovoort.* Daarbij valt op hoe in beleidsteksten de woorden 'talent' en 'competentie' bijna steeds inwisselbaar zijn – wat andermaal de verwantschap aantoont met het sociaaldarwinisme, waar ik het in een vorig hoofdstuk over had.

Het ultieme doel van het huidige onderwijs heet dan 'zelfmanagement' en 'ondernemerschap': jongeren moeten zichzelf beschouwen als een bedrijf, waarbij kennis en vaardigheden in eerste en laatste instantie een economisch belang hebben waarmee zij hun marktwaarde kunnen verhogen. De cover van het weekendmagazine van de krant *De Standaard* blokletterde onlangs 'Verkoop jezelf als merk'.[22]

Daarmee is de geschiedenis op een pijnlijke manier rond: in een poging om het onderwijs waardevrij te maken en te bevrijden van elke vorm van morele dictatuur, heeft het competentieonderwijs het ideologisch gedachtegoed van het neoliberalisme volledig geïmplementeerd in de scholing van onze kinderen. We hoeven dan ook niet verwonderd te zijn als de eerste vraag van deze groep als volgt luidt: wat brengt het op? Voor mij? Ze hebben de boodschap goed begrepen.

* Dit is een operationele manier, in de lijn van Michel Foucault, om de macht en invloed te meten van een bepaald denkkader of vertoog, door na te gaan welke begrippen en redeneringen uit een bepaald veld of vakgebied gebruikt worden in andere velden of vakgebieden, en hoe vaak. In dit geval dus economische termen die opduiken in teksten over onderwijs, maar ook over relatievorming ('investeren in een relatie'), religie ('religie is een verzekering voor de toekomst'), sport en vrijetijdsbesteding ('je lichaam managen'). Een dergelijk taalgebruik is nooit neutraal, want het betekent meteen dat ons denken en handelen – onze ethiek dus – daardoor bepaald worden.

Als jongeren zich ontwikkelen tot competitieve individualisten met weinig gevoel voor solidariteit, dan is dat het resultaat van een opvoeding en een scholing die competitie en individualisme aanmoedigt. In plaats van te zeuren over onze egoïstische en materialistische jeugd dienen we dringend vragen te stellen over het onderwijs en, ruimer, de bijbehorende pedagogiek. Ondanks het lovenswaardige vertrekpunt – weg met indoctrinatie – bevat deze benadering drie fundamenteel foute uitgangspunten. Het idee dat een kind zich spontaan de 'juiste' normen en waarden eigen zal maken, klopt niet – een kind neemt de ethiek over van zijn omgeving. Het idee dat een school waardevrij kan zijn, is een illusie. Elke vorm van onderwijs geeft waarden door, en we kunnen ons daar maar beter van bewust zijn. En ten slotte kan het idee dat autoriteit overbodig is alleen maar uit de mond komen van iemand die nooit voor een klas heeft gestaan.

Eigenlijk vertel ik nu niets nieuws, maar dit alles heeft niet belet dat in naam van een zogenaamd waardevrij competentiegericht onderwijs het neoliberale gedachtegoed al twintig jaar onverkort op school wordt gedicteerd. Het heersende taalgebruik is daar een goede indicator voor. Beleidsnota's bulken van buzzwords als onderwijsconsumenten, outputfinanciering, *performance funding*, accreditering, accountability, benchmarks, stakeholders, menselijk kapitaal, kenniswerkers, enzovoort. Dit bleek onlangs nog uit de zogenaamde Miljoenennota, de officiële toelichting op de Nederlandse begroting. In het aan het onderwijs gewijde gedeelte ligt het accent op 'excelleren', prestatiebeloningen (!) voor topleerkrachten, talentenjacht, enzovoort. De kritiek van de onderwijsorganisaties is nochtans niet mals – er is geen globale visie op onderwijs, het accent is te eng economisch, en zwakke leerlingen vallen nog meer uit de boot – het is nog maar de vraag of zij gehoor zullen vinden.[23] In Vlaanderen gaan we nog een stap verder. In de kleuterklassen (dus vanaf de leeftijd van tweeënhalf jaar) werkt men met 'ontwikkelingsdoelen' die verwijzen naar een aantal basiscompetenties 'waarover de kleuters zouden moeten beschikken'. Recent nog kregen ouders uit mijn vriendenkring van de kleuterjuf te horen dat de knipvaardigheden van hun kleuter niet aan de normen voldeden. Bij jonge ouders zorgen dergelijke uitspraken voor paniek, en straks zullen ook kleuters bijlessen moeten krijgen. Alle kinderen moeten vandaag hooggeschoold worden, anders zullen ze 'het' niet halen. Het ultieme buzzword is 'top'. Topscholen, topleerkrachten, topsport, topuniversiteiten, toponderzoek.

De onvermijdelijke keerzijde van deze medaille is een groeiende groep mensen die zich mislukt voelt, doorgaans al vanaf de leeftijd van tien jaar – en die daarmee zijn verdere identiteit moet uitbouwen. Hiermee hebben we onze derde groep jongeren bereikt: zij die het ook wel willen maken, maar daar niet in slagen. *Loser!*, zo luidt tegenwoordig het voornaamste scheldwoord op de speelplaats van de lagere school. Sommige van die losers komen in opstand, maar de meesten worden sociaal angstig, quasi autistisch, depressief, en meestal hyperconsumerend. Ze krijgen opvang van onderwijzers die zich op hun beurt vaak genoeg als mislukt beschouwen – want ze zijn maar onderwijzer, typische mislukkelingen binnen het diploma-watervalsysteem, tenzij je natuurlijk op een topschool met topleerlingen werkt.

Nogal wat lezers zullen deze kritiek aarzelend bevestigen, maar tezelfdertijd denken dat er geen alternatieven bestaan. Een kenniseconomie heeft nu eenmaal competentiegericht onderwijs nodig als sleutel tot economisch succes. Mijn antwoord daarop is even kort als duidelijk: dat is niet waar. Het opleidingsniveau is overal ernstig gedaald, iedereen die langer dan twintig jaar in het onderwijs staat, weet dat. In weerwil van het accent op competenties doet die daling zich niet alleen voor op het vlak van culturele kennisbagage, maar evenzeer in basisvaardigheden zoals taal en wiskunde. Deze daling is voor de huidige economie nauwelijks een probleem, want voor het merendeel van de hedendaagse beroepen, van arts tot schrijnwerker, is er minder kennis nodig dan vroeger. Ongeveer overal is er sprake van wat met een lelijk woord *de-skilling*, 'ont-vaardigen' heet, een afname van vaardigheden. De techniek en de computers hebben het overgenomen en zelfs geneesheren moeten braafjes een opgelegd behandelingsprotocol volgen. Er is tegenwoordig een groeiende behoefte aan middelmatig opgeleiden die liefst niet al te kritisch zijn. Binnen een neoliberale maatschappij bestaat de functie van het onderwijs niet zozeer in het hoog opleiden van mensen, als wel in het selecteren en kneden van jongeren tot een bepaald profiel dat binnen het systeem de hoogste productiviteit waarborgt. Wat die jongeren effectief op de werkvloer moeten doen, zullen ze grotendeels op diezelfde vloer leren, en niet op school.

En succes met het nieuwe contract!

Bij de nieuwe identiteit van de mens als ondernemer hoort ook een nieuw levensdoel: succes. Dit is wat jongvolwassenen elkaar toewensen bij wijze van afscheidsgroet. Succes bij de examens, succes op vakantie, succes in de relatie, succes op de werkvloer. De klassieke vraag naar 'het goede leven' klinkt in deze context wel heel erg wollig – goede lééven? –, ook al omdat die vraag impliciet het accent legt op het leven in een gemeenschap, terwijl het woord 'succes' eerder beperkt blijft tot het individu. De Schotse moraalfilosoof Alasdair MacIntyre herkent hier de verschuiving van een gemeenschapsethiek naar een wereldorde waarin het individu schijnbaar als norm geldt. Schijnbaar, want in zijn magnum opus *After Virtue* prikt hij onder meer door deze illusie van de moderne morele vrijheid heen. Ja, we zijn bevrijd van pastores en hun dwingende moraal, maar nee, daarom zijn we niet vrij. Integendeel. Er heerst een nieuwe moraal, met zijn eigen hogepriesters, die bovendien veel meer dwang uitoefenen dan de vorige, omdat zij zich als wetenschappelijk, en dus als niet voor discussie vatbaar voordoen. Het gebod luidt *measurable effectiveness*, wat meteen ook de mantra is van de eerste hedendaagse hogepriester, de manager. De tweede pastor is dan de psychotherapeut, wiens mantra 'aanpassing' luidt. Daarvoor heeft hij een heel eigen versie van het Rank and Yank-systeem uitgewerkt, dat schuilgaat achter een pseudopsychiatrische diagnostiek, waar ik in het volgende hoofdstuk op inga.

Voor MacIntyre is systematische effectiviteit niets anders dan een morele fictie, een fabel. Het fictieve aspect is dubbel. Enerzijds blijft het absoluut onduidelijk of een neoliberaal management wel doeltreffend is en zijn er meerdere economische bewijzen voor het tegendeel. Anderzijds verdoezelt de term 'effectiviteit' de eigenlijke norm: meer winst op korte termijn. Het morele aspect zit zo mogelijk nog meer verborgen, in dit geval achter cijfers en statistieken die telkens zogenaamd objectieve bewijzen aanreiken en die daardoor nauwelijks voor discussie vatbaar zijn, laat staan voor een moreel debat. Meetings beginnen tegenwoordig vaak met een presentatie van de laatste stats, waarna maatregelen volgen die al in het dictaat van de cijfers vervat liggen. Het morele aspect noemt MacIntyre bij naam: manipulatie van mensen op grote schaal. Manipulatie met betrekking tot de manier waarop zij hun werk en dus hun leven moeten organiseren, of ruimer, manipulatie met betrekking tot de manier waarop zij over zichzelf en anderen moeten denken.

De centrale lijn in dat denken over onszelf en anderen is duidelijk: als succes de nieuwe morele maatstaf is, dan is de nieuwe immorele mens de mislukkeling, die door de eerste hogepriester (de manager) voor verdere afhandeling doorverwezen wordt naar de tweede (de psychotherapeut). Zo efficiënt mogelijk, dat spreekt voor zich. Het is pijnlijk opvallend hoe psychische stoornissen tegenwoordig bijna systematisch vertaald worden als een economische verliespost. Het sterkste voorbeeld was een klein berichtje in de krant van 21 januari 2012: zelfdoding kost Vlaanderen 600 miljoen euro per jaar, 'wat een ernstige bedreiging vormt voor onze economie'. Hoe durven ze, die onverlaten!

Dat de zaken wel eens omgekeerd kunnen liggen – dat onze economie een ernstige bedreiging vormt voor onze gezondheid – komt blijkbaar bij niemand op.

Nochtans was het allemaal zo mooi begonnen, met vrijheid en autonomie binnen handbereik. Zoals ik in het vorig hoofdstuk aangaf, levert de introductie van een meritocratisch beleid in de beginperiode zonder twijfel heel wat positiefs op. Het individu als manager van zijn eigen leven verkrijgt meer zeggenschap over zijn werk en wordt nog beter beloond ook. Daardoor neemt zijn loyaliteit toe voor het bedrijf waar hij deel van uitmaakt en dat hem die kansen biedt. Niet alleen zijn tevredenheid met zijn baan neemt toe, maar ook zijn verantwoordelijkheidsgevoel, zowel jegens zijn eigen werk als tegenover de onderneming als geheel. Daar maakt hij deel van uit; het is ook zijn bedrijf, school of ziekenhuis, en een uurtje meer werken als het nodig is, dat neemt hij er graag bij. Er ontstaat met andere woorden een hoge moraal, in de dubbele betekenis van die uitdrukking: een hoge zedelijkheid en een positieve gemoedsstemming. In zo'n bedrijf is het aangenaam werken.

Op grond van de uitgangspunten van het systeem zelf zal de situatie na enkele jaren omslaan in haar tegendeel. Slechts de beste 'krachten', de meest productieve dus, mogen beloond worden; daarvoor ontwikkelt men een meetsysteem, dat op zijn beurt de criteria voor kwaliteit van hogerhand oplegt. Dit alles mondt vrij snel uit in een topdown-'kwaliteitshandboek', dat elk individueel initiatief aan banden legt. Weg zeggenschap, weg autonomie, *enter* kwantitatieve evaluaties, functioneringsgesprekken en audits. Daarna gaat het van kwaad tot erger. Het verlies aan zeggenschap over de eigen betrekking verzwakt de betrokkenheid bij de werknemers ('Ze luisteren toch niet'), en dus hun verantwoordelijkheidsbesef ('Zolang ik binnen de lijntjes kleur, kunnen ze me niks maken'). Men maakt met tegenzin overuren, en enkel als daar een duidelijke beloning tegenover staat. De vroegere collega wordt in het beste geval iemand met wie men samen zeurt over 'het systeem', en in het slechtste geval een te duchten concurrent. De loyaliteit ten opzichte van het bedrijf verdwijnt, samen met dat verantwoordelijkheidsbesef. Het eindpunt is een lage moraal, weer in de dubbele betekenis: een afgenomen zedelijkheid en een negatieve gemoedsstemming. In zo'n bedrijf worden mensen ziek.

Deze kwalijke evolutie vervangt een ouder spanningsveld door een tegenstelling. Vroeger bestond er tussen burger en maatschappij rond de verdeling van rechten en plichten een dynamisch spanningsveld. De maatschappij beschermde haar burgers, zorgde voor nutsvoorzieningen, onderwijs, zorg. In ruil daarvoor stond de burger een deel van zijn autonomie af en leefde hij de wetten van de maatschappij na. Die laatste vormden de formele neerslag van een overkoepelende gemeenschapsethiek. Binnen een democratisch bestel zijn daarin wijzigingen mogelijk, zij het langzaam en altijd op basis van het evenwicht tussen een gemeenschappelijk belang en dat van de burger.

De neoliberale moraal veegt dat spanningsveld van tafel – '*There is no such thing as society*' – en vervangt het door de tegenstelling tussen een organisatie en een individu, een tegenstelling die binnen de kortste keren een vijandige vorm aanneemt. Zelfzuchtige genen staan tegenover elkaar als concurrerende ondernemingen: het individu-als-ondernemer tegenover de onderneming-als-onderneming. Beiden willen ze het onderste uit de kan, en ze vertrouwen elkaar voor geen cent. Een van beiden, het individu-als-ondernemer, heeft nog een bijkomend probleem: dat andere individu-als-ondernemer, dat evenzeer het onderste uit diezelfde kan wil.

Tegen de achtergrond van deze kwalijke evolutie verdwijnt de arbeidsethiek, en beetje bij beetje ook de gemeenschapsethiek. Als we zelf niets te zeggen heb over onze baan, voelen we ons ook niet meer verantwoordelijk. Als we niet het gevoel hebben dat we deel uitmaken van de organisatie, waarom zouden we ons dan nog druk maken? Als we overal te horen krijgen dat eigen succes de maatstaf is, wat zouden we dan nog malen om maatschappelijke plichten? We doen slechts wat van ons verwacht wordt, en wat we zelf van anderen verwachten moet heel duidelijk op papier staan. In de plaats van een gemeenschapsethiek verschijnt het contract, met als typisch kenmerk een voortdurende uitbreiding van steeds meer absurde regeltjes en bepalingen. Dit alles merkwaardig genoeg binnen een bestel dat deregulering hoog in het vaandel voert.

Hoe meer contracten, des te lager de ethiek en des te hoger het aantal camera's. In termen van morele ontwikkeling betekent dit een terugval naar de peutertijd. De morele norm ligt ineens weer buiten het individu en moet zichtbaar aanwezig zijn, anders trekt niemand er zich iets van aan. Een geïnterioriseerde autoriteit is vandaag zoek, vandaar de camera's. Net zoals peuters, worden volwassenen aangemoedigd via materiële beloningen (de snoepjes uit de kindertijd) als *incentives* om toch maar de regels te volgen. En net als bij kinderen heeft een dergelijke aanpak meer negatieve dan positieve effecten ('Take the money and run').

Het is een veeg teken aan de wand dat vandaag nagenoeg alle menselijke verhoudingen via een contract geregeld worden, van arbeid tot huwelijk, van opvoeding tot psychotherapie. Voor de lezers die dit niet mochten weten: het is ondertussen een courant gebruik dat hulpverleners met moeilijk opvoedbare jongeren en met psychiatrische patiënten 'contracten' afsluiten. Alsof een handtekening onder een stuk papier een waarborg biedt tegen diefstal, spijbelen, suïcidepogingen, drinken, vreetbuien, enzovoort. Hoe ziek is een maatschappij wanneer ze de opvoeding van haar toekomstige burgers moet regelen via een contract?

Survivalweekends als teambuilding

De ingrepen in het West-Europese onderwijs vonden min of meer gelijktijdig plaats met de invoering van een nieuwe arbeidsorganisatie. Schaalvergrotingen via fusies maakten steeds meer managers noodzakelijk, samen met een rationeel human-resourcesbeleid, waarin gaandeweg de individuele en meetbare merits centraal kwamen te staan. Zoals ik al aangaf, slaan de aanvankelijke voordelen van een meritocratie na verloop van tijd radicaal om in hun tegendeel. Het gevoel zelf greep te hebben op het eigen werk en de ervaring deel uit te maken van een organisatie verschuiven naar machteloosheid en individualisme. Dit brengt ook op moreel vlak een vreemde evolutie met zich mee. In de aanvangsperiode worden mensen behandeld als volwassenen die te vertrouwen zijn en die zelfstandig beslissingen mogen nemen. Naderhand voelen ze zich als kleine kinderen die externe regeltjes moeten volgen en daarop continu worden gecontroleerd, zonder dat ze zelf nog zeggenschap hebben.

Verantwoordelijkheid zonder macht is een formule die gegarandeerd voor ellende zorgt, en dit is precies wat er gebeurd is. Ongeveer elk arbeidspsychologisch motivatieonderzoek toont de negatieve gevolgen voor zowel inzet, motivatie en arbeidsvreugde van de werknemer als voor de kwaliteit van het geleverde werk. Vóór het digitale tijdperk namen directeuren beleidsbeslissingen, waarvan de plannen vanuit het hoofdkwartier moesten worden doorgegeven aan de verschillende vestigingen, van boven naar beneden. Dit proces duurde meerdere maanden en had als voordeel dat elke vestiging en elk echelon kon meedenken. Heel vaak stelden deze niveaus wijzigingen voor die het plan beter aanpasten aan de realiteit op de werkvloer, meestal zonder dat de top daarvan op de hoogte was. De uiteindelijke uitvoering werd dan ook grotendeels gedragen door de verschillende echelons, wat zowel de kwaliteit van het plan als de motivatie van de werknemers ten goede kwam. Tegenwoordig duurt het nog amper twee weken om een beslissing van de top over te brengen op de werkvloer, met uitsluiting van alle tussenliggende niveaus.[24] Zij functioneren enkel nog als 'executives' van een beleidsplan dat elders werd uitgedacht, meestal in samenspraak met externe 'consultants'.

Het gevoel 'erbij te horen', dat door de meritocratie in een aanvangsfase zo sterk bevorderd werd, verdwijnt daardoor volledig. Op de koop toe worden werknemers in toenemende mate aangeworven op een 'project' – ook in de bedrijfswereld –, waarbij ze vanaf het begin heel hard en in onderlinge competitie moeten werken in de hoop op een eventuele verlenging van hun contract. Dit systeem kan slechts een beperkt aantal 'winnaars' bevoordelen, met als gevolg angst ('Hou ik mijn baan?') en afgunst ('Die gladjanus haalt het zeker'). Teamgeest verdwijnt razendsnel, met als typisch symptoom de noodzaak van 'teambuilding', niet zelden – o ironie – in de toepasselijke vorm van survival(-of-the-fittest)-weekends. In de plaats van solidariteit komt een algemeen wantrouwen. Loyaliteit aan en identificatie met het bedrijf zijn zaken waarin de werkgever letterlijk moet investeren. De verdwijning van teamspirit is zelfs op het voetbalveld zichtbaar, wat minister van Staat Louis Tobback, ooit een fervent supporter, deed opmerken: 'Ik zie elf bvba's [besloten vennootschap met beperkte aansprakelijkheid] op dat veld rondlopen, spelers die alleen maar denken: waar kan ik volgend seizoen nog meer verdienen?'

Een neoliberale meritocratie produceert aldus haar eigen uitgangspunt: een universeel egoïsme. Op dat punt krijgen we vaak een heel vreemde redenering te horen. In het kielzog van populisten zoals Dalrymple gaan heel veel mensen de stijging van het aantal 'profiteurs' en 'egoïsten' zoals het dan heet, verklaren door te verwijzen naar de verzorgingsstaat van weleer, waarin solidariteit centraal stond. Psychologisch beschouwd is het juister de verklaring voor het huidige profitariaat en individualisme te zoeken in een maatschappij die mensen opvoedt om steeds hun eigen voordeel na te streven, los van en desnoods ten koste van de ander. 'Je leeft maar één keer.'

Aangezien er niet langer een overtuigende gemeenschapsethiek geldt die dat algemeen belang verwoordt, wordt de nieuwe morele maatstaf puur utilitair. Men gaat alles afmeten, liefst letterlijk, in termen van productie, groei en winst. Om dit meetproces te realiseren, moet elke organisatie frequente evaluaties doorvoeren, die binnen de kortste keren de allure krijgen van controles. Elk individu is verdacht, aangezien iedereen uit is op het eigen profijt. Op de koop toe wordt een organisatie ook geleid door individuen, die als individu evenzeer hun eigen profijt opeisen, en die bijgevolg nog méér verdacht zijn. Ook zij moeten controles en evaluaties ondergaan, waarbij de vraag rijst wie dan die controle evalueert, enzovoort. In een dergelijke maatschappij verdwijnt de vroegere autoriteit, zoals die ooit gedragen werd door identificeerbare figuren, en wordt ze vervangen door een bureaucratische macht binnen een anonieme organisatie.

Daardoor voelt bijna iedereen zich aangetast in zijn rechten, en neemt men nog meer afstand van de organisatie. In de praktijk probeert iedereen zoveel mogelijk aan de toenemende regels en registratiesystemen te ontsnappen. Dit is niet eens zo moeilijk: de mogelijkheden om met die registratie- en meetsystemen te knoeien nemen recht evenredig toe met de groei ervan. Gevolg is dat de resultaten van de metingen steeds minder betrouwbaar blijken, waardoor er nog méér registraties en controles nodig worden. Binnen korte tijd ontstaat er onvermijdelijk een klimaat van angst en onzekerheid.

Aldus groeit er een negatieve spiraal tussen individu en organisatie, die elkaar hoe langer hoe minder vertrouwen. Na verloop van een aantal jaren eindigt dit in het verdwijnen van een arbeidsethiek, en vaak genoeg van een ethiek op zich. In de plaats daarvan komen de contracten. Het falen van deze oplossing blijkt uit iets wat ik als een typisch symptoom van onze maatschappij beschouw: de alomtegenwoordige camerabewaking. Een contractsamenleving met cameracontrole – twee symptomen van een mislukte gemeenschap.

Nieuwe persoonlijkheidskenmerken

Nadere overdenking maakt duidelijk dat een meritocratisch neoliberalisme al heel snel bepaalde persoonlijkheidskenmerken gaat privilegiëren en andere afstraffen, waardoor het systeem zichzelf in stand houdt. Koen Meulenaere, columnist bij het Vlaamse weekblad KNACK, beschreef de ideale kenmerken van mensen die carrière willen maken.

Een eerste vereiste is het goed kunnen uitleggen, met als doel zoveel mogelijk mensen voor je in te nemen. Het contact is oppervlakkig, maar aangezien dat tegenwoordig voor het merendeel der menselijke contacten geldt, valt dat niet echt op. In die praatjes kun je je eigen capaciteiten maar beter flink in de verf zetten – je kent veel mensen, je hebt al verschillende functies gehad en laatst nog een groot project afgewerkt. Achteraf blijken die dingen grotendeels gebakken lucht, maar dat dit pas achteraf blijkt, heeft dan weer te maken met een ander kenmerk: je kunt overtuigend liegen en schuldgevoel ken je amper. Vandaar dat je ook nooit de verantwoordelijkheid neemt voor je eigen gedrag. Als er iets misloopt, is het altijd de schuld van de ander – waarbij je er meestal in slaagt die ander dat nog te doen geloven ook, want manipuleren heb je tot een kunstvorm verheven. Lukt het niet, dan val je terug op instrumenteel geweld. 'Instrumenteel' is hier synoniem aan 'rationeel': geweld wordt beredeneerd aangewend zonder afleiding door triviale zaken als emoties. Gevoelens zijn toch al niet je sterkste punt, gevoelloosheid daarentegen is dat wel, en emoties voorwenden is een standaardonderdeel van geslaagde manipulatie. Naast dit alles ben je erg flexibel en impulsief, steeds uit op nieuwe prikkels en nieuwe uitdagingen. In de praktijk leidt dit tot uitgesproken risicovol gedrag, maar het is toch de omgeving die de scherven mag lijmen.

De inspiratiebron voor dit lijstje? Een handboek over psychopathie.[25] De beschrijving van Meulenaere is natuurlijk een karikatuur, en als dusdanig een groteske uitvergroting. Niettemin illustreert de huidige financiële crisis op macrosociaal niveau (de gevechten tussen de eurolanden) wat een neoliberale meritocratie met mensen doet. Solidariteit wordt een kostbare luxe en moet het veld ruimen voor tijdelijke coalities, steeds met als voornaamste zorg dat men er meer winst uit haalt dan de anderen. Een logisch gevolg is dat diepgaande sociale banden met collega's nagenoeg uitgesloten zijn, net zoals een emotionele betrokkenheid bij het bedrijf of de organisatie dat is. Pesten was vroeger een probleem op de scholen, nu is het volop aanwezig op de werkvloer, als een typisch symptoom van onmacht, waarbij de frustraties afgereageerd worden op de zwaksten – in de psychologie heet dat 'displaced agression'. Onderhuids leeft er angst, van faalangst tot ruimere sociale angst voor die al te bedreigende ander.

Een daling in autonomie en een groeiende afhankelijkheid van externe en bovendien vaak verschuivende normen veroorzaken wat Richard Sennett heel treffend een 'infantilisering van de werknemers' noemt.[26] Volwassen mensen vertonen kinderlijke woedeaanvallen, zijn jaloers vanwege trivialiteiten ('Hij krijgt een nieuwe bureaustoel en ik niet!'), vertellen leugentjes om bestwil, deinzen vaak niet terug voor bedrog, en koesteren leedvermaak en kleinzielige wraakgevoelens. Ik interpreteer dit als de gevolgen van een systeem dat mensen niet toestaat autonoom te denken en te werken als volwassenen. Als je iemand behandelt als een kind, is de kans vrij groot dat hij zich ook zal gedragen als een kind, zeker als er weinig of geen ontsnappingsmogelijkheden zijn.

Nog veel belangrijker is de centrale aantasting van het zelfrespect. Dit zelfrespect hangt in grote mate af van de erkenning die men krijgt van de Ander, een les die doorklinkt van de filosoof Hegel tot de psychoanalyticus Lacan. Voor Hegel ligt erkenning door de ander aan de basis van ons zelfbewustzijn. Lacan legt in de uitspraak van de ander '*Tu es cela*', dit ben jij, het vertrekpunt van onze identiteitsontwikkeling. Daarbij is het onderliggende motief de angst dat de ander ons niet meer nodig zou hebben; '*Veut-il me perdre?*', wil hij me kwijt? Onbewust verwoordt Sennett hetzelfde wanneer hij de huidige werknemer de volgende vraag in de mond legt: '*Who needs me?*' Voor een groeiende groep medemensen luidt het antwoord: niemand. Zij maken deel uit van de *quantité négligable*, de overbodigen.[27]

Binnen een maatschappij die voortdurend de boodschap verkondigt dat iedereen het kan maken als hij zich maar voldoende inzet, worden steeds meer mensen geconfronteerd met vernedering, schuldgevoelens en schaamte. In deze context fungeert het schuldgevoel als een poging om jezelf te laten geloven dat je greep had kunnen verkrijgen op de situatie, dat je de mislukking had kunnen vermijden ('Had ik dit gedaan, dan...'). De waarheid is eenvoudiger: *YOU don't really matter.*[28]

Machteloze maakbaarheid

Een neoliberale meritocratie doet het voorkomen alsof succes afhangt van de eigen inspanning en talenten, wat meteen betekent dat men zelf ten volle verantwoordelijk is en dat de overheid ons daarvoor zoveel mogelijk vrijheid moet geven. *Nil volentibus arduum*, niets is moeilijk voor hen die willen. Voor wie geloof hecht aan het sprookje van de onbeperkte keuzemogelijkheden is zelfbestuur en zelfmanagement de politieke boodschap bij uitstek, zeker als daarin de idee van vrijheid lonkt. Het is altijd leuk om daar een ander woordje Latijn naast te plaatsen. *Vocavit servos suos* – Hij riep zijn *slaven* –, de zin waarmee, in de Vulgaat-vertaling, de evangelist Matteüs zijn meritocratische parabel over de talenten aanvat.

De hedendaagse zogenaamde 'zelfsturing' verbergt onze onderwerping aan een 'permanent economisch tribunaal', zegt Michel Foucault.[29] Wij hebben nauwelijks verhaal tegen wat ons opgedrongen wordt en tegen wat hij 'biopolitiek' noemt – een politiek die de *bios*, het leven, in al zijn aspecten determineert: van liefdesrelaties, opvoeding, voeding, onderwijs en huisvesting tot medische, psychologische en sociale zorg; van de media tot en met het milieu. Uit zijn uitleg blijkt voldoende dat hij daarmee de huidige vorm van neoliberale economie begrijpt; met politiek in de eigenlijke betekenis van het woord heeft dit weinig tot niets te maken. Ik kom in het volgende hoofdstuk terug op een belangrijk kenmerk van die biopolitiek, namelijk de vervanging van een duidelijk identificeerbare autoriteit door een onzichtbare en juist daardoor veralgemeende disciplinering.

De vrijheid die wij in het Westen ervaren, is samen met het idee van de maakbare mens de belangrijkste leugen van vandaag. De socioloog Zygmunt Bauman vatte de paradox van onze tijd mooi samen in de volgende uitspraak: 'Nooit waren we zo vrij. Nooit hebben we ons zo machteloos gevoeld.' In vergelijking met vroeger zijn wij vrij, in die zin dat we op religie onze gal kunnen spuwen (wel oppassen met de islam en het jodendom), dat we op seksueel vlak zo ongeveer alles moeten uitproberen wat vroeger verboden was, en dat we om het even welke politieke stroming mogen aanhangen. We mogen dat allemaal doen omdat die zaken geen enkel belang meer hebben – een dergelijke vrijheid berust op onverschilligheid. Daartegenover staat dat we in de alledaagse praktijk voortdurend botsen op een regelneverij die Kafka doet verbleken, van het zoutgehalte in het brood tot een vergunning voor het houden van kippen.

Dit verborgen juk voelen we nog meer als we overstappen naar die tweede leugen: maakbaarheid. Onze veronderstelde vrijheid wordt gekoppeld aan één centrale voorwaarde: we moeten succes hebben, en jezelf maken betekent maar één ding: 'het' maken. De zelfrealisatie van Aristoteles als ethische wording van wat men in de kiem al was, krijgt hier een heel eigentijdse invulling. De vrijheid om voor een andere zelfrealisatie te kiezen, buiten het succesverhaal om, is heel erg beperkt. De voorbeelden zijn legio. Een hoogopgeleide vrouw of man die voorrang geeft aan zijn ouderrol wordt beklaagd. Iemand met een mooie positie die een bevordering weigert omdat hij of zij meer tijd wil investeren in andere dingen, is een idioot – tenzij die andere dingen voor succes zorgen. Een meisje dat voor onderwijzeres wil studeren, moet van haar ouders eerst een master in de economie behalen – onderwijzeres, wat denkt ze wel!

In het tweede hoofdstuk verwees ik naar het ach en wee omtrent het veronderstelde verlies van de normen en waarden. Die vaststelling kunnen we nu beter in een kader plaatsen én beter weerleggen. De vroegere normen en waarden, en dus de vroegere ethiek, zijn inderdaad zo goed als verdwenen. De meerderheid van ons heeft dat, zeker in het begin, als een bevrijding ervaren; tegenwoordig wordt die verdwijning eerder als een bedreiging beschouwd. Opvallend is dat ethiek in beide gevallen begrepen wordt als iets wat los van onszelf staat, iets wat we bijgevolg kunnen 'hebben' of 'verliezen'. In het tweede hoofdstuk toonde ik ook aan dat een dergelijke visie het gevolg is van een aantal eeuwen christelijke ethiek die een transcendente verhouding tussen mens en God installeerde. Normen en waarden liggen buiten de mens, bij God. Samen met het afvoeren van God lijkt het dan ook alsof we 'de' ethiek afgevoerd hebben. Deze redenering loopt mank, omdat normen en waarden integraal deel uitmaken van onze identiteit. We kunnen die waarden dus niet 'verliezen', ze kunnen alleen veranderen. En dat is precies wat zich heeft voorgedaan: de veranderde maatschappij weerspiegelt een veranderde identiteit, met daarin een andere ethiek.

De nieuwe norm heet efficiëntie, het doel is materiële winst en de daarbij horende deugd heet hebzucht. In het licht van deze redenering is er geen ethisch verschil tussen bankiers die mensen heel bewust malafide beleggingen aansmeerden en zichzelf exorbitante bonussen toekenden; Britse parlementariërs die vervalste onkostennota's indienden in 2009, met als verdediging dat het niet tegen de regels was; en de jongeren die Londense winkelgalerijen plunderden met als slogan '*If you can't make it, take it*'. Bovendien zijn dit slechts uitvergrotingen van wat wijzelf in ons dagelijks leven op kleinere schaal ook doen.

Wat is het ethisch niveau van de nieuwe ethiek? De vraagstelling zelf toont het circulaire karakter ervan. Er bestaat niet meteen een objectieve maatstaf waarmee we verschillende ethische systemen kunnen afwegen. Feit is dat veel mensen, zeker in de Angelsaksische wereld, de neoliberale ethiek ten volle toejuichen, vooral in de heroïsche versie van *Atlas Shrugged*. Deze roman van Ayn Rand is in de Verenigde Staten niet toevallig het op één na best verkochte boek, na de Bijbel. Haar manier van denken heeft daar een traditie. Op een handelsbeurs in Philadelphia in (1926), floepte om de vijftien seconden een reclamepaneel aan met de mededeling 'dat alweer honderd dollar van uw geld werd besteed aan de zorg voor mensen met een slechte erfelijkheid, zoals geesteszieken, zwakzinnigen, criminelen en andere gebrekkigen' – let op de nevenschikking.[30]

Een objectief oordeel geven over de waarde van een ethisch systeem is even moeilijk als een objectief oordeel geven over de waarde van een psychiatrische diagnostiek. De twee zijn trouwens nauw verwant, zoals zal blijken uit mijn volgende hoofdstuk. Sommigen durven poneren dat er inzake ethiek toch zoiets als een natuurwet bestaat.[31] Ik acht mij niet bevoegd om daarover een gefundeerde mening te geven, maar iets waarvan ik wel overtuigd ben, is de evolutionaire basis van ons gedrag. In ons evolutionaire erfgoed schuilen twee fundamenteel tegenover elkaar staande gedragspatronen; het ene is erg egoïstisch en dus gericht op verdeel en heers, het andere is zeer altruïstisch en dus gericht op geef en krijg. Het onderzoek van Frans de Waal dat ik in het vierde hoofdstuk besprak, toont aan dat de omgeving bepaalt welke richting de overhand krijgt. Vandaag de dag is dat de egoïstische kant.

Mijn mening daarover zal door heel wat lezers gedeeld worden: het huidige economische bestel brengt het slechtste in ons naar boven.

7

De nieuwe stoornissen: Rank and Yank

Er zijn van die films die op het netvlies van een generatie kijkers gebrand staan. *One Flew over the Cuckoo's Nest* uit 1975 behoort daartoe. In twee uur tijd komt alles aan bod wat in de psychiatrie van toen fout liep: onbetrouwbare diagnoses, sociaal afwijkend gedrag dat benoemd werd als psychiatrische ziekte, dwangbehandeling, overmedicalisering en uiteindelijk zelfs lobotomie (het doorsnijden van verbindingen in de hersenen). Iets meer dan tien jaar later werd ik als jong broekje belast met het onderwijs in de klinische psychodiagnostiek. 'Belast' is wel degelijk het juiste woord: niemand van het toenmalige professorenkorps wilde het vak doceren. Wetenschappelijk onderzoek in het kielzog van de antipsychiatrie had aangetoond dat de diagnostische labels grotendeels onbetrouwbaar waren (dezelfde patiënt kreeg bij verschillende deskundigen verschillende diagnoses). De veronderstelde biologische basis van die diagnoses was grotendeels een fabeltje gebleken. Psychofarmaca werden veel te vaak voorgeschreven, en dat bovendien binnen de context van een behandeling die steevast neerkwam op verplichte aanpassing. Dit alles kreeg toen zeer ruime aandacht via literatuur, films en de algemene pers.

Inmiddels zijn we een dikke dertig jaar verder, met het volgende resultaat. Als we het wereldwijd meest gebruikte handboek, de Amerikaanse *Diagnostic and Statistical Manual for Mental Disorders* (DSM) erop naslaan, zien we bij elke nieuwe editie een spectaculaire stijging van het aantal labels: honderdtachtig in de tweede uitgave, tweehonderdtweeënnegentig in de derde, driehonderdvijfenzestig in de vierde, en straks zullen het er in de DSM–V een kleine vijfhonderd zijn. In dezelfde periode stellen we een al even spectaculaire stijging vast van het aantal mensen dat een psychiatrisch etiket krijgt. Die labels stellen wetenschappelijk gezien weinig voor, en de meerderheid van de diagnoses wordt gemaakt op grond van eenvoudige checklists. De algemeen veronderstelde neurobiologische basis van die stoornissen is eerder een farmacologische reclameslogan dan een wetenschappelijk feit. Alle officiële statistieken tonen een exponentiële stijging in het gebruik van psychofarmaca, en het doel van psychotherapie is heel sterk aan het opschuiven in de richting van verplichte sociale aanpassing – disciplinering is zelfs een betere benaming.

We zijn niet terug bij af, verre van dat; we zijn een flink stuk doorgeschoten in een richting die dertig jaar geleden met recht en reden werd aangeklaagd. Er is wel één levensgroot verschil: in vergelijking met die periode krijgt het protest tegenwoordig heel weinig aandacht. Net zoals dertig jaar geleden de antipsychiatrie de kritiek verwoordde, komt ook nu het protest uit de sector zelf: een klein aantal psychiaters en psychologen (*critical psychiatry* en *critical psychology*), aangevuld met een handvol wetenschapsjournalisten; maar vooralsnog klinkt hun stem niet erg luid. Meer nog: dat een voor wetenschappers verdachte beweging als de Scientology Church actief kritiek levert op de huidige psychiatrie heeft als gevolg dat menig therapeut en wetenschapper zich niet met de nieuwste versie van de antipsychiatrie wenst te associëren. Bovendien – en dit is nog belangrijker –, anders dan toen vallen er vandaag de dag weinig protesten te horen bij de patiënten zelf.

Integendeel, Jan met de pet neemt de labelcultuur met een zekere gretigheid over. Een eerste consultatie begint dikwijls met een zelf gestelde diagnose op basis van een of andere website: 'Mijn kind heeft ODD', 'Ik heb een depressie', vaak gevolgd door een dwingende vraag naar een voorschrift voor een bepaald medicijn ('Op het net staat dat medicijn X de meest aangewezen behandeling is'). Al even merkwaardig is de vaststelling dat de overgrote meerderheid van de jonge clinici, en zelfs van de hoogleraren, ervan overtuigd is dat er bonafide bewijzen bestaan voor de veronderstelde neurobiologische en genetische ondergrond van die stoornissen, net zoals ze er min of meer van overtuigd zijn dat de DSM-labeling grotendeels betrouwbaar is. Dit alles vraagt om een verklaring.

Paradigmatisch geloof versus kritische wetenschap

Binnen het eigenlijke medische veld verzamelt men zorgvuldige symptoombeschrijvingen met als diagnostisch doel het ontdekken van de achterliggende ziekte. Dat lukt in een groot aantal gevallen vrij goed, waardoor we vandaag een betrouwbare en valide medische diagnostiek hebben. 'Betrouwbaar' wil zeggen dat verschillende artsen op grond van dezelfde symptoombeschrijving tot dezelfde diagnose komen; 'valide' betekent dat een diagnose overtuigend verwijst naar iets wat in de werkelijkheid bestaat. Voor het psychiatrische veld ligt dit een flink stuk moeilijker. Binnen de psychiatrie zien we twee benaderingen die elkaar bevechten, en de geschiedenis van de psychiatrie is een geschiedenis van de wisselende machtsverhoudingen tussen beide.

Het ene model gaat ervan uit dat ogenschijnlijk identieke symptomen en symptomatische gedragingen bij verschillende patiënten zeer verschillende betekenissen en functies kunnen hebben. De diagnose dient zich op de ruimere context te richten (biopsych-sociaal) en zal dan ook altijd de vorm aannemen van een uitvoerig verslag, waarbij de eigenheid van die bepaalde patiënt binnen zijn specifieke context ruim plaats krijgt. De behandeling zal dan ook altijd met die eigenheid rekening moeten houden.

De andere benadering is een ziektemodel in de biologische betekenis van het woord 'ziekte'. De overtuiging heerst dat psychiatrische symptomen gebaseerd zijn op onderliggende lichamelijke processen, waarbij de omgeving hoogstens een rol speelt als een factor die deze processen uitlokt. Het uitgangspunt daarbij is dat een mentale ziekte bij verschillende patiënten steeds dezelfde is, zodat de diagnose min of meer beperkt kan blijven tot een label. De behandeling verloopt dan volgens een protocollair model, dat voor iedere patiënt dezelfde richtlijnen uittekent, desnoods aangevuld met 'Richtlijnen om af te wijken van de richtlijnen' (dit is geen ironie, zulke richtlijnen bestaan).

In de hedendaagse psychiatrie domineert het ziektemodel, al durft men dat niet hardop te beweren en heeft men het liever over 'stoornissen' – een term die vaag genoeg is om (zeker in de Verenigde Staten) processen te vermijden.* De dominantie van het ziektemodel blijkt vooral uit de reacties wanneer iemand het waagt de andere benadering naar voren te schuiven. ADHD als effect van een gestoorde omgeving? Autisme, een psychologisch probleem? Schizofrenie als sociale stoornis? Wie dit soort vragen stelt, mag in het beste geval op een meewarige blik rekenen, maar nog vaker lokken ze een agressieve reactie uit, die meteen duidelijk maakt dat de inzet van de kwestie een louter wetenschappelijke vraagstelling ver overstijgt – daar kom ik straks nog op terug.

* Trudy Dehue wees mij erop dat alle Engelstalige commerciële websites de informatie over eventuele neurobiologische processen en genetische oorzaken van mentale stoornissen in de voorwaardelijke wijs formuleren. De reden daarvoor is dat er geen harde wetenschappelijke bewijzen voor bestaan, en dat bedrijven in de Verenigde Staten een proces aan hun broek kunnen krijgen wegens bedrieglijke informatie, mochten ze dit affirmatief formuleren.

Binnen de heersende toepassing van het ziektemodel in de psychiatrie doet zich een merkwaardige verschuiving voor: *symptomen* – bijvoorbeeld een tekort aan aandacht en een teveel aan activiteit – worden benoemd als *ziekte*. Het gebruik van goed bekkende afkortingen camoufleert dat enigszins, maar ondertussen zijn dergelijke verschuivingen dusdanig ingeburgerd dat het enige moeite kost om te doorzien dat zij slechts schijnverklaringen opleveren. Even een vergelijking: iemand die last heeft van hoge koorts (HK) en veel zweten (VZ) diagnosticeren we in dit model als iemand die aan HKVZ lijdt. Vervolgens stellen we dat die arme man toch zoveel last heeft van koorts en zweten, *omdat* hij aan HKVZ lijdt. Net zoals iemand te weinig aandacht heeft (AD) en te druk is (HA) *omdat* hij ADHD heeft. Anders gesteld: in de huidige versie van het ziektemodel botsen we voortdurend op cirkelredeneringen die alleen een illusie van wetenschappelijke verklaring bieden.[32] Uitdrukkingen zoals 'ADHD leidt tot aandachtstekort in de klas', of 'Een bipolaire stoornis leidt tot sterk wisselende stemmingen' zijn daar voorbeelden van – de beschrijving wordt voorgesteld als de oorzaak van wat er beschreven wordt, en het gebruik van afkortingen maakt dat nagenoeg onzichtbaar. Nog één voorbeeldje: iemand heeft om de zoveel tijd woedeaanvallen omdat hij lijdt aan IED. IED staat voor *Intermittent Explosive Disorder*. Dus: iemand heeft om de zoveel tijd woedeaanvallen omdat hij lijdt aan periodieke woedeaanvallen.

Een makkelijk antwoord op deze kritiek is dat enkel leken dit soort uitspraken doen, en dat het wetenschappelijk taalgebruik correcter is en bovendien berust op degelijk onderzoek. Om te weten of dit antwoord juist is, moeten we twee vragen stellen. Langs de bovenkant, op het vlak van de observatie en de diagnose, is dat de vraag naar de betrouwbaarheid van een groepering van bepaalde symptomen of gedragingen tot één stoornis. Is iedereen het eens over die groepering, en kan iedere clinicus op grond van die symptoomgroepering dezelfde diagnose stellen bij dezelfde patiënt? Langs de onderkant, op het vlak van de oorzaak, luidt de vraag: wat is de bewijsvoering voor de verondersteld onderliggende neurobiologische processen en genetische causaliteit van die bepaalde symptoomgroepering?

Wat de bovenvraag betreft: de keuze voor de combinatie van bepaalde symptomen of gedragingen tot een veronderstelde stoornis is grotendeels arbitrair en dus zeer betwistbaar. Alleen al de hierboven vermelde spectaculaire stijging van het aantal stoornissen in iedere nieuwe DSM-editie wijst in die richting. Het zou te veel ruimte vergen om dit hier in detail uiteen te zetten, maar ik verwijs graag naar *Shyness: How Normal Behavior Became a Sickness*, het boek van Christopher Lane uit 2007. Deze onderzoeker kreeg als eerste toegang tot het volledige archief van de DSM-samenstellers, inclusief de briefwisseling. Het resultaat van zijn onderzoek is ronduit ontluisterend: de vraag of een stoornis al dan niet in het handboek komt, en in welke vorm, hangt meer af van belangengroepen dan van wetenschappelijk onderzoek. In de aanloop naar de publicatie van de vijfde editie van de DSM laaien in de vakliteratuur momenteel de discussies op tussen dergelijke groepen, die elk hun eigen voorkeur willen opleggen. Niets nieuws onder de zon dus.

Het wordt nog pijnlijker als we de vergelijking maken met het concurrerende handboek, de ICD (*International Classification of Diseases*) van de Wereldgezondheidsorganisatie. Een diagnostiek gebaseerd op de DSM levert tweemaal meer kinderen op met ADHD in vergelijking met een diagnostiek gebaseerd op de ICD, *uitsluitend omdat de ICD symptomen op een andere wijze groepeert*. Voor de ICD moeten kinderen zowel stoornissen in hun concentratievermogen als hyperactiviteit vertonen, voor de DSM volstaat één van de twee. De keuze voor een bepaald handboek bepaalt dus of uw kind een stoornis heeft of niet en, niet te vergeten, of het al dan niet medicijnen moet slikken. Wetenschappelijk beschouwd is dit, op zijn zachtst uitgedrukt, bizar. Bovendien ondergaan de criteria om de zoveel tijd wijzigingen, die overigens altijd neerkomen op een uitbreiding, met als gevolg een toenemende vervaging van de betreffende categorie én een stijging van het aantal mensen dat medicijnen voorgeschreven krijgt. Autisme is het duidelijkste voorbeeld van een dergelijke vervaging.

De bovenvraag betrof de groepering van de symptomen in één geheel, en de mate waarin wetenschappers en clinici het daarover eens zijn – niet dus. De ondervraag betreft die naar de oorzaak. Tegenwoordig overheerst de overtuiging dat de oorzaak wel in lichamelijke, lees: genetische en neurologische, processen zal liggen. In het licht van de moeilijkheden die we bij de bovenkant al hebben vastgesteld, bij het op een betrouwbare manier groeperen van symptomen tot één geheel, stel ik mij wel de volgende vraag. Als het niet zeker is of die arbitrair gegroepeerde symptomen inderdaad slechts op één welbepaalde manier gegroepeerd kunnen worden in één welbepaalde stoornis, hoe kunnen we dan hun onderliggende neurobiologische processen en die genetische oorzaak gaan opsporen? Telkens opnieuw blijkt dat bijvoorbeeld een groep kinderen met de diagnose ADHD grote individuele verschillen vertoont, zó verschillend dat onderzoek op hen verrichten alsof zij een homogene groep zouden vormen wetenschappelijk bijzonder betwistbaar is. Geen wonder dat er geen overtuigend bewijs bestaat voor die veronderstelde onderliggende lichamelijke oorzaak.

Voor alle duidelijkheid: natuurlijk bestaan er onderzoeksresultaten, een heleboel zelfs, maar nagenoeg elk resultaat kan door een ander weerlegd worden.[33] De verklaring is betrekkelijk eenvoudig: elke groep die onderzocht wordt, bevat verschillende mensen met verschillende problemen, die min of meer arbitrair zijn samengebracht in een groep die er geen is. Stel je voor dat we alle mensen samenbrengen die HK (hoge koorts) en VZ (veel zweten) vertonen, en dat we hen vervolgens onderzoeken alsof ze één homogene groep vormen die aan één, en slechts één, aandoening lijdt.

We kunnen niet om de conclusie heen: in de huidige psychodiagnostiek is de validiteit, de mate waarin een diagnose een in de realiteit ondubbelzinnig herkenbare ziekte aanduidt, bedroevend laag. Daarmee ligt ook de lage betrouwbaarheid, de mate waarin verschillende artsen dezelfde patiënt al dan niet dezelfde diagnose geven, voor de hand. Het vreemde is dat ongeveer niemand daarvan wakker ligt en dat iedereen rustig verdergaat alsof er niets aan de hand is. Hoe komt het dat in deze tijden van 'evidence based medicine' dergelijke gegevens, waar meer dan voldoende solide bewijs voor bestaat, weinig of geen aandacht krijgen? Daar zijn minstens twee redenen voor. De eerste is vrij klassiek: een dominant paradigma leidt tot een blind geloof. De tweede is veel persoonlijker: het ziektemodel pleit eigenlijk iedereen vrij. Niemand hoeft zich nog verantwoordelijk, laat staan schuldig te voelen. Op beide verklaringen ga ik wat dieper in.

De kracht van een paradigma kunnen we moeilijk overschatten. Een paradigma is het dwingend geheel van overtuigingen binnen een bepaalde groep (economen, psychiaters, juristen, etc.), een geheel dat niet alleen het denken en handelen van die groep bepaalt, maar ook zijn sociale verhoudingen. Andersdenkenden worden geweerd.* Wanneer iedereen herhaalt dat mentale problemen individuele stoornissen zijn, gebaseerd op neurobiolo-

* De term 'paradigma' komt van Thomas Kuhn (1970), die de effecten daarvan bestudeerd heeft binnen de geschiedenis van de wetenschappen. Michel Foucault (1975) spreekt over 'discours' (vertoog) en bestudeerde dit ruimer maatschappelijk, met als doel het blootleggen van machtsstructuren. Een illustratie: toen Alan Greenspan, (twintig jaar voorzitter van de Amerikaanse Federale Bank) de spectaculaire kredietimplosie van 2007 en 2008 en het bijbehorend falen van 'de markt' moest uitleggen aan een comité van het Huis van Afgevaardigden (23 oktober 2008), wist hij niets beters te zeggen dan dat hij in een toestand van 'geschokt ongeloof' verkeerde; voor hem kón de vrije markt niet falen. Dit is typisch: wanneer de realiteit het vertoog weerlegt, dan denkt men spontaan dat de realiteit verkeerd is, niet het vertoog. In het volgende hoofdstuk zal ik het hebben over cognitieve dissonantie: wanneer wij in hart en nieren overtuigd zijn van een geheel van opvattingen, dan zijn we weinig of zelfs helemaal niet in staat argumenten te aanvaarden die deze weerleggen.

gische processen met een genetische ondergrond, dan is dit na verloop van tijd een niet meer in twijfel te trekken 'realiteit'. Het historische voorbeeld bij uitstek van paradigmatische dwang in de organische geneeskunde is Ignaz Semmelweis (1818-1865). Als arts in Wenen werd Semmelweis getroffen door de hoge mortaliteit van vrouwen na hun bevalling in het ziekenhuis: maar liefst één op de vier stierf. Hij stelde vast dat de mortaliteit nog beduidend hoger lag wanneer artsen een vrouw tijdens de bevalling assisteerden wanneer ze bij wijze van spreken rechtstreeks van de autopsiekamer kwamen, waar ze een overleden moeder hadden onderzocht. Vandaar zijn hypothese: deze artsen brengen iets – hijzelf noemde het 'lijkstof' – van de dode op de gezonde vrouw over, waardoor deze laatste eveneens ziek werd. Als voorzorgsmaatregel verplichtte Semmelweis zijn assistenten hun handen grondig schoon te schrobben, liefst met bleekwater (!). Het sterftecijfer daalde al snel onder de één procent... en Semmelweis werd ontslagen en hield er een depressie aan over. Zijn aanpak raakte nooit ingeburgerd, omdat die nu eenmaal indruiste tegen het toen heersende paradigma dat ziektes voortkomen uit kwalijke luchten, de zogenaamde miasmentheorie. Het was nog een halve eeuw wachten tot het werk van de Franse bacterioloog Louis Pasteur voor een ander paradigma zou zorgen, waarin virussen en bacteriën als ziekteverwekkers naar voren treden.

Het huidige dominante paradigma in de psychiatrie is het ziektemodel in de enge betekenis van het woord. Bovendien sluit dit naadloos aan bij de reductie van wetenschap tot het sciëntisme, wat aan bod kwam in het derde hoofdstuk: alle resultaten moeten generaliseerbaar zijn, gebaseerd op objectief en waardevrij onderzoek volgens de geijkte methodologie, onafhankelijk van de context enzovoort. Ik beperk mij tot twee opmerkingen. De keuze voor bepaalde symptomen – in toenemende mate: bepaald gedrag – als indicatoren voor een psychische stoornis is helemaal niet waardevrij, eerder integendeel; ik ga daar straks verder op in. En, zoals hierboven reeds vermeld: de meerderheid van de onderzoeksresultaten kan weerlegd worden door ander onderzoek, maar het dominante paradigma negeert dit. De psychologische verklaring daarvoor heet 'cognitieve dissonantie'. Wat de DSM betreft: de wetenschappelijke onderbouw daarvan is, zelfs indien bekeken met ruime welwillendheid, uiterst zwak.

De eerste reden waarom het falen van de huidige psychiatrische diagnostiek zo weinig aandacht krijgt, is bijgevolg vrij klassiek: het dominante paradigma laat geen andere visie toe. De tweede reden waarom die labeling zoveel succes kent, ligt een stuk gevoeliger. Zoals ik in het vorige hoofdstuk beschreef, overheerst tegenwoordig de overtuiging dat iedereen het in het leven kan (en moet) maken, en dat iedereen zelf verantwoordelijk is voor zijn welslagen of falen. Voor ouders betekent dit een bijkomende last, want zij moeten boven op hun eigen plicht tot succes er ook nog eens het slagen of mislukken van hun kinderen bij nemen. Een kind dat het slecht doet op school is een regelrechte ramp én een persoonlijk falen. Geen wonder dat elk (pseudo)medisch label in dank aanvaard wordt – het is een ziekte, ik kan er niets aan doen. Inwendig blijft de twijfel evenwel knagen; vandaar de agressie wanneer iemand durft betwijfelen of die pseudomedische labels wel bonafide zijn. En daarmee zijn we aanbeland bij het andere paradigma: stoornissen als een sociaal probleem.

Mentale stoornissen als sociale problemen

Uit hoofde van de dwingende kracht van het huidige ziekteparadigma zullen heel wat deskundigen wat ik hierboven schreef van tafel vegen, met als doorslaggevend argument dat het toch maar uit de versleten pen van een psychoanalyticus komt. Maar wat dan te denken van de kritiek op de voorpublicatie van de nieuwe DSM die de British Psychological Society in een officieel schrijven van juni 2011 formuleerde?

> *De vermeende diagnoses gepresenteerd in DSM–V zijn duidelijk hoofdzakelijk gebaseerd op sociale normen, met 'symptomen' die berusten op subjectieve oordelen, met weinig bevestigende fysieke 'tekens' of evidentie van biologische oorzaken. De criteria zijn niet waardevrij, maar reflecteren veeleer de huidige normatieve sociale verwachtingen. [...] We maken ons zorgen dat (diagnostische) systemen zoals deze gebaseerd zijn op het identificeren van problemen bij individuen. Dit gaat voorbij aan de relationele context en de onvermijdelijke sociale oorzaken van veel van deze problemen.*

De WHO (Wereldgezondheidsorganisatie) ging twee jaar voordien in Kopenhagen nog een stap verder, want volgens haar rapporten ligt de oorzaak van mentale stoornissen grotendeels in het sociale veld.*

Of er al dan niet lichamelijke oorzaken (mede) aan de basis van geestesstoornissen liggen, blijft een open vraag. Eén ding is in ieder geval vrij duidelijk: psychodiagnostische criteria berusten op sociale normen, op wat al dan niet aanvaardbaar is binnen een bepaalde maatschappij. Gestoord-zijn is in wezen 'abnormaal' zijn, letterlijk: afwijkend van de verwachte norm. Afhan-

* 'Mental health is produced socially: the presence or absence of mental health is above all a social indicator and therefore requires social, as well as individual solutions... A preoccupation with individual symptoms may lead to a "disembodied psychology" which separates what goes on inside people's heads from social structure and context. The key therapeutic intervention then becomes to "change the way you think" rather than to refer people to sources of help for key catalysts for psychological problems: debt, poor housing, violence, crime.' (WHO, 2009, Mental Health, Resilience and Inequalities, Copenhagen, WHO, Europe, p. v.)

kelijk van het soort afwijking volgt er ofwel straf (mannelijk exhibitionisme, drugsverslaving, etc.) ofwel behandeling (depressie, angst, etc.). Dat het onderscheid tussen straf en behandeling tegenwoordig steeds kleiner wordt, is iets waaraan ik verderop aandacht besteed. Ondanks de neurobiologische hype is het ondertussen wetenschappelijk en klinisch wel duidelijk dat er een sterk verband bestaat tussen een bepaalde maatschappelijke organisatie en de mentale stoornissen die zich binnen die maatschappij voordoen. Zoals gewoonlijk zien we dat het best in een terugblik, en zijn we blind voor het heden.

De victoriaanse maatschappij, met haar repressieve normen-en-waardensysteem, produceerde seksueel gefrustreerde mensen die gebukt gingen onder een autoriteit die niet in twijfel getrokken kon worden. De typische psychoneurosen, met de hysterie als vrouwelijke en de dwangneurose als mannelijke variant, waren daarvan de uitvergrotingen. Vandaag de dag zijn deze neurosen grotendeels verdwenen. In de plaats daarvan zien we een stortvloed van depressies en angststoornissen bij volwassenen, en van ADHD en autisme bij kinderen. Dit valt het duidelijkst af te lezen uit de stijging van het medicijngebruik. Volgens officiële cijfers slikte één op de tien Belgen in 2009 een antidepressivum, en tussen 2005 en 2007 verdubbelde het aantal voorschriften voor rilatine (Ritalin). In 2011 was het gebruik van antidepressiva in Nederland in vijftien jaar tijd met 230 procent gestegen; voorschriften voor ADHD-medicijnen stijgen jaarlijks met meer dan tien procent, met als resultaat dat er in 2011 voor het eerst meer dan één miljoen recepten werden uitgeschreven.[34] Sociale angst bij volwassenen is tegenwoordig in het Westen – toch een van de veiligste regio's ter wereld – een ernstig probleem, in die mate dat de *Harvard Review of Psychiatry* in 2000 *social phobia* de op twee na meest frequente psychiatrische stoornis noemde, na depressie en alcoholverslaving. Is het ver gezocht te veronderstellen dat die algemene angst voor de ander te maken heeft met de exponentiële toename van evaluaties, audits, functioneringsgesprekken en camera's, in combinatie met het verdwijnen van autoriteit en vertrouwen?

Het verband tussen een bepaalde maatschappij en mentale stoornissen hard maken is niet eenvoudig. We kunnen wel allerlei plausibele veronderstellingen formuleren. Bijvoorbeeld inzake ADHD: vergelijk de behoefte aan gedisciplineerde concentratie op school en op het werk, in de tijd, niet eens zo lang geleden, dat we 'goed moesten opletten', met de stimulus-sensatie-response waaraan we vandaag constant blootgesteld worden, in hapklare fastfoodbrokken – sms, twitter, *next slide please*, keywords. Concentratie is ongewenst, snel en flexibel zijn is de boodschap. Een nieuwe vorm van oppervlakkige aandacht en onmiddellijke reactie zou wel eens een aanpassing kunnen zijn aan zo'n omgeving, maar hoe bewijs je dat? Dyslexia kunnen we volgens de Britse schrijver Mark Fisher beter postlexia noemen – lezen is uit, je moet browsen, scannen, navigeren, door *hypertexts* heen. Een boek lezen is niet efficiënt, en een boek schrijven telt voor een academische carrière zelfs niet eens mee. Tien jaar geleden moest ik samen met behoorlijk wat collega's vaststellen dat onze studenten niet meer konden spellen, en we maakten grapjes over het opgeven van dictees aan de eerstejaars aan de universiteit. Vandaag de dag zijn de grapjes verstomd en overwegen we ernstig de invoering van een cursus 'begrijpend lezen'.

Dergelijke hypotheses, hoe plausibel ook, zijn niet wetenschappelijk. Willen we het verband tussen een neoliberaal georganiseerde maatschappij en bijvoorbeeld mentale stoornissen aantonen, dan hebben we twee dingen nodig. Ten eerste moeten we een maatstaf hebben die aangeeft in welke mate een maatschappij meer of minder neoliberaal is. Ten tweede moeten we een aantal criteria ontwikkelen waarmee de stijging of daling van het psychosociale welbevinden in een maatschappij meetbaar wordt. Vervolgens combineer je beide gegevens, en zou je inderdaad moeten kunnen zien of er een verband bestaat. Het gaat dan, voor alle duidelijkheid, niet om een causaal verband, maar om een opvallend patroon; als het ene stijgt, dan ook het andere, of omgekeerd.

Dit is precies de aanpak die Richard Wilkinson, een Britse gezondheidssocioloog, in twee baanbrekende studies heeft toegepast (de tweede schreef hij in samenwerking met epidemiologe Kate Pickett). De maatstaf die zij gebruiken is letterlijk telbaar: de grootte van inkomstenverschillen bij mensen die in eenzelfde land wonen. Het is bekend dat een neoliberaal beleid de inkomstenverschillen spectaculair doet stijgen, zodat we dit inderdaad als maatstaf kunnen hanteren. De onderzoeksresultaten laten er geen twijfel over bestaan: een dergelijke stijging heeft verregaande gevolgen voor nagenoeg *alle* criteria van gezondheid. De effecten op mentale gezondheid (en bijgevolg ook mentale stoornissen) staan niet geïsoleerd, integendeel zelfs – dit is minstens even belangrijk als vaststellen dat het aantal mentale stoornissen stijgt.

Als gezondheidssociologen bestuderen Wilkinson en Pickett inderdaad het verband tussen maatschappij en gezondheid in de ruime betekenis van het woord. Een sleutelbegrip daarbij is stress, waarvan de biologische gevolgen (zowel voor ons immuunsysteem als voor hart- en bloedvaten) aantoonbaar zijn. De oorzaken van die stress opsporen ligt dan weer een stuk moeilijker, ook al omdat we hier in het Westen in een welvarende regio leven. Kijken we iets ruimer, dan blijkt het merendeel der wetenschappers het eens te zijn over vijf factoren die bepalend zijn voor onze gezondheid: onze vroege kindertijd; de hoeveelheid angst en zorgen die we ervaren; de kwaliteit van onze sociale relaties; de mate waarin we zelf controle hebben over ons leven; en ten slotte onze sociale status. Hoe negatiever je op deze factoren scoort, hoe groter de kans op een slechte gezondheid en een kortere levensduur.

In zijn eerste boek, *The Impact of Inequality: How to Make Sick Societies Healthier*, neemt Wilkinson die verschillende factoren onder de loep, waarbij hij al snel uitkomt bij wat het kernthema van zijn tweede boek zal vormen, namelijk inkomensongelijkheid. Een zeer opvallende conclusie is dat in een land, en zelfs een stad, met een hogere inkomensongelijkheid de sociale verhoudingen van beduidend lagere kwaliteit zijn: meer agressie, minder vertrouwen, meer angst, minder deelname aan het gemeenschapsleven. Als psychoanalyticus wordt het voor mij nog interessanter wanneer hij op zoek gaat naar factoren die op het individuele niveau een rol spelen. Een lage sociale status blijkt doorslaggevend voor iemands gezondheid. Een zeer opvallende stressfactor betreft de mate waarin iemand beslissingsrecht heeft in de organisatie van zijn werk. Een lage *sense of control* gaat vergezeld van slechte verhoudingen met collega's en met meer woede en vijandigheid – dit had Richard Sennett ook al beschreven (de infantilisering van volwassen werknemers). Wilkinson ontdekt dat dit alles duidelijke effecten heeft op gezondheid en zelfs op de levensverwachting. Wat dan weer aansluit bij een klassieke bevinding uit de klinische psychologie: machteloosheid en hulpeloosheid behoren tot de meest ziekmakende emoties.

Te grote ongelijkheid als dooddoener

Er dringt zich een aantal conclusies op waar we niet omheen kunnen. In een welvaartsgebied zoals West-Europa is het niet de kwaliteit van de gezondheidszorg (het aantal artsen en ziekenhuizen) die het gezondheidsniveau van een bevolking bepaalt, maar de aard van het sociale en het economische leven. Hoe beter de sociale verhoudingen, hoe hoger het gezondheidsniveau. Aan de negatieve kant is te grote ongelijkheid de meest ziekmakende factor, met dien verstande dat we dit niet kunnen herleiden tot de verschillen tussen sociale klassen. Het gaat ook, en misschien zelfs vooral, om een te grote onderlinge ongelijkheid binnen verondersteld gelijke groepen, dus tussen bijvoorbeeld 'ambtenaren', 'academici', enzovoort. Dit druist in tegen een populaire verwachting: dat negatieve gevolgen van inkomensongelijkheid alleen maar zouden gelden voor de laagste sociale klasse, de losers, en dat de hogere klassen er alleen maar winst bij hebben, letterlijk en figuurlijk. Nee dus: de negatieve effecten zijn statistisch zichtbaar in alle lagen van de bevolking, vandaar de ondertitel van Wilkinsons tweede studie: *Why More Equal Societies Almost Always Do Better*.

In dat tweede boek passen Wilkinson en Pickett een betrekkelijk eenvoudige aanpak toe. Ze gebruiken telkens officiële cijfers van overheidsinstanties, die daardoor een zeer hoge betrouwbaarheid hebben. Aan de hand van die gegevens gaan ze het verband na tussen inkomensongelijkheid en allerlei andere criteria. De conclusies zijn overdonderend en spatten grafiek na grafiek zowat van het blad: hoe groter de ongelijkheid in een land of zelfs regio, hoe meer mentale stoornissen, tienerzwangerschappen, kindersterfte, agressie, zowel in de huiskamer als op straat, hoe meer criminaliteit, hoe meer drugs- en medicijngebruik. En hoe meer ongelijkheid, hoe slechter de lichamelijke gezondheid, hoe lager de onderwijsresultaten, de sociale mobiliteit; hoe minder gevoelens van veiligheid en geluk.

Beide boeken, en zeker het laatste, hebben in de Angelsaksische wereld een serieuze weerklank gekregen. Heel wat mensen vinden er een wetenschappelijke bevestiging van wat ze al vermoedden. Tezelfdertijd zijn er veel negatieve reacties, ook uit wetenschappelijke hoek, die vrijwel alle aspecten van het boek in twijfel trekken, van de dataverzameling en de statistische verwerkingen tot de conclusies. De beide auteurs hebben die kritiek voor het merendeel weerlegd, wat niet eens zo moeilijk is, gezien de kwaliteit van hun werk. De negatieve reacties zijn vaak gericht tegen wat er níét staat: de boeken pleiten niet voor een terugkeer naar een Oostblok 'All animals are equal'-staat. Wat de critici vaak uit het oog verliezen, is dat het hier over relatieve inkomensverschillen gaat, waarbij de negatieve effecten vooral duidelijk worden bij zeer grote ongelijkheid. Bovendien vormen niet de inkomensverschillen op zich de oorzaak van die negatieve effecten, maar alles wat ermee samenhangt – en daarmee komen we terug bij het ruimere plaatje: verhoogd risico op angst, op een traumatische kindertijd, lagere sociale status, lagere zelfdeterminatie op de werkvloer.

Ongeveer dezelfde conclusies blijken uit het onderzoek van Sennett, zij het dat hij dit minder cijfermatig onderbouwt en meer conceptueel uitwerkt. Zijn conclusie is betrekkelijk eenvoudig, en blijkt ten volle uit de titel van wat ik zijn beste boek vind: *Respect in a World of Inequality*. Te veel ongelijkheid zorgt voor een verlies aan respect, en zelfs voor een verlies aan zelfrespect – op psychosociaal vlak is dat zo ongeveer het ergste wat iemand kan overkomen.

Dit treedt krachtig naar voren bij één bepaald onderzoek, dat trouwens nog altijd loopt. In 1986 ging de tweede *Whitehall Study* van start, waarbij meer dan tienduizend Britse ambtenaren systematisch gevolgd worden om na te gaan welk verband er kan zijn tussen hun gezondheid en hun werksituatie. Het gaat hier dus om een op het eerste gezicht relatief homogene groep, die zeker niet tot de lage sociale klasse behoort. De opvallendste conclusie is dat naarmate de rang en status van iemand *binnen* die groep lager is, zijn of haar levensverwachting lager is, ook wanneer men rekening houdt met een aantal factoren zoals roken, eetgewoontes, lichaamsbeweging en dergelijke – in wetenschappelijk jargon: als men controleert voor bepaalde variabelen. De meest voor de hand liggende verklaring is dat de laagst gerangschikten de meeste stress ervaren. Medisch onderzoek bevestigt dat: zij hebben hogere cortisolwaarden (hogere stress) en meer bloedstollingsfactoren (groter risico op hartinfarcten).

De uitgangsvraag – bestaat er een duidelijk aantoonbaar verband tussen de huidige maatschappij en de stortvloed aan mentale stoornissen – krijgt met dit alles een bevestigend antwoord. Nog belangrijker is de vaststelling dat de stijging niet geïsoleerd is. Dezelfde studies tonen aan dat er ernstige negatieve effecten zijn op andere gezondheidsparameters. Zoals wel vaker, vinden we het kernidee van dergelijke onderzoeksresultaten al terug in de echte literatuur, in dit geval in Alan Lightmans roman *The Diagnosis* uit 2000. De auteur stelde tijdens een interview de volgende retorische vraag: '*Who experiencing for years the daily toll of intense corporate pressure could truly escape severe anxiety?*'* De vraag mag retorisch heten omdat aardig wat mensen het antwoord aan den lijve hebben ondervonden.

Heel recent kwam ook medisch onderzoek min of meer tot dezelfde conclusies. Een onderzoeksgroep van de Heidelbergse universiteit ontdekte dat de hersenen van mensen die in een drukke stad opgroeien anders reageren op stress dan het brein van wie op het platteland opgroeit.[35] Dit 'anders-zijn' gaat bovendien in de richting van een grotere vatbaarheid voor angststoornissen en zelfs voor schizofrenie. Onder invloed van de omgeving waarin we opgroeien, ontwikkelen onze hersenen zich dus anders, wat ook kan inhouden dat we vatbaarder zijn voor mentale stoornissen. Het wordt nog interessanter als we zien op welke manier de onderzoekers stress uitlokten. Terwijl de proef-

* Geciteerd in Lane, 2007, p. 185. *The Diagnosis* brengt het verhaal van Bill Chalmers, die op weg naar zijn werk bij een multinational plots onwel wordt. Hij zoekt hulp in de medische wereld en verwacht een duidelijke diagnose en behandeling. Geen van beide komen er, en de man zinkt weg in een sociaal en psychologisch moeras. De kracht van het boek is onder andere dat het aantoont hoe geruststellend een diagnose is ('Ze weten wat het is!') en omgekeerd, hoe onrustwekkend het uitblijven ervan. De eigenlijke grond van het boek is zowel het ziekmakende van *corporate pressure* als de onmacht van een diagnostiek die enkel rekening houdt met het lichamelijke.

personen ingewikkelde rekenopdrachten aan het oplossen waren, kregen sommigen (valselijk) te horen 'dat hun scores achterliepen bij die van de anderen', en 'of ze wat wilden opschieten, want dit zijn dure experimenten'. Alle neoliberale factoren zijn aanwezig: nadruk op productiviteit, evaluatie, competitie, kostenreductie.

Mentale stoornissen als morele stoornissen

Mentale stoornissen zijn in de overgrote meerderheid geen ziektes, maar bio-psychosociale uitingen bij het individu van ruimere maatschappelijke problemen. Dit sociale aspect vinden we ook terug op het vlak van de diagnose: de kenmerken op grond waarvan iemand het label 'gestoord' krijgt, hebben altijd te maken met het niet voldoen aan gangbare maatschappelijke verwachtingen. De normale identiteit van vandaag, met de bijbehorende normen en waarden, heb ik in het vorige hoofdstuk beschreven. De huidige dwingende gezondheidsnorm heet 'succes', die bovendien financieel en materieel zichtbaar moet zijn. De mogelijkheid dat een succesvolle jonge professional naar wie iedereen opkijkt en die heel wat bonussen binnenrijft 's avonds alleen op zijn loft zit te verpieteren en zichzelf moet oppeppen met pillen, alcohol en internetseks, gaat in tegen alle verwachtingen.

In het kielzog van succes als maatstaf verschijnt een aantal typische kenmerken: flexibiliteit en snelheid, efficiëntie en resultaatgerichtheid, mondigheid in de betekenis van 'jezelf kunnen verkopen'. Was bescheidenheid vroeger een deugd, tegenwoordig is ze een afwijking. Opvallend genoeg hebben de huidige 'juiste' karakteristieken stuk voor stuk te maken met een hedendaagse professionele identiteit, en hetzelfde geldt als we de overstap maken naar de interpersoonlijke kenmerken die men van ons verwacht. Twee van die kenmerken keren systematisch terug: competitiviteit, waarbij de mens zich als manager van zichzelf in de strijd gooit, en sociale vlotheid, in de betekenis van: uitblinken in 'networking' om jezelf optimaal te kunnen promoten.

Wanneer we dan kijken wat de verwachting is op het eigenlijke individuele niveau, luidt het antwoord: genieten. Wie het meest geniet, voldoet het best aan de norm, waarbij genot uitdrukkelijk verbonden wordt met consumeren en met producten. Je moet de juiste vakantiebestemming hebben, de juiste fiets, het juiste mobieltje en de juiste laptop, de juiste kledij. Tot op zekere hoogte is dit van alle tijden; het verschil is dat de hypes vandaag veel dwingender zijn, een veel kortere levensduur hebben en altijd (veel) geld kosten. Het zal je maar overkomen dat je het verkeerde jasje draagt en de verkeerde gsm tevoorschijn haalt (behalve als het een *vintage*-model is).

Als succes het criterium is voor een normale identiteit, dan wordt falen het symptoom van een gestoorde. De hedendaagse psychodiagnostiek biedt een beeld van de verschillende mislukkingen, en het diagnostisch bedrijf neemt meer en meer de allures aan van een pseudowetenschappelijk Rank and Yank-systeem. In het vorige hoofdstuk kwam de pijnlijkste toepassing al aan bod, namelijk bij kinderen, waar tegenwoordig vrijwel alle stoornissen te maken hebben met falen op school. Dit is overduidelijk wanneer het over leerstoornissen gaat, maar hetzelfde geldt voor ADHD, CD (gedragsstoornissen), ASS (autisme-spectrumstoornissen), ODD (oppositioneel-opstandige gedragsstoornis) en faalangst. Telkens opnieuw vormen die diagnostische criteria de keerzijde van de hooggespannen sociale verwachtingen, met als gevolg dat er op school nog maar twee soorten kinderen zijn: hoogbegaafde of gestoorde. 'Gewone' kinderen worden een zeldzaam goed, en de normale middelmaat van vroeger is taboe.

Merk op dat er bij deze vorm van diagnostiek officieel weinig of geen aandacht gaat naar de problemen die kinderen zélf ervaren – de gebruikte diagnostische criteria benadrukken nagenoeg altijd de problemen die de omgeving heeft met dat kind. Dergelijke criteria zijn bijgevolg nooit waardevrij, zoals ik hierboven al opmerkte, toen ik het had over het sciëntistische model als dominant paradigma. Gelukkig zijn er nog steeds leerkrachten en hulpverleners die uitdrukkelijk aandacht besteden aan het kind zelf, maar binnen de officiële aanpak – de DSM-diagnose en een verondersteld efficiënte, wetenschappelijk objectieve, meetbare protocollaire behandeling – past dit nauwelijks. Het gebrek aan aandacht voor de moeilijkheden die de jongere zelf ervaart, laat zich eveneens afmeten aan de bedoeling van de behandeling: zodra het kind weer in het plaatje past, hoeft die therapie niet meer. Het laat zich overigens ook afmeten aan de reactie bij jongeren op de hulpverlening: in toenemende mate haken ze af, ze moeten de 'psi' niet meer omdat ze intuïtief aanvoelen dat de hulpverlener er niet voor hen is.

Zoals wel vaker het geval is, loont het de moeite even stil te staan bij de etymologische betekenis van een woord. We hebben het over diagnostische categorieën, waarmee we een classificatie opstellen. 'Categorie' gaat terug op het klassiek Griekse *kategorein*, met de volgende verrassende betekenis: 'publiek beschuldigen'. Dit spoort onmiddellijk met de onderliggende bedoeling van elk classificatiesysteem, iets wat ik geleerd heb uit een prachtige tekst van Ian Johnston over het belang van Darwin. Wij hebben, beweert Johnston, classificatiesystemen nodig om *morele* onderscheiden te kunnen maken, om een hiërarchie te kunnen aanbrengen, zowel in de dingen die we zien als in de doelen die we willen bereiken. Revolutionaire denkers zijn juist revolutionair omdat ze een nieuw classificatiesysteem invoeren, en dus een nieuwe manier om naar de werkelijkheid te kijken, samen met nieuwe doeleinden – dit geldt zowel voor Plato als voor Darwin, Marx of Freud. De belangrijke implicatie is dat classificatiesystemen nooit ideologisch neutraal kunnen zijn. Elke ordening in categorieën verwijst impliciet of expliciet naar een rangorde met een politieke en een morele betekenis. De kracht van Darwin op dit vlak is dat hij de vroegere 'natuurlijke orde', begrijp: een verondersteld door God geïnstalleerde Scala Naturae, vervangen heeft door een op evolutie gebaseerde ordening, waarin het idee van doel en vooruitgang ontbreekt. Het accent ligt op toeval en de richting is *random*, onbepaald. De morele en politieke implicaties van zijn theorie worden tot vandaag ontkend, en het sociaaldarwinisme is een terugkeer naar de predarwinistische hiërarchische ordening, op grond waarvan men een maatschappelijk bestel kan rechtvaardigen.

In tegenstelling tot wat ik als een eigenlijke klinische psychodiagnostiek beschouw, waarin de problematiek van de persoon zelf centraal staat, is een psychodiagnostische classificatie à la DSM een morele ordening waarmee mensen via labeling beschuldigd en afgevoerd worden. Zelf voelen zij dat feilloos aan, getuige de manier waarop onze kinderen die labels als scheldwoorden gebruiken ('Autist!'). Vandaar ook dat volwassenen dankbaar gebruikmaken van de veronderstelde genetische en neurobiologische verklaringen ('Ik ben *ziek*') om aan het schuldgevoel te ontsnappen. Dit biedt weinig soelaas, het dominante denkkader (de mens is maakbaar mits hij zich inspant) veroordeelt hen hoe dan ook.

In zijn studie van het neoliberalisme merkt Hans Achterhuis op dat elke quasi gerealiseerde utopie – en daar rekent hij ook onze neoliberale maatschappij bij – afwijkingen van de opgelegde sociale norm gaat psychiatriseren. Wat we kunnen lezen in Huxleys *Brave New World* en in Orwells *Nineteen Eighty-Four* wordt vandaag meer en meer werkelijkheid. Daarbij blijft het gebruik van psychiatrische labels als aanduiding voor falen niet beperkt tot kinderen; we vinden dit evenzeer terug bij volwassenen. Het ironische is dat we bij hen ook stoornissen aantreffen omdat sommigen *te goed* beantwoorden aan het ideaalbeeld. De verplichting om te genieten kent haar uitglijders in seksverslaving, boulimie en natuurlijk koopverslaving ('lekker shoppen'). Psychopathische karaktertrekken zijn in het zakenleven tot op zekere hoogte zeer efficiënt, maar voorbij een bepaalde grens worden ze een moeilijk te behandelen afwijking. Hetzelfde geldt voor het manager-zijn-van-jezelf – de overdreven versie heet narcistische persoonlijkheidsstoornis. In al die gevallen is de grens tussen 'geslaagd' en 'gestoord' vrij dun.

Aan de andere kant vinden we de volwassen losers, bij wie angst en depressie het meest op de voorgrond treden. In tegenstelling tot wat sommigen beweren – dat mensen 'soft' geworden zijn onder invloed van de verzorgingsmaatschappij – is het schuldgevoel bij mislukking zeer groot. Trudy Dehue merkt in haar studie over depressie terecht op dat mensen tegenwoordig helemaal niet de onverantwoordelijke, van de welvaartsstaat profiterende doetjes zijn; integendeel zelfs. In dit tijdperk van de maakbare mens voelt het merendeel van ons zich meer dan ooit verantwoordelijk voor het eigen falen of welslagen, zowel professioneel als relationeel. De farmaceutische industrie heeft dat feilloos aangevoeld, en in advertenties zien we het beeld verschijnen van de werkvloer benoemd als *battlefield*, met mensen die dreigen te falen, maar redding vinden in de juiste pil.* Koffie volstaat allang niet meer, het moet minstens Red Bull zijn, rilatine/Ritalin wordt in de Verenigde Staten expliciet voorgeschreven als *performance enhancing*, prestatieverhogend, en gezonde mensen krijgen de opdracht nog gezonder te worden – boeken in het genre 'Train je brein' halen enorme oplages.

* De linkerkant van een advertentie voor een antidepressivum brengt de volgende boodschap: '*should have... could have... would have... can't. I just can't.*' Midden: depressief kijkende jongeman met stropdas. Rechterkant: '*Show them they* CAN; PAXIL' (bij ons bekend als Seroxat). Deze en andere voorbeelden zijn te vinden in de studies van Lane (2007) en Dehue (2008).

Het onderzoek van de Belgische socioloog Piet Bracke bevestigt dit: er zijn dubbel zoveel depressies in vergelijking met vroeger, en de betrokkenen ervaren hun depressie als een persoonlijk falen.[36] Dat is dus hetzelfde als wat Sennett tot zijn verbijstering moest vaststellen: mensen die ontslagen waren omwille van 'structurele' redenen, zochten de schuld *bij zichzelf*. Het beeld van de grienende, zichzelf beklagende underdog is een uitzondering, niet de regel. De angststoornissen liggen in dezelfde lijn, met als twee toppers faalangst en sociale angst. Begrijp: angst voor de ander, die hetzij een beoordelaar, hetzij een concurrent is en soms zelfs beide tegelijkertijd.

Wat in deze labels zelden aan bod komt, maar wat elke clinicus zal herkennen bij nogal wat mensen die op consult komen, is de doorgedreven controledwang, het hyperperfectionisme en het ambitieuze. Elke hapering, elke onvoorziene gebeurtenis zet nog meer druk op de ketel om de volgende keer toch maar sneller en beter te kunnen reageren. Die combinatie ontbreekt zo goed als nooit bij eetstoornissen, die bovendien een ander merkwaardig kenmerk bezitten – merkwaardig voor de hulpverlener die iedereen wil helpen: de persoon in kwestie houdt de problematiek verborgen. Ik had het daarstraks al over de geslaagde jonge professional die verborgen voor de buitenwereld op zijn loft zit te verpieteren. De perfectionistische vrouw (en in toenemende mate ook de man) die een ambitieuze carrière combineert met een voor iedereen zorgvuldig verborgen eetstoornis, is een tweede voorbeeld. Anderen mogen het niet weten, elke zwakheid kan tegen de mens-als-ondernemer-van-zichzelf gebruikt worden (*Everything you say or do can and will be held against you*).

Het pijnlijkste effect vind ik terug op relationeel vlak. De combinatie tussen een doorgedreven competitief individualisme en het vervangen van een vroegere beheersingsethiek door een verplicht en grenzeloos genieten is dodelijk voor duurzame relaties. De stortvloed aan zogenaamde 'relatieproblemen' maakt duidelijk hoe eenzaam we zijn – eenzaamheid is zonder twijfel de meest frequente 'stoornis' van onze tijd. In combinatie met de verplichting om te genieten mondt dit uit bij wat Mark Fisher heel treffend *depressive hedonia* noemt, depressief genot.[37]

Mijn vakgebied – psychodiagnostiek en psychotherapie – heeft binnen een paar decennia een bocht van honderdtachtig graden gemaakt. Als de diagnostische criteria voornamelijk neerkomen op afwijkingen van een sociale norm, dan komt de behandeling voornamelijk neer op iemand verplichten die norm opnieuw te volgen. Daarbij aansluitend is er nog een ander teken aan de wand: de veranderde beeldvorming over de gestoorde mens. Tot voor kort werd die in ongeveer elke cultuur opgevoerd als iemand die door zijn of haar anders-zijn dichter bij de waarheid stond – nog in de film *Revolutionary Road* uit 2008 horen we de waarheid uit de mond van een psychiatrische patiënt.[38] Ondertussen is zoiets passé – de huidige patiënt is niet alleen gestoord, hij is ronduit gevaarlijk, met de Noorse Breivik als prototype.

Disciplinering als behandeling

Sociologisch onderzoek heeft het verband tussen het huidige sociaaleconomische bestel en ernstige psychologische en sociale problemen duidelijk aangetoond. Het dominante neoliberale denkkader legt deze vaststelling naast zich neer, en in plaats van de oorzaken aan te pakken, gaat alle aandacht uit naar de gevolgen – in concreto naar de afwijkende, gestoorde en gevaarlijke anderen: psychiatrische patiënten, junkies, jongeren, werklozen, allochtonen. Het wordt helemaal ironisch als we moeten vaststellen dat daaromheen zelfs een nieuwe markt is ontstaan: opvoedingsondersteuning, onderwijsbegeleiding, psychotherapie, *parent counseling*, en vooral medicalisering van psychosociale problemen. Al die zaken zijn business geworden waar grof geld mee te verdienen valt. Hun gemeenschappelijke noemer is disciplinering.

De woorden die we gebruiken, geven heel vaak uitdrukking aan een achterliggende ideologie, zodat een verschuiving in onze woordenschat altijd betekenisvol is. Niet zo lang geleden hadden we het over psychologie en psychiatrie, nu hebben we het over gedragswetenschappen. Vroeger hadden mensen psychologische problemen, nu vertonen ze gedragsstoornissen en spreken psychologen zonder aarzeling over gewenst versus ongewenst gedrag. Vroeger deden we aan diagnostiek, nu doen we aan assessment (een term uit de juridische wereld), ondertussen zelfs al aan vroeg-detectie bij kleuters. Help!

We hebben hier te maken met een merkwaardige herdefiniering die in twee richtingen gaat. Mensen met mentale stoornissen worden tegenwoordig vooral als sociaal afwijkend beschouwd, zodat het maar een kleine stap vergt om hen bij de criminelen onder te brengen. Anderzijds wordt zo ongeveer elke crimineel beschouwd als een product van zijn ongelukkige jeugd, en dus als een psychiatrische patiënt. Nog even en we eindigen in *Erewhon: or, Over the Range*, een maatschappij die patiënten bestraft en criminelen behandelt, zoals de victoriaanse schrijver Samuel Butler in 1872 beschreef. Ter illustratie: vandaag de dag zitten er in de Verenigde Staten drie keer meer psychiatrische patiënten in gevangenissen dan in psychiatrische instellingen, wat een terugkeer is naar het niveau van 1840.[39]

Disciplinering is een wezenlijk onderdeel van de psychiatrische praktijk. Deze uitspraak kan verwondering wekken – psychiatrie is toch een tak van de geneeskunde met als doel het helpen van patiënten? Zeker, maar dit sluit het disciplinerende niet uit, en al helemaal niet in een tijdperk waar zelfs de eigenlijke geneeskunde hoe langer hoe dwingender wordt, met berichten als 'Cardiologisch onderzoek wijst uit dat twee koppen koffie per dag het maximum is'.[40] Het aspect disciplinering loopt als een rode draad door de ontstaansgeschiedenis van de psychiatrie, tot ergernis van heel wat van haar beoefenaars die zich daar niet in willen herkennen.[41]

Disciplinering klinkt inderdaad in menig opzicht verdacht – autoriteit staat nog altijd in een kwaad daglicht, en hoe rijm je dit met neurotransmitters en genen? Het vergt nochtans niet veel denkwerk om dit aspect bloot te leggen. Alle huidige psychiatrische labels bevatten drie lagen: een psychologische, een sociale en een medische. De psychologische is de zichtbare buitenkant, de diagnostische criteria beschrijven mentale en gedragsmatige kenmerken ('lijkt vaak niet te luisteren', 'affectief instabiel'). Het sociale aspect ligt meer verborgen, paradoxaal genoeg onder het meest voorkomende woord in het DSM-handboek: het woordje 'te', in alle denkbare varianten. Zo bevat de omschrijving van de borderline persoonlijkheidsstoornis er een tiental, telkens met de boodschap dat een bepaald kenmerk of een bepaald gedrag te veel of te weinig aanwezig is. Begrijp: te veel of te weinig volgens een impliciete sociale norm, op basis waarvan de diagnosticus intuïtief moet aanvoelen wat nog acceptabel is en wat niet.* Het derde aspect, het medische, is niet veel meer dan een veronderstelling gebaseerd op het ziektemodel, ondanks het ontbreken van overtuigend wetenschappelijk bewijs.

Bij de overgrote meerderheid van die labels valt heel erg te betwijfelen of psychiaters en psychologen bezig zijn met het onderscheid ziek versus gezond in de medische betekenis van het woord. Daartegenover staat vast dat zij bezig zijn met het onder-

* Op grond van mijn kritiek kan de lezer denken dat ik het bestaan van deze stoornissen ontken. Niets is minder waar: de groep die opgeborgen wordt onder de benaming 'borderline' heeft inderdaad ernstige problemen. Maar het zou zowel wetenschappelijk als klinisch juister zijn hen aan te duiden met de benaming 'complexe posttraumatische stressstoornis', wat bovendien meteen een andere houding tegenover hen zou bewerkstelligen.

scheid tussen sociaal afwijkend of sociaal aanvaardbaar gedrag, wat een bij uitstek ethische kwestie is. Samengevat luidt de diagnostische rationale van de labeldiagnostiek als volgt: een psychologisch of gedragsmatig kenmerk komt te veel of te weinig voor en is daarom sociaal onaanvaardbaar, waarbij men stilzwijgend aanneemt dat de oorzaak in het organische ligt.

Een dergelijke diagnostiek heeft een duidelijk effect op het behandelingsdoel: het 'te veel' moet weggesneden worden, het 'te weinig' aangevuld, opdat de patiënt weer beantwoordt aan de sociale normen. Deze intrinsieke combinatie tussen diagnostiek en behandeling bevestigt een intelligente stelregel die ik van de Duits-Britse schrijver Max Sebald geleerd heb: kijk naar de oplossingen die men naar voren schuift, en pas dan kan je de volle reikwijdte van het probleem zien. Als een kind met een ADHD-label weer braaf in de klas zit en de les volgt, is het probleem opgelost. Anders gesteld: de stoornis is niet zozeer iets waar het kind last van heeft, het is vooral iets wat wij als probleem ervaren, als ouder of als leerkracht. Om dat probleem op te lossen, krijgt het kind rilatine/Ritalin en een elementaire vorm van gedragstherapie die de eigenlijke gedragstherapeuten allang verlaten hebben. Dit verklaart een medisch heel vreemde vaststelling: diezelfde medicijnen en gedragstherapie zijn tijdens de vakantie nauwelijks nodig, want dan zit het kind toch niet in de klas. ADHD is voor zover ik weet de enige verondersteld neurobiologische aandoening die zo zichtbaar seizoensgebonden is, met een bijna totale verdwijning eind juni en een plotse heropflakkering begin september. Deze redenering durf ik te veralgemenen naar de meerderheid van de DSM-diagnoses: ze zijn vooral sociaal normerend.

Zoals ik hierboven reeds aangaf: normering en disciplinering zijn inherent aan de psychiatrie; psychiatrische diagnoses zullen dat tot op zekere hoogte altijd zijn en blijven. De vraag is of de psychiatrie ook iets méér te bieden heeft. In mijn onderwijs als hoogleraar psychodiagnostiek maak ik onderscheid tussen wat ik een 'juridische' psychodiagnostiek noem en een klinische. De eerste is gericht op de bescherming van de groep en de maatschappij, desnoods tegen het individu – denk aan Breivik. De tweede is gericht op de bescherming van het individu, desnoods tegen de maatschappij – denk aan Semmelweis. Beide zijn nodig, zodat clinici vaak een serieuze spagaat moeten maken, want die twee bedoelingen laten zich niet altijd even makkelijk verzoenen.

Tegenwoordig hebben we op dit vlak een cruciale omslag gemaakt. De huidige dominante vorm van psychodiagnostiek en de daarbij aansluitende behandelingen tonen hoe het psi-bedrijf zich op een hellend vlak bevindt, en aan het afglijden is naar een praktijk waarin psychiatrische diagnoses als vangnetten functioneren waarlangs een sociale controle wordt uitgeoefend via een pseudomedische aanpak. Kortom, een Rank and Yank-systeem. Dit is des te belangrijker omdat de psi-wereld vandaag de dag overal aanwezig is, niet alleen in het ziekenhuis en de spreekkamer, maar ook in het onderwijs en de opvoeding, in de rechtspraak en het verzekeringswezen, in het relationele leven en op de werkvloer.

Hallo, met Vanessa, wat kan ik voor u doen?

Hoe kunnen we die verschuiving binnen de psi-wereld van behandeling naar disciplinering begrijpen, en waarom komt daar vergeleken met pakweg dertig jaar geleden zo weinig reactie tegen? Tot de jaren zeventig was de psychiatrische praktijk uitdrukkelijk disciplinerend en maatschappijbestendigend. De toenmalige jonge psychotherapie ging daar frontaal tegenin en koos radicaal de kant van het individu, tegen de al te patriarchale maatschappij waarvan de klassieke psychiater een vertegenwoordiger was. Daarbij moeten we opmerken dat patiënten in die periode een stevige, starre identiteit hadden en vastzaten in een keurslijf van normen en waarden. Zij illustreerden een uitspraak van Freud: mensen worden neurotisch omdat ze moreel te hoogstaand willen zijn. Psychotherapie leerde hun afstand te nemen van die al te strakke normen en de daaruit voortvloeiende gevoelens van schuld en schaamte.

Ondertussen ligt dit radicaal anders. De huidige mens is opgegroeid in een zeer onstabiele omgeving, waarin zo ongeveer alles mag en kan, met genieten en consumeren als verplichting. De adder onder het gras is dat je het zelf moet maken, waarbij mislukking wijst op een stoornis of op luiheid. Daardoor is de huidige identiteit minder stabiel en zijn er meer ontsporingen. Net als in het victoriaanse tijdperk zijn ook deze ontsporingen slechts uitvergrotingen van de voorgehouden ideale identiteit, die nu het tegenovergestelde is van wat ons dertig jaar geleden voorgehouden werd: er is te weinig disciplinering. En ook nu roept men de therapeut ter hulp; niet om een overmaat aan disciplinering te temperen, maar om het tekort aan te vullen. Daarom verschuiven behandelingen naar praktijken zoals elementaire gedragstherapie en psycho-educatie, met als doel het inperken van de ontsporingen. Psychiater en psychotherapeut worden aldus de nieuwe morele autoriteiten die in naam van de wetenschap opleggen hoe we ons moeten gedragen. Dat daartegen weinig of geen reactie komt, in tegenstelling tot dertig jaar terug, wijst erop dat velen die disciplinering nodig vinden.

Bijgevolg is het eerste antwoord op de vraag waarom de psiwereld de disciplinerende richting uit gaat: omdat de maatschappij er duidelijk behoefte aan heeft. Voor zover dit juist is, blijft het een open vraag of die disciplinering een taak voor psychotherapeuten is. Die vraag wordt nog belangrijker als we zien dat een dergelijke aanpak in toenemende mate met het gebruik van medicijnen gepaard gaat – 'Zit stil of je krijgt (nog) een pil'. Bovendien moeten we er ons scherp van bewust zijn dat men op deze manier enkel een bepaald gevolg van het neoliberale beleid bestrijdt, namelijk het verdampen van een klassieke beheersingsethiek, zonder aan de oorzaken te raken. Dit blijkt al uit de manier waarop die aanpak vorm krijgt: psychotherapeuten, psychiaters en orthopedagogen functioneren als een soort *Supernanny* die datgene bestrijden wat alle flatscreens aanprijzen: fastfood, fast pleasure, het verplichte constant online zijn, enzovoort.

Het gaat inderdaad om Supernanny's, niet om Superdaddy's. De verantwoordelijkheid wordt bij de moeders gelegd, er zijn geen vaders meer. Zij zijn verdwenen omdat hun functie ondergraven is. Tot voor kort kende het Westen een symbolisch gegronde autoriteit waarmee iemand bekleed werd op grond van een traditionele conventie ('Vader, moeder zult gij eren') waaraan de vertegenwoordiger zelf ook onderworpen was, en waar hij dus zelf ook op kon worden aangesproken. Tegenwoordig leven wij in een wereld met een anonieme macht die nergens te lokaliseren valt, en bijgevolg ook geen morele autoriteit meer uitoefent. Nog veel belangrijker is dat we die macht ook niet meer ter verantwoording kunnen roepen. De concrete illustratie is het callcenter met de eindeloze doorschakelingen ('Hallo, met Vanessa, wat kan ik voor u doen?') die ons nooit doorverbinden met de verantwoordelijke figuur – die is er namelijk niet. Het centrum van de macht is leeg, de stoel is verlaten.

Er zijn geen vaders meer omdat het systeem geen symbolisch gegronde autoriteit toelaat. In het beste geval is de moderne vader een tweede moeder naast de eerste; beiden verlangen ze naar een autoriteit die ook hun veiligheid zou kunnen bieden. De tragiek is dat ouders de schuld in de schoenen krijgen geschoven voor de gevolgen van een systeem waar ze zelf slachtoffer van zijn. Journaliste Kaat Schaubroeck vat dat perfect samen in de titel van haar boek: *Een verpletterend gevoel van verantwoorde-*

lijkheid. Waarom ouders zich altijd schuldig voelen. Wanneer ze op zoek gaan naar hulp voor hun kinderen, wier stoornissen ook al het gevolg zijn van het systeem, komen zij op hun beurt in het callcenter van de hulpverlening terecht, waar ze van het kastje naar de muur gezonden worden.

Hiermee is de tweede verklaring voor de groeiende vraag naar disciplinering duidelijk: haar noodzaak is inherent aan het neoliberale beleid als dusdanig, omdat het de symbolisch gegronde autoriteit en het vertrouwen daarin weggevaagd heeft. Het resultaat is dat iedereen iedereen wantrouwt, wat dan weer leidt tot constante controles en metingen, en, ondanks alle slogans over deregulering en de 'vrije' markt, tot een eindeloos groeiende regelgeving en dito contracten. Michel Foucault is wellicht de eerste die dit proces heeft opgemerkt. Hij heeft het over de verschuiving van een duidelijk identificeerbare macht – de vader als vertegenwoordiger van een symbolisch gegronde autoriteit – naar wat hij een 'biopolitiek' noemt. Een verschuiving, met andere woorden, van een lokaliseerbaar en aanspreekbaar gezag naar een anonieme en daardoor veralgemeende disciplinering.

Als gevolg daarvan is de macht niet meer aan te wijzen, wat op zijn beurt verzet zeer moeilijk maakt. Als metafoor verwijst Foucault naar de ideale gevangenis van de Britse auteur en sociaal hervormer Jeremy Bentham. Zijn modelgevangenis is ideaal omdat er centraal een wachttoren staat, van waaruit het mogelijk is alle gevangenen te observeren zonder dat zijzelf de observator zien. Het model is tevens hyperefficiënt en kostenbesparend, want in dit panopticon – zo heet de constructie – is maar één bewaker nodig. De huidige maatschappij en de nieuwe disciplinering gaan nog een flinke stap verder, zegt Foucault: de plaats van de observator in het panopticon is leeg, de controle is veralgemeend. Wandel op straat, zet je televisie aan, sla een magazine open: overal krijgen we te horen en te zien hoe we ons moeten gedragen om de verplichte perfectie te benaderen. Iedereen is onderworpen aan evaluaties, we krijgen voortdurend 'uitnodigingen' om mee te werken aan gezondheidstests, audits, screenings, tests, en bovendien moeten we ook onszelf constant evalueren (*self-assessment*).

Psychiatrie en psychologie spelen daarin een centrale rol; vandaar dat de Belgische filosoof Jan De Vos spreekt van 'psychopolitiek'. De door MacIntyre in 1981 voorspelde manipulatie van onze subjectiviteit door de psi-wetenschap heeft een dusdanige omvang aangenomen dat ze bijna onzichtbaar is geworden. De beste maatstaf voor die omvang is de groeiende groep 'menselijk afval.' Als het zo blijft doorgaan, eindigen we straks in een karikaturale wereld waarin de ene helft van de bevolking therapeut is en de andere helft gestoord.

Als psychoanalyticus kan ik geen naïeve keuze maken voor het individu en tegen de maatschappij, of omgekeerd: voor de maatschappij en tegen het individu. Dat laatste is typisch voor de huidige *mainstream*-psychologie en -psychiatrie, als aflossing van de vroegere bevrijdingspsychologie, die voor het individu koos. De bevrijdingspsychologen van weleer vergaten dat het individu die maatschappij met haar normen en waarden heel hard nodig heeft. De huidige disciplineringspsychotherapeuten weigeren in te zien dat het individu en zijn stoornissen het product zijn van die maatschappij.

Anders gezegd: de tegenstelling tussen een ziekmakende maatschappij en een gezonde natuurstaat is een illusie. Elke maatschappij, zonder uitzondering, is ziekmakend, net zoals elke maatschappij ook gezondmakend is. De verklaring is eenvoudig: iedere gemeenschap definieert en kneedt haar vormen van normaliteit, waarmee ze in dezelfde beweging haar abnormaliteiten definieert en kneedt. Het dominante denkkader waarbinnen dat gebeurt, definieert meteen de aansluitende praktijk. Het maakt nogal een verschil of die praktijk gestalte krijgt binnen een religieus denkkader (wie afwijkt is een te bekeren zondaar, een ketter, een heks), binnen een medisch (wie afwijkt is een te behandelen patiënt) of een economisch (wie afwijkt is een profiteur). Het enige gemeenschappelijke element is de uitsluiting: aan deze kant van de lijn wij, de normalen; aan de andere kant zij, de abnormalen. Zo kan dezelfde persoon op hetzelfde moment een martelaar zijn (religieus denkkader, moslim), een gevaarlijke gek (medisch denkkader) en een terrorist (economisch denkkader), afhankelijk van het perspectief en de bijbehorende praktijk waarin hij geplaatst wordt.

De vraag is bijgevolg niet of een maatschappij ziek- of gezondmakend is. De vraag is veeleer hoe een bepaalde maatschappij haar afwijkingen definieert en wat de consequenties van die definiëring zijn. Daarbij is het zeer goed voorstelbaar dat die definiëring een bedenkelijk ethisch niveau heeft, waardoor een maatschappij in gaat tegen haar eigen fundamenten. Een maatschappij dus, die haar eigen sociale verbanden vernietigt.

Dit is thans het geval.

8

Het goede leven

Elke maatschappij bepaalt haar criteria voor normaliteit en dus ook voor de afwijkingen. Beide ontstaan in het kielzog van de door haar voorgehouden ideale identiteit, op grond van de dominante verhalen in combinatie met de door haar uitgeoefende gezagsvormen. In die zin is elke maatschappij zowel gezond- als ziekmakend, en als we een maatschappij willen beoordelen, is het zaak de balans daartussen te bekijken. Tegenwoordig wijst het merendeel van de psychosociale gezondheidsparameters in dezelfde richting: het ziekmakende heeft het overwicht.

Bij die beoordeling kunnen we nog concreter te werk gaan, ons baserend op onze kennis over de identiteitsontwikkeling zoals ik die beschreef in het eerste hoofdstuk. Hoe verhoudt onze huidige maatschappelijke organisatie zich tot de twee fundamentele processen waarmee identiteit uitgebouwd wordt, de identificatie (gelijkheid) en de separatie (verschil), elk met hun kenmerkende angst? En, op een ruimere tijdschaal, hoe verhoudt die maatschappelijke organisatie zich tot wat we weten over het gedragsbiologische erfgoed van de mens?

Binnen onze identiteitsontwikkeling kunnen de twee fundamentele gerichtheden, het verlangen naar samenvallen met de ander en het verlangen naar autonomie, maar het best in evenwicht gehouden worden. Het eerste zorgt voor gelijkheid, en dus voor groepsvorming en onderwerping, het tweede voor verschil en dus voor individualisme en autonomie. Bij een te zwakke maatschappelijke groepsvorming wordt de behoefte aan de ander veel sterker gevoeld. Mensen zullen aansluiting bij elkaar zoeken op grond van vaak bedenkelijke gemeenschappelijke kenmerken, van het delen van hetzelfde ziektelabel tot het pesten van hetzelfde slachtoffer. Bij een te sterke maatschappelijke groepsvorming is er geen ruimte voor een eigen verlangen, waardoor mensen op alle mogelijke manieren proberen te ontsnappen aan wat hun opgelegd wordt, teneinde toch maar een zekere autonomie te verwerven. Hoe totalitairder een staat, hoe groter de zucht naar autonomie, zoals binnen een streng meisjesinternaat elke puber het verplichte uniform op haar manier een persoonlijke toets wil geven.

Beide tendensen roepen ook hun eigen angst en agressie op. Tot een paar generaties geleden lag het maatschappelijk accent op een starre onveranderlijkheid, met als resultaat een veilige lethargie. Als tegenreactie kwam er een behoefte aan autonomie, gebaseerd op de angst voor intrusie en voor een te sterk doorgedreven controle. Zodra de agressie naar buiten kon komen, richtte die zich tegen de centrale, uniformerende autoriteit. Tegenwoordig legt de maatschappij het accent op het individu, met als resultaat een daling van het veiligheidsgevoel en een sterk toegenomen sociaal wantrouwen. Agressie treedt sneller naar buiten, als verdediging tegen elke ander die als potentieel bedreigend ervaren wordt. Toch wordt de behoefte aan een ander door iedereen gevoeld en is de angst om verlaten te worden en nog eenzamer te zijn, erg groot.

De belangrijkste oorzaak van het verdwijnen van het gemeenschapsgevoel en de opkomst van een doorgedreven individualisme ligt in het huidige economische model, dat op een systematische manier mensen tegen elkaar opzet en een toenemende mate van ongelijkheid doet postvatten. Willen we terugkeren naar een evenwicht tussen gelijkheid en verschil, tussen gemeenschapszin en autonomie, dan zullen we de huidige arbeidsorganisatie ernstig moeten wijzigen en de economie op een andere manier moeten denken. Voor alle duidelijkheid: dit is geen pleidooi voor een 'iedereen-moet-gelijk-zijn'-model. Te veel gelijkheid werkt even negatief als te veel verschil, en beide installeren hun eigen vormen van agressie en angst. Die nieuwe arbeidsorganisatie kan het best gebaseerd zijn op een meritocratisch systeem, waarin kwalitatieve evaluaties centraal staan en waarbij de beloning niet alleen maar financieel is. Hetzelfde zal op grotere schaal moeten gelden voor de nieuwe economie, waarbij men zo snel mogelijk het idee van kwantitatieve groei moet verlaten voor kwalitatieve duurzaamheid.* Dat idee van 'groei' is vermoedelijk de meest negatieve erfenis van de Scala Naturae: altijd meer, altijd hoger, ver verheven boven de rest.

Steeds meer bedrijfsleiders beginnen in deze richting te denken, al kunnen of mogen ze dit niet altijd publiekelijk verkondigen. Wat ik van hen ook te horen krijg, is dat daarvoor dringend een politiek draagvlak gecreëerd moet worden, liefst op Europese schaal. Die noodzaak blijkt bijvoorbeeld uit de manier waarop de politiek de banken heeft 'gered' ten koste van de burgers. Op zijn zachtst gezegd getuigt die geschiedenis van een gebrek

* Dit heeft natuurlijk te maken met iets wat vandaag de dag het allergrootste probleem is, en wat in dit boek slechts zijdelings ter sprake komt: de schade die de menselijke overbevolking en de huidige vorm van economie aangericht hebben aan de natuur. De uiterst geringe belangstelling daarvoor – de groene partijen hebben zo ongeveer nergens echt politieke impact – is een zeer slecht voorteken voor het voortbestaan van onze soort en roept toch wel ernstige twijfels op over onze zo geroemde verstandelijke vermogens.

aan politieke visie en moed; voor veel mensen illustreert zij een combinatie van corruptie en lafheid. De zogenaamde *realpolitik* heeft een generatie grijze muizen opgeleverd die dansen op de maat van de beurskoersen. Er is behoefte aan verschillend gekleurde politieke partijen die in democratische concurrentie met andere ideologieën elk hun eigen ideologie naar voren schuiven. Op dat vlak volg ik generaal De Gaulle: '*La politique ne se fait pas à la corbeille*', politiek gebeurt niet op de beurs. De economie moet ondergeschikt zijn en blijven aan de maatschappij, niet omgekeerd. Dat er ingeleverd zal moeten worden, is overduidelijk – in het Westen leven wij zeer ver boven onze stand. Maar die inlevering moet de maatschappij ten goede komen, niet de economie. Wie dit een verrassende uitspraak vindt, moet vooral heel erg verrast zijn over zichzelf.

Een goed functionerende maatschappij functioneert goed op grond van een evenwicht tussen gelijkheid en verschil, gemeenschap en individualiteit. Een noodzakelijk element daarbij is autoriteit en de manier waarop die functioneert. De combinatie tussen neoliberalisme, digitalisering en een overmatig accent op cijfers heeft op dit vlak een dubbelzinnig effect: wij leven in een zeer dwingende maatschappij waarin de autoriteit zoek is. Het dwingende karakter blijkt uit de eindeloze regelgevingen en het stijgend aantal camerabewakingen; de afwezigheid van autoriteit blijkt uit de moeilijkheid om aanspreekbare gezagsdragers te vinden, die het gezag inderdaad ook durven en mogen dragen.

In het tweede hoofdstuk beschreef ik hoe de ideale leider in de oudheid de man was die over voldoende zelfkennis en zelfbeheersing beschikte om de gemeenschap te kunnen leiden. In het christelijk tijdperk verschoof dit naar de man die door God geroepen werd om diens geboden uit te voeren, met het oog op het hiernamaals. Vanaf de moderne tijden evolueert het Westen naar een democratie, waar afgevaardigden verkozen worden door een meerderheid. Als vertegenwoordigers krijgen zij de autoriteit om het beste beleid uit te tekenen, gebaseerd op een reeds bestaande wetgeving, die slechts volgens bepaalde regels te wijzigen valt. Priesters waren vertegenwoordigers van het goddelijke gezag, parlementsleden zijn vertegenwoordigers van het volk. In het midden van de vorige eeuw werd autoriteit verdacht, wat duidelijk blijkt uit een bepaalde betekenisverschuiving: een 'autoritair' bestel werd synoniem aan een dictatuur en elke autoriteit was een omver te werpen tiran: priester, onderwijzer, agent, directeur.

Achteraf bekeken is het niet zo moeilijk om te begrijpen welke redeneerfout er in de antiautoritaire bewegingen schuilt. Het volstaat na te denken over de woorden die we gebruiken. In een westerse democratie hebben we het niet over 'machthebbers', wel over 'gezagsdragers' of 'gezagvoerders'. Iemand draagt of voert het gezag. Begrijp: hij of zij valt er nooit mee samen, het is een positie die iemand tijdelijk verwerft. Een dergelijke positie is ingebed in een ruimere symbolische structuur die de rechten en plichten collectief uittekent – opnieuw het gemeenschappelijke verhaal dus. Gezagsdragers worden niet voor niets traditioneel bekleed met een aantal uiterlijke tekens – de sjerp of de ambtsketenen van een burgemeester, een toga – die naar hun functie verwijzen, zodat de burgers hen daarop kunnen aanspreken. Dat zulke uiterlijke tekens vandaag ietwat belachelijk overkomen, illustreert hoe wij dat onderscheid tussen gezag en het dragen ervan kwijt zijn. Voor het hedendaagse individu valt gezag samen met degene die het draagt, waardoor de klassieke, symbolisch onderbouwde autoriteit verglijdt naar brute macht.

Vervolgens gaan we daar zeer dubbelzinnig op reageren. We vinden macht verdacht, en dus gaan we hem zoveel mogelijk bestrijden; óf we roepen om een sterke leider die onze problemen krachtdadig zal oplossen. Vaak zijn het dezelfde mensen die deze dubbele houding vertonen: ze verlangen meer autoriteit maar worden erg kwaad wanneer een leerkracht hun kind straf geeft:

'Wie denkt hij wel dat hij is?' Terwijl dat net de kern van de zaak is: hij of zij functioneert als leerkracht en draagt bijgevolg het gezag om onderwijs te geven. Wanneer hij misbruik maakt van zijn functie, dan moet hij daarop aangesproken worden. Maar de functie zélf moet gevrijwaard blijven, anders wordt onderwijs onmogelijk.

Het verdwijnen van het onderscheid tussen macht en autoriteit, tussen machthebber en gezagsdrager, heeft tot gevolg dat we tegenwoordig al te vaak een beroep moeten doen op macht. Daardoor komen we in situaties terecht waar het 'recht' van de sterkste speelt. De ironie wil dat dit op zijn beurt wordt aangevoerd als bewijs voor de juistheid van het survival of the fittest-idee. Dit is vandaag de dag wel heel erg duidelijk op de arbeidsvloer.

Arbeidsorganisatie

Op grond van mijn eerste hoofdstuk kan de lezer aannemen dat de inhoud van onze identiteit grotendeels samenhangt met ons liefdesleven: wij zijn kind van, partner van, vader of moeder van, broer of zus van. Daarnaast staat een tweede, even belangrijke pijler: onze professionele identiteit. In beide gevallen is de relatie met de anderen bepalend voor ons zelfrespect; in het beroepsleven komt daar in het beste geval nog het vakmanschap bij. Wie we zijn en hoe we ons daarbij voelen, hangt voor een flink stuk af van de werkvloer en van onze verhoudingen met de collega's.

Wat maakt arbeid efficiënt en wat maakt mensen gelukkig op en in hun werk? En hoe kunnen we die twee combineren? Onderzoek naar burn-out, dat dateert van lang voor de economische crisis, toonde duidelijk aan dat een werkgerelateerde depressie niet het gevolg is van te hard werken en te hoge arbeidsdruk, maar van de manier waarop het werk georganiseerd wordt en vooral van de bijbehorende sociale verhoudingen. Gebrek aan respect en waardering behoren tot de belangrijkste oorzaken van burn-out. Jaren later kreeg ik zowel een bevestiging als een uitbreiding van deze vaststellingen in een *TEDGlobal talk* van Dan Pink over motivatie op de werkvloer.[42]

In het licht van de discussie over financiële bonussen en wat ondertussen de 'graaicultuur' heet, zijn de krachtlijnen van Pinks uiteenzetting uitermate belangrijk. Voorbij een bepaald inkomensniveau werken extrinsieke beloningen nog nauwelijks. Financiële stimuli verhogen de motivatie enkel bij banen waarin men niet hoeft na te denken. Zodra we het over denkwerk hebben, en al helemaal als daar ook creativiteit bij nodig is, werkt een intrinsieke motivatie veel beter. Sterker: een extrinsieke motivatie – lees: bonussen – heeft in dat geval een negatief effect: de mensen leveren *slechtere* resultaten af dan zij die op grond van een intrinsieke motivatie werken. De meerderheid van de tewerkstellingen bij ons behoren tot de tweede groep – een kenniseconomie, weet je wel? Banen die weinig denkwerk vragen – lopendebandwerk dus – behoren ondertussen grotendeels tot het verleden. Daar hebben bonussen wél een positief effect, maar de ironie wil dat dergelijke incentives daar maar weinig gebruikt worden.

Zowel politieke als economische gezagsdragers hebben er bijgevolg alle belang bij om een extrinsiek motivatiemodel zo snel mogelijk af te bouwen. Als we weten dat het huidige bonussysteem bovendien bijdraagt tot het stijgen van de inkomensongelijkheid en dat precies die ongelijkheid samenhangt met bijna alle negatieve psychosociale effecten, dan is er meer dan voldoende reden om hard te gaan werken met en aan intrinsieke motivatie. Elke politicus die het belang van de gemeenschap wil vertegenwoordigen, moet hiermee rekening houden – anders vertegenwoordigt hij geen gemeenschapsbelangen, maar wel andere. De hamvraag is hoe intrinsieke motivatie eruitziet. Dan Pink vat haar samen in drie kernwoorden: autonomie, meesterschap en doel. Ik vul zijn bespreking aan met gegevens die in vorige hoofdstukken reeds aan bod kwamen.

Autonomie en meesterschap hangen nauw samen. Zelf greep kunnen hebben op de organisatie en de invulling van de eigen baan doen de motivatie en het engagement enorm toenemen. Automatisch betekent dit een toename in het meesterschap en de expertise, waardoor men er nog meer plezier aan beleeft. Dit leunt dicht aan tegen wat Sennett beschreef als *craftmanship*, vakmanschap. Het doel moet ervaren worden als een bijdrage aan iets wat onszelf overstijgt, iets wat we niet alléén kunnen realiseren. Daardoor hebben we uitdrukkelijk het gevoel erbij te horen, deel uit te maken van een gemeenschap waarin we toch onze eigen plaats vinden. Merk op dat dit andermaal het evenwicht tussen gelijkheid en verschil betreft, tussen deel uitmaken van een groter geheel en toch autonoom zijn.

De manier waarop arbeid tegenwoordig georganiseerd wordt, gaat daar steeds tegenin. In de meerderheid van de gevallen hebben zelfs hoogopgeleide mensen enkel verantwoordelijkheid, maar geen macht. Ze worden amper betrokken bij het nemen van de beslissingen, ook als die rechtstreeks met hun werk te maken hebben. De combinatie tussen de dictatuur van de cijfers en de informatica zorgt ervoor dat de beslissingen van 'boven' vrijwel rechtstreeks 'beneden' terechtkomen, zonder al te veel kans op inspraak. In het vorige hoofdstuk bleek al dat naarmate iemand minder vrijheid heeft in de organisatie van zijn werk, dat werk letterlijk ziekmakender wordt. Waarbij dit in eerste instantie binnen de sociale verhoudingen begrepen moet worden: hoe meer iemand onderworpen is aan de macht van anderen, hoe minder *sense of control* hij ervaart.[43]

Een topdown-organisatie van het werk definieert niet alleen de te behalen objectieven maar ook de manier waarop men die moet halen, met als gevolg een daling in het kennis- en expertiseniveau. Het gevoel van machteloosheid en passiviteit neemt daardoor alleen maar toe. Het toekennen van extrinsieke beloningen zal daar niets aan verhelpen, integendeel zelfs. Daartegenover staat dat elk onderzoek de positieve effecten bevestigt van een werkomgeving die autonomie en zeggenschap stimuleert, en die mensen het gevoel geeft dat zij samenwerken voor een hoger doel. De productie en de efficiëntie stijgen, samen met de tevredenheid op het werk en de loyaliteit aan en identificatie met het bedrijf. Ziekteverzuim daalt pijlsnel en volwassen werknemers gedragen zich inderdaad als volwassenen.

Nogal wat lezers zullen dit schouderophalend van de hand wijzen. Klinkt allemaal mooi, maar mensen gaan toch voor het geld, Get real. En zelfs mocht het waar zijn, dan nog kan dit alleen maar toegepast worden in een heel beperkt aantal situaties waar het om zeer creatief werk gaat. Beide kritieken kunnen we makkelijk weerleggen, zowel op grond van robuust onderzoek als door middel van voorbeelden. Mensen gaan voor geld omdat het systeem dit zo organiseert. Elders in dit boek heb ik dit al benadrukt: de huidige realiteit is *het gevolg* van een bepaalde economische en maatschappelijke organisatie, en bijgevolg niet 'de' realiteit. Elk onderzoek toont aan dat voorbij een bepaalde inkomensgrens het financiële niet meer motiverend werkt, zelfs integendeel. Een grote groep mensen haalt tegenwoordig zijn werktevredenheid, en ruimer, zijn zelfrespect en het gevoel 'erbij te horen' uit beroepsactiviteiten waarvoor ze niet of heel weinig betaald worden. Alle vrijwilligersorganisaties zijn daarvan een voorbeeld. Ik bespreek er twee.

Bij de aanvang van het digitale tijdperk had Microsoft een schitterend idee: de uitbouw van een digitale encyclopedie, deels op cd-rom, deels online, waarbij alle multimediale mogelijkheden benut zouden worden. Wereldwijd werden experts aangeschreven voor medewerking, informatici schreven nieuwe programma's, er werd flink wat geld in gestopt en iedereen verwachtte een eclatant succes. Niet dus: in 2008 werd het Encarta-project stilgelegd. Ondertussen had Jimmy Wales met een handjevol vrijwilligers Wikipedia opgestart. De rest is geschiedenis: wereldwijd werken enthousiaste Wikipedians ('*And proud to be one*') onbezoldigd aan hun deel van het werk, dat ondertussen kwalitatief zeer hoogstaande artikelen oplevert. Tegenwoordig is een wetenschapper apetrots als zijn werk op Wikipedia geciteerd wordt. Dan Pink gebruikt Wikipedia als voorbeeld tegen de Get real-politiek. Beeld je in, zo zegt hij, dat vijftien jaar geleden iemand naar 'het beleid' was gestapt met het voorstel om een gratis encyclopedie te maken, met onbezoldigde medewerkers die op de koop toe zelf voor de kwaliteitscontrole zouden instaan. De man zou zonder twijfel een psychiatrisch label opgespeld gekregen hebben.

Dat label brengt mij bij mijn tweede voorbeeld. Zowel in Nederland als in Vlaanderen is de geestelijke gezondheidszorg de laatste jaren ten prooi gevallen aan topdown-overmanagement, met alle bekende symptomen: registraties, metingen, functioneringsgesprekken, newspeak (audits, *gap analysis*, KPI, benchmark, etc.), dit alles geleid door coördinatoren en onder toezicht van vestigingsmanagers. De ironie wil dat een werkplaats vol hoogopgeleide psi-experts georganiseerd wordt op een manier die radicaal in gaat tegen alle resultaten van psychologisch onderzoek naar motivatie. De resultaten zijn er dan ook naar.

Daartegenover staat TeJo, een vrijwilligersorganisatie in Antwerpen, eind 2009 ontstaan uit de frustratie van hulpverleners. Therapeuten voor Jongeren biedt gratis en anoniem eerstelijnshulpverlening aan. De therapeuten vertrekken bewust vanuit een niet-wetende houding 'naar de expert-houding van de jongere die het best weet wat hij of zij wil realiseren' – vergeet de protocollen. Er vindt geen registratie plaats, de administratie is minimaal, management is nagenoeg afwezig, en voor zover er sprake van is, dan slechts met één doel: ervoor zorgen dat de hulpverleners hun werk kunnen doen. Alle therapeuten zijn vrijwilligers die gratis komen werken. Na drie jaar zijn ze met meer dan zestig, en het aanbod groeit. Ik had het genoegen met hen een vormingsnamiddag mee te maken – een genoegen, omdat hun enthousiasme hartverwarmend was. Hun werkwijze beantwoordt heel mooi aan alles wat motivatie bevordert: autonomie, zeggenschap en zelfsturing, collegiale sociale controle, een gemeenschappelijk doel. De ironie van de situatie is dat veel van die vrijwilligers een reguliere baan hebben binnen de overgemanagede geestelijke gezondheidszorg, waar ze gedemotiveerd functioneren. TeJo is voor hen de plaats waar ze zuurstof komen halen.

Deze twee voorbeelden behoren tot de non-profitsector; hoe zit het met het 'echte' werk? De productie-economie heeft de kracht van intrinsieke motivatie ondertussen ook al ontdekt. Bedrijven die het accent leggen op *employee share ownership, profit sharing* en *participatory management* zijn beduidend productiever en efficiënter, omdat wie er werkt een flink stuk gemotiveerder is. *Self management teams* zoals ingevoerd door Volvo Trucks blijken ook bij standaardproductiewerk hogere rendementen op te leveren dan de topdown-organisatie. En dit geldt zelfs voor de administratie. Frank Van Massenhove leidt al tien jaar de Belgische Federale Overheidsdienst Sociale Zaken op een compleet atypische manier. 'Bij ons zijn mensen de regisseur van hun eigen leven. Mensen werken waar, wanneer en hoe ze willen. [...] Maar doordat ze zoveel vrijheid hebben, moeten we wel precies weten wat we van iedereen verwachten. Dat is de kern van het nieuwe werken.' De resultaten zijn verbluffend – Sociale Zaken is de best functionerende overheidsdienst, Van Massenhove werd in 2007 verkozen tot 'openbaar manager van het jaar' en zijn dienst is de uitverkoren werkplek van alle federale ambtenaren.[44]

TeJo is in menig opzicht een liberaal initiatief: één iemand die alle regelneverij beu is, zelf een initiatief neemt en dit binnen de kortste keren uitbouwt tot een succesvolle onderneming. Ook het neoliberalisme voert de zogenaamde vrije markt en de deregulering hoog in het vaandel, maar leidt in de praktijk heel snel tot een loodzware en compleet demotiverende overregulering. De reden daarvoor besprak ik in hoofdstuk vijf: de vrije markt is enkel een slogan, een neoliberale organisatie functioneert op grond van een streng gestuurd centraal beleid met voortdurende evaluaties met als doel een hogere productiviteit en de bijbehorende competitie. De impact van een dergelijke organisatie is tegenwoordig groter dan ooit, omwille van de combinatie tussen evaluaties, onze obsessie met cijfers en de alomtegenwoordige digitalisering. In een vorig hoofdstuk gaf ik als kenmerk van het hedendaagse panopticon – het controlecentrum – dat het leeg is. Dat klopt niet helemaal: het is leeg in die zin dat er geen centrale bewaker meer toezicht houdt. In zijn plaats staat er nu een computer.

Voor alle duidelijkheid: elke vorm van IT-doemdenken is mij vreemd. Wat niet wegneemt dat de digitalisering, net als elke technische innovatie, voor een uitvergroting kan zorgen van bepaalde menselijke obsessies, in dit geval de behoefte aan controle en voorspelbaarheid. Vandaag volstaat het aanslaan van een aantal toetsen om statistieken te produceren, met prachtig gekleurde diagrammen in alle mogelijke vormen, die een illusie van controle scheppen. De snelheid waarmee die statistieken uit de printer rollen heeft tot gevolg dat de tijd voor nadenken simpelweg ontbreekt. Het naïeve geloof in spreadsheets *e tutti quanti* verrast mij telkens opnieuw. God is dood, maar iedereen buigt voor de cijfers. Hoe die tot stand gekomen zijn en of er ook andere interpretaties mogelijk zijn, dat vragen we ons meestal niet af.

Even een illustratie die aansluit bij mijn vorig item, de macrosociale arbeidsorganisatie. In een opiniestuk van *De Standaard*, geschreven door de directeur van het Verbond voor Belgische Ondernemingen, wordt het 'Duitse model' bejubeld, met als bewijs een halvering van het aantal werklozen: van 11,4 procent medio 2005 naar 6,1 procent in april 2011, in combinatie met een serieuze daling van het overheidstekort. De directeur wijst er bovendien fijntjes op dat dit model door een socialistische kanselier (Gerhard Schröder) werd ingevoerd. De cijfers dwingen een duidelijke conclusie af: wij moeten zo snel mogelijk dit voorbeeld volgen. Minder werklozen, een lager overheidstekort, dat komt toch iedereen ten goede?[45]

Die statistieken komen in een ander daglicht te staan als we weten dat sedert de neoliberale Hartz-hervormingen (2003-2005) Duitse werkzoekenden nog nauwelijks werk kunnen weigeren, dat collectieve arbeidsovereenkomsten in de helft van de Duitse bedrijven niet nageleefd hoeven te worden, en dat in de andere helft meer en meer uitzendkrachten werken die niet of nauwelijks beschermd zijn. Voor hetzelfde werk verdienen zij algauw 30 tot 40 procent minder dan een vaste arbeider die naast hen aan het werk is. Resultaat: een op de vijf werkende Duitsers, in 2008 waren dat er bijna zeven miljoen, ontvangt een netto-uurloon van vier tot zes euro, waardoor heel wat mensen genoodzaakt zijn twee banen te combineren. De daling van de werkloosheidscijfers verbergt een bijna even grote toename van het aantal werkende armen. Volgens officiële EU-cijfers klom de armoede in Duitsland van 12,5 procent in 2005 naar 15,5 procent in 2009. Tussen 2000 en 2009 daalden de reële lonen met 4,5 procent, met als gevolg een serieuze stijging van de sociale ongelijkheid. Ter vergelijking: in België stegen ze in dezelfde periode met 7,4 procent, wat ongeveer overeenkomt met de prijsstijgingen en dus een nuloperatie is.[46]

Kort na het krantenartikel dat het Duitse model bejubelde,

kon men een analoge discussie lezen over de Belgische cijfers. Alle voorpagina's plaatsten een persbericht van de Vlaamse regering: op grond van wetenschappelijk onderzoek bleek slechts 0,4 procent van de Vlamingen in armoede te leven. Nog diezelfde week verscheen een rechtzetting door de wetenschappers die deze studie uitgevoerd hadden: het persbericht was fout, die 0,4 procent was gebaseerd op een verkeerde interpretatie van hun onderzoeksrapport (meer bepaald op een verkeerde combinatie van criteria), en volgens de officiële, Europese berekeningsmethode is 11 procent van de Vlamingen arm. Wanneer de wetenschappers hun eigen normen toepasten, waren het er zelfs nog iets meer. Kennelijk bestaan er dus verschillende berekeningsmethodes: officiële en andere.

Als wetenschapper koester ik een diep wantrouwen tegen statistieken. Met dezelfde gegevens kan men in de menswetenschappen – en daar reken ik ook de economie toe – veel verschillende richtingen uit. Op de koop toe is de manier waarop de cijfers tot stand komen in zeer veel gevallen vatbaar voor discussie (ik blijf beleefd), en zonder een *master in advanced statistics* is het onmogelijk om een oordeel te vellen over hun betrouwbaarheid. De belangrijkste illusie bij al deze cijfers is dat zij pretenderen een correcte weergave van 'de' werkelijkheid te bieden. Bij het merendeel ervan is het veeleer het tegenovergestelde: zij *creëren* een bepaald beeld over de werkelijkheid, dit om te beantwoorden aan vooraf bestaande verwachtingen die steeds berusten op een min of meer verborgen ideologie. Vervolgens stuurt dit beeld de besluitvorming, zonder dat er nagedacht wordt – 'de cijfers zijn duidelijk'.

Daarom vind ik het zeer belangrijk om naast de cijfers ook te luisteren naar iemand die het Duitse model bewust meemaakte met de bedoeling er zicht op te krijgen. Günter Wallraff is een journalist die om de zoveel tijd aan den lijve wil ondervinden wat het concreet betekent om bijvoorbeeld allochtoon te zijn, en die daarom gedurende een aantal maanden volledig die rol op zich neemt. Hij deed hetzelfde als werknemer helemaal onder aan de maatschappelijke ladder, onder andere als bakker voor Lidl en als operator in een callcenter; zijn verslag publiceerde hij onder de titel *Heerlijke nieuwe wereld*. Naast het hongerloon (7,66 euro bruto per uur) tilt Wallraff vooral heel zwaar aan het verlies van *Würde*, waardigheid, het gevoel er niet meer bij te horen. Het maakt dat mensen zich mislukt voelen, zich schamen en zo weinig mogelijk de aandacht op zich willen vestigen. De vroegere *silent majority* is inmiddels een *invisible majority* geworden van geïsoleerde groepjes die hun probleemsituatie zoveel mogelijk verbergen voor de buitenwereld. Op zijn beurt doorbreekt dit een solidariteit, juist nu die meer dan ooit nodig is. De verwachting van Wallraff is dat deze *working poor* heel snel een zichzelf bestendigend probleem zullen worden, omdat hun kinderen vrijwel geen kansen krijgen. In een dergelijke maatschappij zal er voor die jongeren geen sprake zijn van een meritocratie.[47]

Via Günter Wallraff kunnen we overstappen naar de effecten van het 'meten is weten' op individueel niveau. Cijfermatig gestuurde evaluatie- en functioneringsgesprekken zijn vaak dodelijk voor werktevredenheid, motivatie, loyaliteit en identificatie met het bedrijf. Een dergelijke aanpak fnuikt elke vorm van creativiteit en autonomie en lokt een gevoel van vernedering en een verlies van zelfrespect uit. Die negatieve effecten worden des te zwaarder naargelang men bij de evaluatie kwalitatieve en contextuele factoren laat vallen, en er een uniform meetsysteem opgelegd wordt door een instantie die nauwelijks vertrouwd is met wat er op de werkvloer gebeurt.

Steevast brengen de voorstanders twee argumenten aan om dit toch te doen: de kwaliteit wordt hoger en de beste mensen worden beloond. Beide argumenten zijn fout. Het neoliberale meritocratische effect geldt enkel voor de beginfase, en na korte tijd valt de sociale mobiliteit stil. Dergelijke kwantitatieve evaluaties doen de kwaliteit van het geleverde werk eerder dalen dan stijgen. Het systeem werkt een groeiende administratie in de hand, waardoor er steeds minder tijd is voor de kerntaken, terwijl de werkdruk overal stijgt. Als je quota moet halen, dan is kwaliteit niet je eerste zorg. Hoeveel tijd besteden agenten nog aan politiewerk, leerkrachten aan onderwijs, therapeuten aan behandeling? Op zijn beurt leidt dit tot gedemotiveerde werknemers, en die leveren hoogstens middelmatig werk af.

Dat evaluatie noodzakelijk is, daar twijfel ik niet aan, ook al omdat een groeiende groep mensen een identiteit ontwikkeld heeft waarin hun eigen ego en winst ('ondernemer van jezelf') centraal staan. De vraag is welke vorm die evaluaties het beste kunnen aannemen. 'Meten is weten' is in de meerderheid van de gevallen niet alleen onwenselijk maar ook onmogelijk. Ter verduidelijking: je kan alleen maar meten als je een objectieve maatstaf hebt, centimeters voor lengte, kilo's voor gewicht, liter voor volume, enzovoort. Productie meten kan ook nog, voor zover het duidelijke producten betreft (het aantal auto's dat van de band rolt) – of een hogere productie nog dezelfde kwaliteit zal bieden, laat ik in het midden. Daartegenover staat dat het merendeel van de banen uit een geheel van complexe taken bestaat die bovendien vaak contextafhankelijk zijn. Denken dat men daarvoor objectieve maatstaven kan ontwikkelen, waarmee men objectief kan 'meten' met 'harde' cijfers als resultaat, is een illusie.* Het wordt helemaal te gek om los te lopen als men met de aldus verkregen cijfers een aantal wiskundige operaties gaat

* Ter info: bij dit soort metingen gebruikt men zogenaamde 'Likert-schalen', waarbij iemand een bepaald kenmerk moet beoordelen als bijvoorbeeld slecht, voldoende, goed, zeer goed, soms zelfs meteen cijfermatig voorgesteld (– 2 / – 1 / 0 / + 1 / + 2); er zijn een aantal varianten, gaande van drie tot zeven mogelijke 'waarden'. Al te vaak vergeet men daarbij dat dit steeds intuïtieve schattingen zijn, waarbij iedereen eigen subjectieve criteria gebruikt. Elke vertaling daarvan in cijfers schept een valse indruk van objectieve meetbaarheid. Een centimeter is overal een centimeter, maar wat + 2 is voor de ene werknemer, is dat niet voor een andere.

uitvoeren (sommeren, berekenen van het gemiddelde en van afwijkingen ten opzichte van het gemiddelde, enzovoort).

Evaluatie is zonder twijfel nodig, maar moet wel anders gedacht en uitgevoerd worden. Een kernidee daarbij is kwalitatief onderzoek, waarbij mensen bevraagd worden over de verschillende deelaspecten van hun werk. Een dergelijke aanpak levert spectaculair positieve resultaten op, op voorwaarde dat men dit inderdaad ernstig neemt. Laat mensen in samenspraak met hun directe baas zelf doelstellingen vastleggen, samen met de criteria voor het welslagen of mislukken ervan. Wat vind jij belangrijk in je werk? Wat wil je veranderen? Hoe denk je dat te kunnen bereiken? Zet een periodiek rapportagesysteem op, liefst samen, zodat een tijdige bijsturing mogelijk is wanneer het fout loopt. En, niet te vergeten: aangezien evaluatie bij iedereéén nodig is, hoort een bottom-up kwalitatieve evaluatie van leidinggevenden door degenen die voor hen werken daar evenzeer bij. Het is opvallend hoe weinig voeling leidinggevenden tegenwoordig hebben met wat er op de werkvloer gebeurt en bijgevolg hoe slecht zij de effecten van hun handelingen kunnen inschatten.

De ervaring wijst uit dat dergelijke kwalitatieve evaluaties het verantwoordelijkheidsgevoel zeer snel doen stijgen, samen met het onderlinge vertrouwen tussen mensen op de werkvloer. Ook hier komt het erop aan een goed evenwicht te vinden tussen het individu en de groep, tussen individuele creativiteit en productieve samenwerking.

De ander moet veranderen – de ander, dat zijn wij

De economische crisis heeft veel mensen wakker geschud, en de roep om verandering begint luider en gevarieerder te klinken. Populistische groepen leggen de schuld bij corrupte leiders, intellectuelen bij 'het systeem', politici en economen bij 'de markten'. Ze vinden elkaar in dezelfde overtuiging: het is allemaal de schuld van De Ander, ikzelf ben alleen maar slachtoffer. Die ander – de allochtoon, de profiterende werkloze, de graaiende bankier, de meedogenloze manager – moet zich aanpassen en dan wordt alles beter. Helaas is die ander niet duidelijk identificeerbaar. Het protest richt zich tegen anonieme molochs ('de banken'), waarbij zinloos straatgeweld afgewisseld wordt met depressieve doelloosheid. Dit is meteen een spiegelbeeld van de beurs: ofwel ADHD-opverend, ofwel depressief in elkaar zakkend. De bipolaire stoornis (vroeger bekend als 'manisch-depressief') is bij uitstek de aandoening van het neoliberalisme.

De overtuiging heerst dat de oorzaak buiten ons ligt, met in het kielzog de overtuiging dat ook een oplossing van elders moet komen. Dat er ergens een magische pil bestaat of een nieuwe Führer die ons zonder al te veel eigen inspanning zal verlossen van het kwade. Daarbij verliezen we een fundamentele waarheid uit het oog: zo langzamerhand zijn wij allemaal neoliberaal, zowel in ons denken als in ons gedrag. Dit is zonder twijfel de pijnlijkste implicatie van wat ik in mijn eerste hoofdstuk over de identiteitsvorming heb beschreven.

Het zijn niet alleen de jongeren en de jongvolwassenen die een neoliberale identiteit aangemeten gekregen hebben; ook hun ouders zijn ernstig in die richting opgeschoven. Iedereen is vandaag de dag in de eerste plaats een consument die enkel naar het eigen profijt kijkt. Verontwaardiging over die manager of CEO die personeel ontslaat, over een bedrijf dat verhuist naar een lagelonenland, is nogal kortzichtig. De ontslagen doen zich voor omdat de aandeelhouders meer winst willen op de korte termijn – iedereen met aandelen is medeverantwoordelijk voor die beslissing. De verhuizing komt er omdat iedereen steeds meer en steeds goedkopere producten wil. Het beste product voor de laagste prijs, dat is de richtlijn die wij allemaal volgen, en wie kwaad wordt op al die Oost-Europese vrachtwagens die onze snelwegen onveilig maken, vergeet dat zij onze consumptiegoederen, gemaakt in landen waar de laagste lonen uitbetaald worden, het goedkoopst aanvoeren.

De postmoderne mens lijdt aan een vreemde dissociatie, een nieuwe vorm van persoonlijkheidsverdubbeling. We klagen het systeem aan, staan er vijandig tegenover en voelen ons machteloos om het te veranderen. Anderzijds gedragen we ons op een manier die het systeem voortdurend bevestigt en uitbreidt. De wijze waarop we eten en drinken, ons kleden, verplaatsen, op vakantie gaan, zijn daar stuk voor stuk voorbeelden van – wij zíjn het systeem waarover we klagen. Een proteststem uitbrengen voor ultralinks of ultrarechts zal niet volstaan om deze situatie te wijzigen. Het is niet de ander die moet veranderen; de pijnlijke waarheid is dat we het ook zelf zullen moeten doen. In plaats van alleen maar consument te zijn, moeten we weer burger worden. Niet alleen in het stemhokje, maar ook, en zelfs vooral, in de manier waarop we ons leven leiden.

Een van de noodzakelijkste veranderingen is het loslaten van het huidige cynisme waarin we bijna allemaal vergleden zijn. Op grond van dat cynisme nemen we de neoliberale constructie voor exclusieve waarheid aan. Het TINA-syndroom – '*There is no alternative*' – maakt zichtbaar dat de huidige crisis ook, en misschien zelfs vooral, een crisis van de verbeelding is, met als gevolg fatalistische uitspraken als 'De mens zit nu eenmaal zo in elkaar', 'Het zal onze tijd nog wel duren', 'Laat ons zoveel mogelijk profiteren'. Het lijdt geen twijfel dat het egoïstische, het competitieve, het agressieve in de mens zit – de banaliteit van het kwaad is een realiteit. Maar het altruïstische, het willen samenwerken, de solidariteit – de banaliteit van het goede – zit evenzeer in ons, en het is de omgeving die beslist welke kenmerken zich dominant manifesteren. Dat is een conclusie die we uit het onderzoek van Frans de Waal over onze nauwste verwanten kunnen trekken. Het belangrijkste verschil met die primaten is dat wij onze omgeving grotendeels zelf maken. Op de koop toe bestaat er meer dan voldoende bewijs dat wij ons beter voelen wanneer we iets betekenen voor een ander en daarvoor erkenning krijgen. Een dergelijk geluksgevoel staat in schril contrast tot de typerende gemoedstoestand van vandaag, de depressive hedonia, het depressief genot.

Een depressief iemand is heel vaak depressief op grond van machteloosheid: ik kan niets doen, niets helpt, het is de schuld van mijn genen, van mijn ongelukkige jeugd, van de maatschappij. Vaak is dat tot op zekere hoogte terecht, maar wanneer deze overtuiging overheerst, wordt de depressie alleen maar erger. Een depressieve patiënt kan slechts uit zijn depressie klimmen als hij zich richt op die facetten van zijn leven waarover hijzelf nog beslissingsrecht heeft en waarvoor hijzelf een bepaalde verantwoordelijkheid draagt. Makkelijk is dat niet, maar het kan wel. Die oplossing geldt des te meer voor de depressieve consument die wij vandaag de dag allemaal zijn – het veranderen van een consumptiepatroon is voor iedereen mogelijk.

In plaats van consument moeten we dus opnieuw burger worden. Als wij de politiek willen onderwerpen aan het algemeen belang – en dat is meer dan ooit nodig – dan moeten wijzelf dit algemeen belang naar voren schuiven in plaats van onze privébesognes. Dat zal een materiële inlevering vragen, die het best gepaard kan gaan met de uitbouw van een nieuwe ethiek. In het licht van de manier waarop onze identiteit in elkaar steekt, moet een ethiek altijd een evenwichtsoefening zijn tussen autonomie en solidariteit, tussen het individu en de groep. Het verbindende element is autoriteit en hoe ze uitgeoefend wordt. Burgerzin betekent niet alleen dat we ons onderwerpen aan wie we op een democratische manier gezag gegeven hebben, maar ook dat wij dit gezag zelf durven dragen wanneer een situatie het vereist. Michel Foucault had het in zijn laatste colleges over de noodzaak aan de *parrhesia*, de moed om de waarheid te spreken. We vullen dat al te gemakzuchtig in: afgeven op de katholieke kerk bijvoorbeeld. Of onze ongezouten mening (met heel veel uitroeptekens) ondubbelzinnig duidelijk op een internetforum 'posten'.

Dergelijke eerder puberale vormen van 'moed' zullen weinig verandering teweegbrengen. Een belangrijker voorbeeld betreft onze reactie op alledaagse agressie, bijvoorbeeld in de tram of bus, met een typisch terugkerende klacht ('De politie doet niks!') en de bijbehorende roep om meer blauw op straat. Naar aanleiding van een dodelijk incident in het Brusselse openbaar vervoer lanceerde journaliste Nina Verhaeghe een oproep om als burger te reageren – en liefst gezamenlijk – op onaanvaardbaar gedrag in plaats van het lijdzaam te ondergaan.[48] Dit is de parrhesia die van ons gevraagd wordt. Schelden op internetfora volstaat niet, solidariteit en democratie vragen ook een collectieve reactie van bijvoorbeeld busreizigers op het moment dat een buschauffeur belaagd wordt – die buschauffeur zijn wij. Verhaeghes voorstel is om een variant uit te denken van de BOB-campagne, liefst ook met een sleutelwoord om deze solidariteit te activeren.*

Verandering van en via waarden

Haar suggestie om een sleutelwoord te gebruiken sluit perfect aan bij de bevindingen van psychologisch onderzoek over gedragsverandering. Een goed gekozen en voldoende gepromoot sleutelwoord – denk aan: 'respect!' – opent de deur naar een on-

* De BOB-campagne is een zeer geslaagd overheidsinitiatief tegen rijden onder invloed, met als boodschap dat mensen die samen een avondje gaan stappen, het beste kunnen afspreken wie er niet drinkt en als chauffeur fungeert. Het sleutelwoord is 'BOB', en de vraag 'Wie is er BOB deze avond?' is ondertussen een gangbare uitdrukking die het rijgedrag in België ingrijpend beïnvloed heeft.

derliggend buikgevoel dat mensen in beweging zet. Deze redenering gaat lijnrecht in tegen de courante opvattingen over de manier waarop mensen hun gedrag wijzigen. Al te vaak heerst de illusie dat gedragsverandering op een rationeel-cognitieve manier verloopt. Leg iemand uit wat in zijn belang is, ook op de lange termijn, en hij zal automatisch tot inzicht komen en de juiste beslissingen nemen, zelfs als die pijnlijk zijn. Deze strategie wordt al jaren gevolgd in allerlei voorlichtingscampagnes, meestal met weinig resultaat. De conclusie is pijnlijk duidelijk: dit werkt niet.

Waarom het gros van de moraalfilosofen dit weigert te zien, is mij een raadsel – de enige verklaring is de nog steeds dominante visie op de mens als rationeel wezen, teruggaand op de pseudoreligieuze versie van de Verlichting. De reclamewereld heeft dit allang begrepen: als je het gedrag – in hun geval consumentengedrag – wil veranderen, dan moet je *waarden* verkopen, wat hun betreft liefst in een emo-verpakking. Familie, moederliefde, trouw, veiligheid, status, triomf, prestatie, enzovoort. Het volstaat reclameboodschappen op die manier te bekijken om te begrijpen dat het product zélf en de rationele feitelijke informatie daarover een bijkomstigheid zijn. Wat er verkocht wordt, komt vaak niet zo uitdrukkelijk in beeld. En toch werkt het, in tegenstelling tot alle goedbedoelde campagnes van progressieve bewegingen die oprecht bekommerd zijn om ons welzijn. Een organisatie als het WWF heeft recent het roer omgegooid, en in samenspraak met deskundigen een studie gemaakt met als doel meer effectief gedragsverandering te kunnen bewerkstelligen. Wat hierna volgt, haal ik grotendeels uit die studie.[49]

Als een bepaalde boodschap aanslaat, dan is dat omwille van de aansluiting bij diepgewortelde affecten en de bijbehorende waarden. De metafoor 'diepgeworteld' betekent dat we er ons nauwelijks van bewust zijn én dat het om een vertakking gaat met vele uitlopers. Vroeger sprak men van 'onbewuste associatieve complexen' (Freud), de cognitieve psychologie van vandaag heeft het over *deep frames*. Tijdens zijn behandelmethode ontdekte Freud dat zijn patiënten toegang tot die complexen en affecten konden krijgen via bepaalde kernwoorden. Nog belangrijker was de vaststelling dat daarop werken, in zijn geval via de psychoanalytische methode, ook voor verandering zorgde, bijvoorbeeld voor een betere angsthantering, en daarbij aansluitend voor een ander gedrag.

Dezelfde redenering geldt op collectief niveau. In het eerste hoofdstuk beschreef ik hoe onze identiteit berust op wat we overnemen van de omgeving; vandaar dat mensen die tot eenzelfde cultuur behoren, ook dezelfde complexen of deep frames delen. En ook op collectief niveau vindt de activering daarvan plaats via sleutelwoorden. Houd een betoog voor universitairen waarin je af en toe de uitdrukking 'academische vrijheid' gebruikt, en je publiek knikt instemmend. Gebruik in hetzelfde betoog met enige regelmaat het woord 'neger', en je publiek deinst mentaal achteruit.

De verklaring daarvoor is dat sleutelwoorden onderliggende associatieve complexen activeren, die affectief zwaarbeladen zijn en vervolgens reacties 'vanuit de buik' zullen uitlokken. Studie van dergelijke deep frames toont een aantal belangrijke kenmerken. Bijvoorbeeld dat de verschillende complexen niet naast, maar tegenover elkaar staan. En bijvoorbeeld dat, als je één aspect of waarde van een bepaald complex activeert, je automatisch ook alle andere aspecten van datzelfde complex oproept. Bovendien impliceert de activering van een complex meteen dat de daartegenover staande cluster aan belang inboet. Tezelfdertijd waarden activeren van de verschillende groepen gaat niet.

Er zijn verschillende indelingen van die clusters, waarbij nagenoeg elke indeling twee tegenover elkaar staande frames naar voren schuift, die elk andere waarden en levensdoelen bevatten. Aan de ene kant vinden we zaken zoals fysieke attractiviteit en populariteit, competitie en carrière, geld en materiële luxe. Activering van een waarde zoals populariteit betekent dus automatische activering van daarmee samenhangende levensdoelen zoals competitie en geld. In het daartegenover staande complex vinden we fysieke gezondheid en autonomie, solidariteit en samenwerking, welbevinden en het belang van het spirituele. En ook bij dit complex geldt dezelfde vaststelling: activeer bijvoorbeeld autonomie, en automatisch neemt het belang van de bijbehorende elementen toe en daalt het belang van bijvoorbeeld populariteit en competitie.

De eerste groep leunt aan bij extrinsieke waarden, de tweede bij intrinsieke, iets wat ik hierboven reeds aangehaald heb toen ik het had over arbeidsmotivatie. Tezelfdertijd gaat dit veel verder dan alleen maar arbeid: die twee complexen, clusters of frames geven vorm aan twee verschillende identiteiten met twee verschillende invullingen van moraal. Ze zijn verschillend omdat ze elk aansluiten bij een van de twee processen die aan de basis van onze identiteitsontwikkeling liggen en het andere naar de achtergrond verdringen. Zoals ik beschreef in het eerste hoofdstuk, hebben wij zowel identificatie nodig – het gelijk zijn aan de ander – als separatie, het afstand nemen van de ander, om een degelijke identiteit te kunnen uitbouwen.

We hoeven geen uitvoerige maatschappijstudie uit te voeren om tot de vaststelling te komen dat onze huidige economisch-maatschappelijke organisatie enkel het deep frame van het individualisme en de separatie stimuleert. De manier waarop het competentiegericht onderwijs vandaag ingevuld wordt, stuurt onze jongeren regelrecht de competitie- en carrièrecluster in, met in het kielzog alle bijbehorende waarden. Wat de voorstanders te weinig beseffen, is dat dit automatisch ten koste gaat van de andere groep normen en waarden. Competitieve solidariteit kan niet.

De onmogelijkheid van die combinatie vindt een sterke illustratie in wat de psychologie benoemt als 'cognitieve dissonantie'. Wanneer iemand overtuigd is van een bepaalde waardebeladen cluster, is hij simpelweg niet in staat objectieve en feitelijke informatie op te nemen die deze cluster weerlegt. Wie overtuigd is van het belang van solidariteit, gemeenschapszin en spiritualiteit, is nauwelijks in staat feitelijke informatie op te nemen over de voordelen van individualisme, competitiviteit en materialisme. Omgekeerd is iemand die overtuigd is van het belang van individualisme, competitiviteit en materialisme nauwelijks in staat feitelijke informatie op te nemen over de voordelen van solidariteit, gemeenschapszin en spiritualiteit. Overigens is dit een ervaring die we allemaal kennen en toepassen... bij de ander, van wie we zeggen dat hij 'niet voor rede vatbaar is'.

Willen we veranderen, dan zal dat niet gebeuren op grond van rationele kennis, maar via affectief beladen waarden. Niet via onze cortex, wel via het buikgevoel. Verandering moet daarbij aansluiting vinden, waarbij we de moed moeten hebben opnieuw gemeenschapswaarden naar voren te schuiven, waar ook het individu baat bij heeft. Als uitgangspunt daarvoor volstaat het stellen van een zowel eenvoudige als fundamentele vraag: wat heb ik echt nodig om een goed leven te kunnen uitbouwen?

Zelfzorg en het goede leven

De ongeduldigen onder ons menen dat een diepgaande maatschappelijke verandering het best gestalte kan krijgen via het opleggen van een nieuw ideologisch systeem, vaak op een abrupte, revolutionaire manier. De geschiedenis laat zien welke prijs de mens daarvoor betaalt: elke revolutie eet haar eigen kinderen op. De geschiedenis maakt evenzeer duidelijk dat elk systeem, of het nu socialistisch, communistisch dan wel liberaal geïnspireerd is, wanneer het voldoende lang aan de macht blijft een karikatuur van zichzelf wordt.

De meest duurzame veranderingen komen van onderuit, en sluiten aan bij het buikgevoel. Als steeds meer mensen het gevoel hebben dat er iets fundamenteel fout aan het lopen is, dan hangt er verandering in de lucht. Het aantal mensen met dat gevoel neemt toe, maar tot nader order slagen ze er niet in om een georganiseerde groep te vormen. Die mislukking is op zich een illustratie van het centrale probleem, namelijk de ver doorgedreven individualisering. Het opleggen van solidariteit via een rationeel onderbouwd pleidooi zal niet werken, en in het licht van de huidige ego-cultus kan verandering het best haar vertrekpunt vinden in een bezorgdheid om het eigen welzijn. Dit is de klassiek Griekse *epimeleia*, de zorg voor zichzelf. Als we dan toch allemaal zo individualistisch geworden zijn, laat ons dan de volgende vraag als uitgangspunt voor verandering nemen: wat is het goede leven, wat voelt er goed aan, voor mij?

Twee begrippen vallen daarbij onmiddellijk op: 'voelen' en 'mij'. Het accent op 'voelen' heeft te maken met wat ik al schreef: verandering verloopt in de eerste plaats niet via kennis en inzicht, maar heeft veel meer te maken met emotioneel doorvoelde waarden. Als we willen veranderen, dan volstaat kennis niet. Het accent op 'mij' klinkt dan weer vreemd in het licht van mijn betoog tegen een uit de hand gelopen individualisering. Hebben we daar al niet te veel van?

Het is opvallend hoe moeilijk het is om de zorg voor mijzelf anders te denken dan in termen van eigenbelang. Binnen de huidige opvattingen nemen we automatisch aan dat een dergelijke zorg ten koste van de ander gaat. Alles wat die ander krijgt of neemt, kan ik niet meer krijgen of nemen, toch? Bovendien roept het neoliberale verhaal het idee op dat zelfzorg neerkomt op een materiële en extrinsieke invulling: meer goederen, groter comfort, een attractiever lichaam, dit alles in een onvermijdelijke concurrentie en met onvermijdelijke afgunst. *Voelen* we ons daar ook gelukkiger bij? En is dit wel zelf-*zorg*?

Een concreet voorbeeld betreft de zorg voor ons lichaam, vandaag de dag alomtegenwoordig, in Vlaanderen vaak in de vorm van wielertoerisme. Sam De Kegel, journalist en naar eigen zeggen een echte fietsliefhebber, vat het als volgt samen. 'Vandaag rijden we op peperdure en vederlichte carbonfietsen. We citeren onze overslagpols, vetdrempel en vo2 max uit het hoofd. In een testlab meten we jaarlijks met lactaattesten ons bloed en we houden alle ritten en kilometers minutieus bij in een Excel-document. [...] Met dank aan wieler-apps en Facebook kunnen we onze prestaties vergelijken met heel de wereld.'[50] Op grond van dergelijke ervaringen heeft De Kegel de wielerclub vaarwel gezegd en rijdt hij liever in zijn eentje, of met een paar gelijkgezinden. Artsen in mijn vriendenkring vertellen mij dat doping in het amateurmilieu schering en inslag is.

Competitief haantjesgedrag is geen zelfzorg en het voelt nog slecht aan ook. Er zal altijd iemand beter scoren, en iemand heeft altijd een nog duurder gadget. Dit idee – dat zorg voor onszelf wel ten koste van de ander moet gaan – is op zich al een gevolg van een verwrongen visie op zowel zorg als op identiteit. Zoals ik beschreef in het eerste hoofdstuk, is onze identiteit onlosmakelijk verbonden met die van de ander. Verandert er iets aan mijn identiteit, dan heeft dat effecten op de ander, en omgekeerd. De epimeleia, de zorg voor zichzelf, omvat in haar oorspronkelijke klassieke betekenis meteen de verantwoordelijkheid voor een ethische vormgeving van het eigen leven op zo'n manier dat die vormgeving aansluit bij het belang van de gemeenschap. Ethiek kunnen we hier begrijpen als de manier waarop we met ons eigen lichaam omgaan en met dat van de ander en, nog ruimer, als de manier waarop we omgaan met schuld en verantwoordelijkheid.

Wat de omgang met het lichaam betreft, hebben we in vergelijking met de klassieke regelgeving de laatste decennia een ommekeer meegemaakt. Waar het accent vroeger op het verbod lag – zo ongeveer al het lichamelijke was immoreel –, ligt dit nu op een verplichting. Wij moeten ons te pletter genieten op het vlak van eten, drinken, erotiek, lichaamsverzorging, enzovoort. Ook daar is het de moeite waard terug te keren naar de uitgangsvraag: hoe voelt dit? Het antwoord ligt voor de hand: niet goed. Te veel van het goede is slecht, en zorgt in het minst erge geval voor verveling, en in andere gevallen voor stoornissen en verslaving. Het is vrij opvallend dat elk ethisch systeem de nadruk legt op matiging en zelfbeheersing, met op de achtergrond het idee van vrijheid. 'Verslaving' verwijst inderdaad naar 'de slaaf zijn van iets'. Het is eveneens opvallend dat zowel Freud als Lacan op grond van hun psychotherapeutische ervaringen tot de overtuiging kwamen dat een rem op genot de mens ingebakken is, iets waarvan de maatschappelijke normen een externe vormgeving zijn. Te veel genot is ondraaglijk.

Nogmaals: dit is veeleer iets wat we voelen – soms is het zelfs letterlijk een buikgevoel. Het staat in contrast met de hedendaagse reclameboodschappen die ons willen overtuigen van het 'hoe meer, hoe liever'. De negatieve gevolgen daarvan vinden een pijnlijke bevestiging bij kinderen die 'alles' krijgen en daardoor opgroeien tot onuitstaanbare volwassenen. De ironie is dat zij zich vaak nog tekortgedaan voelen ook. Hetzelfde ervaren wij als volwassenen: voorbij een bepaald niveau van materiële welstand hebben geld en comfort geen effect meer op geluk. Integendeel zelfs, het leidt tot een gevoel van teleurstelling: is dat het? Is het echt enkel dat? Hoe meer materiële welvaart we ervaren, hoe duidelijker we voelen dat er iets meer fundamenteels ontbreekt waar dat materiële nooit een antwoord op kan bieden.

Daarmee komen we meteen bij het tweede grote aspect van zelfzorg en ethiek, naast het omgaan met het lichaam: hoe gaan we om met het existentieel tekort, met het ontbreken van materiële antwoorden op de grote levensvragen? Hoe gaan we om met schuld en verantwoordelijkheid? De gebruikelijke reactie tegenwoordig is zo snel mogelijk een concrete schuldige zien te vinden. Te dikke kinderen? Schuld van de fastfoodketens! Verkeerschaos op maandagochtend omdat er vijf centimeter sneeuw ligt? Schuld van de weerman! Had die een correcte voorspelling gegeven, dan zou er geen probleem geweest zijn. De gedachte dat we niet alles kunnen controleren, dat we weinig of zelfs helemaal geen greep hebben op de essentiële zaken zoals leven, liefde en dood, is ondraaglijk geworden. Wat we daarbij uit het oog verliezen, is dat precies dit tekort de bron is van alle menselijke creativiteit en dat het de basis levert voor een hoger doel waar we samen met anderen naar streven. Of dat doel nu wetenschappelijk, religieus, ideologisch of kunstzinnig is, is van minder belang dan het feit dat het mensen met elkaar verbindt tot een gemeenschap die op de grote vragen gestalte geeft aan gezamenlijke antwoorden.

Individu en gemeenschap

De zorg waarmee een individu zijn lichaam en dat van anderen benadert, zal voortvloeien uit de manier waarop een gemeenschap op existentiële kwesties collectieve antwoorden heeft geformuleerd. Hoe vul ik mijn mannelijke identiteit in? Hoe ga ik om met ouderschap? Hoe verhoud ik mij tegenover gezag? Op zijn beurt zijn de gemeenschappelijke antwoorden daarop een effect van individuele keuzes. Maakt bijvoorbeeld een toenemend aantal individuen de keuze om zelf te beslissen over hun levenseinde, dan moet de gemeenschap na verloop van tijd een regeling voor euthanasie uitwerken. Daarmee hervinden we het spanningsveld dat aan de basis van onze identiteit ligt, tussen het individualisme (separatie, autonoom willen functioneren) en het gemeenschappelijke (identificatie, het willen deel uitmaken van een groter geheel). De individuele zorg voor zichzelf staat naast en soms tegenover de collectieve zorg, beide in een onvermijdelijke onderlinge afhankelijkheid.

Tegenwoordig klinkt de roep om meer collectieve zorg, 'meer overheid', steeds luider. Volgens een toenemende groep mensen is onze individuele vrijheid veel te groot geworden en de impact van de gemeenschap veel te klein, en dit gebrek aan evenwicht moet dringend gecorrigeerd worden. Ter info: 'politie' en 'politiek' komen alle twee van het Griekse *polis*, de stadstaat. Lijnrecht daartegenover staat een andere groep, die even luid het tegenovergestelde vaststelt en een volledig ander pleidooi houdt: er is al te veel 'staat' en te veel inmenging van bovenaf, stop daarmee, laat mensen eindelijk hun ding doen.

Beide visies zijn onjuist. In weerwil van wat de eerste groep beweert, zijn wij als individu vandaag helemaal niet vrij, en er is inderdaad te veel inmenging van bovenaf. In weerwil van wat de tweede groep beweert, hebben we te weinig 'staat'; de huidige politieke overheid heeft zo ongeveer niets meer te zeggen.

Het neoliberalisme is geen vrijheidsregime dat het individu autonoom gemaakt heeft door het terugdringen van externe bemoeienis. Het is niet omdat de neoliberale economie de politici in loondienst heeft genomen dat er nu minder regulering en meer vrije keuze is; integendeel. De wildgroei aan contracten en regelgevingen is voor iedereen voelbaar – en dit is nu juist een gevolg van de manier waarop een neoliberale maatschappij functioneert. Als er geen symbolisch gedragen en identificeerbare autoriteit meer bestaat en als een gemeenschapsethiek het veld moet ruimen voor een competitief mensbeeld, dan ontstaat er inderdaad een survival of the fittest. Bij gebrek aan autoriteit komen er dan eindeloze regelgevingen. Dit is de eerste belangrijke paradox van de neoliberale vrijemarktideologie: dat ze onvermijdelijk uitmondt in een overmaat aan inmenging.

De tweede paradox betreft de zogenaamde bevrijding van het individu. Wie daarin gelooft, verwart individualisering en eenzaamheid met autonomie en vrije keuze. In de verplichting om het te maken, om zoveel mogelijk te genieten, worden de postmoderne consumenten kopieën van elkaars exclusiviteit, zonder het voordeel van de onderlinge verbondenheid. Vandaar de vreemde combinatie tussen een doorgedreven individualisme en een collectief consumentisme waarin we allemaal de illusie koesteren dat we uniek zijn. Het ironische is dat we daardoor elkaar kuddegewijs ontmoeten op een adresje 'dat niemand weet', allemaal met onze 'personal' computer, onze 'exclusieve' handtas (*limited edition*), in de overtuiging dat wij (en alleen wij) niet meedoen aan 'al dat opgelegde gedoe'...

Het huidige, inderdaad ver doorgedreven individualisme laat weinig tot geen autonomie toe. Het individu is gereduceerd tot een consument die in de illusie leeft uniek te zijn en zelf keuzes te maken, terwijl er nog nooit op zo'n grote schaal zoveel mensen hetzelfde gedrag en hetzelfde denken opgelegd kregen. Daarin ontbreekt de zorg voor zichzelf, omdat het consumentisme elk idee van zelfbeheersing en inperking van tafel veegt.

De discussie over 'meer overheid' of 'meer individu' is bijgevolg niet de juiste discussie. Er is geen werkzame overheid meer, net zoals er geen autonoom individu meer is. In zijn laatste lessen, vlak voor zijn dood, plaatst Michel Foucault het opgelegde consumeren en produceren van het neoliberalisme (in zijn eigen terminologie: 'het anarcho-kapitalisme') tegenover het liberalisme – dit laatste niet in de partijpolitieke betekenis van het woord, maar als benaming voor een kritische beweging tegen de alomtegenwoordige disciplinering. Een dergelijke kritische beweging is tegenwoordig heel erg nodig, waarbij er opnieuw een politiek bestel moet komen dat de steeds moeilijke en noodzakelijke evenwichtsoefening uitvoert tussen gelijkheid en verschil, tussen groep en individu, tussen verplichte gelijkheid en vrije keuze. En dat maatschappelijke bestel zullen we in eerste instantie zelf moeten uitbouwen via keuzes die wijzelf maken. Om met Shakespeare te spreken:

Men at some time are masters of their fates:
The fault, dear Brutus, is not in our stars,
But in ourselves, that we are underlings.

Cassius, in *Julius Caesar*, I, 2*

* De mens is soms zelf meester van zijn lot:
de schuld, Brutus, ligt niet in ons gesternte,
maar in onszelf, dat wij zo nietig zijn.

Savanha

Het meisje op de omslagfoto is Amerikaanse; ze is een van de deelneemsters aan een schoonheidswedstrijd voor kinderen. Ze heet Savanha en is twee jaar oud. In Amerika wordt dit soort wedstrijden veelvuldig gehouden en fotografe Susan Anderson maakte er een reeks foto's van, getiteld HIGH GLITZ. De wedstrijden zijn aan regels gebonden: make-up en valse nagels zijn voor kinderen vanaf twee jaar toegestaan. In beha of bikini op de catwalk mag vanaf vier jaar.

Ik koos deze foto uit de reeks omdat de geforceerde glimlach en de erotiek ontbreken – die zijn op nagenoeg alle andere foto's uitdrukkelijk aanwezig. Hier kan je het kind, achter de make-up, toch nog een beetje zien – de licht geopende mond, de ogen waarin ik een zweem van melancholie meen te herkennen. Haar houding – de samengevouwen handjes (met valse nagels) en de manier waarop ze op haar ellebogen steunt, tonen iets anders.

Ik hoop dat het verzet is.

Dankwoord

Een boek schrijf je nooit alleen, en originaliteit is een illusie die aansluit bij die over identiteit waarmee dit boek van start ging. Minstens aan de volgende mensen wil ik mijn dank betuigen.

Mijn eerste lezers, Christine, Eline en Tim, die mij beleefd lieten verstaan dat er nog veel werk aan de winkel was.

Mijn tweede lezers en loopvrienden, Piet en Johan, die kilometerslange discussies op hun geweten hebben, en wiens vriendschap mij zeer dierbaar is.

Wouter Van Driessche en Andreas Tirez, voor hun informatie over meritocratie.

Jan Van Duppen voor het doorsturen van alle relevante krantenartikelen uit Nederland.

Alle leden van mijn vakgroep aan de Universiteit van Gent, Psychoanalyse en Raadplegingspsychologie, zowel voor hun hulp als voor het verdragen van mijn mentale afwezigheid het laatste jaar. Een bijzonder woord van dank voor Stijn Vanheule, omdat hij mij liet kennismaken met het werk van Richard Sennett.

Philipp Blom die mij vooral aanmaande minder als hoogleraar en meer als verteller te schrijven.

Rust en stilte zijn zeldzame kostbaarheden. Jan Celie verleende mij en mijn vrouw een week gastvrijheid in La Broussole (Dordogne) voor de laatste herschrijvingen. De gesprekken aan tafel zullen ons bijblijven.

Erwin Mortier en Leonoor Broeder hebben mij het laatste halfjaar heel wat werkweekends bezorgd, korte nachten en lange dagen, vaak nagelbijtend en piekerend; de keren dat ik jullie beiden naar de hel gewenst heb, is recht evenredig met de uiteindelijke kwaliteit van het boek én met mijn dankbaarheid.

Zoon Sander, die het register voor zijn rekening nam, Julie De Ganck voor het uitvlooien van de drukproeven en Theo Veenhof die als persklaarmaker de juiste puntjes op de juiste i's gezet heeft.

En ten slotte Rita, die vaker de lijn van mijn betoog gestuurd heeft dan dat ze zelf vermoedt.

Bibliografie

Achterhuis, H. (2010). *De utopie van de vrije markt*. Rotterdam: Lemniscaat.

Akerlof, G. & Shiller, R. (2009). *Animal Spirits. Hoe instincten in de mens de economie sturen*. Amsterdam/Antwerpen: Business Contact.

American Psychiatric Association (2000). *Diagnostic and Statistical Manual of Mental Disorders* (vierde, herziene druk). Washington, D.C.: APA.

Appignanesi, L. (2009). *Gek, slecht en droevig. Een geschiedenis van vrouwen en psychiatrie van 1800 tot heden*. Amsterdam: De Bezige Bij.

Aristotle. *The Nicomachean Ethics*. With an English translation by H. Rackham. Cambridge/Londen: Harvard University Press, Loeb classical library.

Babiak, P. & Hare, R. (2006). *Snakes in Suits: When Psychopaths Go to Work*. ReganBooks.

Bauman, Z. (1999). *In search of politics*. Stanford: Stanford University Press.

Berlin, I. (2010). *Twee opvattingen van vrijheid*. Vertaling: Tine Ausma, nawoord: Hans Blokland. Amsterdam: Boom, Kleine klassieken.

Blom, Ph. (2010). *Het verdorven genootschap. De vergeten radicalen van de verlichting*. Amsterdam: De Bezige Bij.

Boomkens, R. (2008). *Topkitsch en slow science. Kritiek van de academische rede*. Amsterdam: Van Gennep, pp. 1-143.

Crompton, T. (2010). *Common Cause. The Case for Working with our Cultural Values*. WWF-UK, Strategies for Change Project. Downloadbaar van www.wwf.org.uk/change.

Dalrymple, T. (2004). *Leven aan de onderkant. Het systeem dat de onderklasse in stand houdt*. Amsterdam: Het Spectrum.

Dawkins, R. (1976). *The selfish gene*. Oxford: Oxford University Press.

Dehue, T. (2008). *De depressie-epidemie. Over de plicht het lot in eigen handen te nemen*. Amsterdam-Antwerpen: Augustus.

Dehue, T. (2011). 'De medicalisering van ongewenst gedrag.' In: *De Groene Amsterdammer*, 2 november 2011.

Desmet, M. (2009). *Liefde voor het werk in tijden van management. Open brief van een arts*. Tielt: Lannoo.

De Vos, J. (2011). *Psychologisering in tijden van globalisering. Een kritische analyse van psychologie en psychologisering.* Leuven/Den Haag: Acco.

De Waal, F. (2009). *Een tijd voor empathie. Wat de natuur ons leert over een betere samenleving.* Amsterdam/Antwerpen: Atlas-Contact.

Feynman, R. (2000). *The Pleasure of Finding Things Out. The Best Short Works of Richard P. Feynman.* Cambridge: Perseus Publishing.

Fisher, M. (2009). *Capitalist Realism. Is There No Alternative?* Winchester/Washington: Zero Books.

Flyvbjerg, B. (2001). *Making Social Science Matter: Why Social Inquiry Fails and How It Can Succeed Again.* Cambridge: Cambridge University Press.

Foucault, M. (1972). *Histoire de la folie à l'âge classique.* Parijs: Gallimard.

Foucault, M. (1975). *L'ordre du discours: leçon inaugurale au Collège de France prononcée le 2 décembre 1970.* Parijs: Gallimard.

Foucault, M. (1975). *Discipline, toezicht en straf. De geboorte van de gevangenis.* Groningen: Historische Uitgeverij, 1989.

Foucault, M. (2004). *La naissance de la biopolitique.* Parijs: Gallimard.

Foucault, M. (2004). *Breekbare vrijheid. Teksten & Interviews.* Meppel: Boom/Parrèsia.

Foucault, M. (2011). *De moed tot waarheid. Het bestuur van zichzelf en de anderen II.* Colleges aan het Collège de France (1983-1984).

Woord vooraf en redactie: François Ewald en Alessandro Fontana. Situering en redactie: Frédéric Gros. Vertaling: Ineke van der Burg. Amsterdam: Boom.

Freud, S. (2006 [1909b]). 'Analyse van de fobie van een vijfjarige jongen.' Vertaling: W. Oranje. In: *Werken*, 4, pp. 431-543. Amsterdam: Boom.

Freud, S. (2006 [1930a]). 'Het onbehagen in de cultuur.' Vertaling: W. Oranje. In: *Werken*, 9, pp. 456-532. Amsterdam: Boom.

Freud, S. (2006 [1921c]). 'Massapsychologie en Ik-analyse.' Vertaling: W. Oranje. In: *Werken*, 8, pp. 227-292. Amsterdam: Boom.

Gray, J. (2007). *Black Mass: Apocalyptic Religion and the Death of Utopia*. New York: Farrar, Straus and Giroux.

Hermans, W.F. (1975). *Onder professoren*. Amsterdam: De Bezige Bij.

Hermanns, J. (2009). *Het opvoeden verleerd*. Amsterdam: Vossiuspers UvA. http://dare.uva.nl/document/166032.

Hobbes, Th. (2007 [1651]). *Leviathan*. Vertaling en aantekeningen: W.E. Krul. Inleiding en bibliografie van B. Tromp. Amsterdam: Boom.

Hume, D. (1777). *An Enquiry into the principals of Morals*. Oxford: Oxford University Press.

Ioannidis, J.P.A. (2005). 'Why Most Published Research Findings Are False.' In: *PLoS Medicine*, 2.8, e124. doi:10.1371/journal.pmed.0020124.

Israël, J. (2001). *Radical Enlightenment: Philosophy and the Making of Modernity, 1650-1750*. Oxford: Oxford University Press.

Johnston, I. (2000). Some non-scientific observations on the importance of Darwin. http://records.viu.ca/~johnston/introser/darwin.htm.

Kahnemann, D., Knetsch, J., & Thaler, R. (1986). 'Fairness and the assumptions of economics.' In: *Journal of Business*, 59, pp. 285-300.

Knutson, B., Wimmer, G.E., Kuhnen, C.M., & Winkielman, P. (2008). 'Nucleus accumbens activation mediates the influence of reward cues on financial risk taking.' In: *NeuroReport*, 19, pp. 509-513.

Kołakowski, L. (2007). *Wilt u achteruit naar voren gaan!* Essays van een conservatief-liberaal-socialist. Ingeleid door Jacques De Visscher. Vertaling: Herman Van Den Haute en Ewa Van Den Bergen-Makala. Kampen: Klement/Pelckmans.

Kuhn, T. (1970). *The structure of scientific revolutions*. Chicago: University of Chicago Press.

Lacan, J. (1966 [1949]). 'Le stade du miroir comme formateur de la fonction du Je.' In: *Écrits*, pp. 93-101. Parijs: Seuil.

Lacan, J. (1973 [1964]). *Le Séminaire, livre XI: Les quatre concepts fondamentaux de la psychanalyse* (texte établi par J.-A. Miller). Parijs: Seuil.

Lane, Ch. (2007). *Shyness. How Normal Behavior Became a Sickness.* New Haven & Londen: Yale University Press.

Langford, D.J., e.a. (2006). 'Social modulation of pain as evidence for empathy in mice.' In: *Science*, 312, pp. 1967-1970.

Lemaire, T. (2010). *De val van Prometheus.* Amsterdam: Ambo.

Lorenz, Ch. (ed) (2008). *If You Are So Smart, Why Aren't You Rich? Universiteit, markt en management*. Amsterdam: Boom.

Lyotard, J.-F. (1979). *Het postmoderne weten, een verslag*. Kampen: Kok Agora, 1987.

MacIntyre, A. (2007 [1981]). *After Virtue. A study in moral theory*. Londen: Duckworth.

Masschelein, J. & Simons, M. (2007). 'Competentiegericht onderwijs: voor wie? Over de "kapitalistische" ethiek van het lerende individu.' In: *Ethische Perspectieven*, 17.4, pp. 398-421.

Milgram, S. (1974). *Obedience to authority*. Londen: Tavistock.

Moïsi, D. (2009). *De geopolitiek van emotie. Hoe culturen van angst, vernedering en hoop de wereld veranderen*. Amsterdam: Nieuw Amsterdam Uitgevers.

Pattyn, B. (2007). 'Competenties en ideologie. Het dictaat van een expanderend concept.' In: *Ethische Perspectieven*, 17.4, pp. 422-435.

Pels, D. (2007). *De economie van de eer. Een nieuwe visie op verdienste en beloning*. Amsterdam: Ambo.

Pink, D. (2009). *The surprising science of motivation*. TEDGLOBAL 2009. http://blog.ted.com/2009/08/24/the_surprising/.

Rand, A. (2007 [1957]). *Atlas Shrugged*. Londen: Penguin U.K.

Rettew, D.C. (December 2000). 'Avoidant Personality Disorder, Generalized Social Phobia and Shyness: Putting the Personality Back into Personality Disorders.' In: *Harvard Review of Psychiatry*, 8.6, p. 285.

Rietschel, M., Deuschle, M. & Meyer-Lindenberg, A. e.a. (2011). 'City living and urban upbringing affect neural social stress processing in humans.' In: *Nature*, 474, pp. 498-501.

Schaubroeck, K. (2010). *Een verpletterend gevoel van verantwoordelijkheid. Waarom ouders zich altijd schuldig voelen*. Breda: De Geus.

Sennett, R. (1998). *The Corrosion of Character. The Personal Consequences of Work in the New Capitalism*. New York/Londen: W.W.N. Norton & Company, pp. 1-176.

Sennett, R. (2003). *Respect in a World of Inequality*. New York/Londen: W.W.N. Norton & Company, pp. 1-288.

Sennett, R. (2007). *De cultuur van het nieuwe kapitalisme*. Amsterdam: J.M. Meulenhoff.

Sennett, R. (2008). *De ambachtsman. De mens als maker*. Amsterdam: J.M. Meulenhoff.

Singer, T., Seymour, B., O'Doherty, J.P., Stephan, K.E., Dolan, R.J., & Frith, C.D. (2006). 'Empathic neural responses are modulated by the perceived fairness of others.' In: *Nature*, 439, pp. 466-469.

Steinbeck, J. (1952). *East of Eden*. New York: Viking Press.

Sutherland, S. (2010). *Irrationaliteit*. Amsterdam: Uitgeverij Nieuwezijds.

Swierstra, T. & Tonkens, E. (2008). 'Meritocratie en de erosie van zelfrespect.' In: Swierstra, T. & Tonkens, E. (eds). *De beste de baas? Prestatie, respect en solidariteit in een meritocratie*. Studies over politieke vernieuwing. Amsterdam: Amsterdam University Press, pp. 61-80.

Timimi, S. & Leo, J., eds. (2009). *Rethinking ADHD. From brain to culture*. New York: Palgrave MacMillan.

Timimi, S., Gardner, N. & McCabe, B. (2011). *The Myth of Autism*. New York: Palgrave MacMillan.

Tomasello, M., Dweck, C., Silk, J., Skyrms, B. & Spelke, E. (2009). *Why we cooperate*. Londen: MIT Press.

Van Coillie, G. (2011). 'Geweld, autoriteit en dialoog. Aanzet tot een mimetische pedagogiek.' In: Braeckmans, L. (ed). *Leraar met hart en ziel. Naar een pedagogiek van liefde en vrijheid*. Gent: Academia Press, pp. 223-296.

Vandaele, J. (2011). 'Het onnavolgbare Duitse model.' In: *Mondiaal Magazine*, mei 2011, 84, pp. 26-31.

Van den Berghe, G. (2008). *De mens voorbij. Vooruitgang en maakbaarheid 1650-2050*. Amsterdam/Antwerpen: Meulenhoff/Manteau, pp. 1-380.

Van de Veire, F. (2006). *Enkele bedenkingen omtrent de ideologie achter de onderwijshervormingen*. Rede uitgesproken ter gelegenheid van de Dies Natalis, Hogeschool Gent, juni 2006, http://www.flw.ugent.be/cie/CIE2/vdveire1.htm.

Vanheule, S., Lievrouw, A. & Verhaeghe, P. (2003). 'Burn-out and Intersubjectivity: A Psychoanalytical Study from A Lacanian Perspective.' In: *Human Relations*, 56, 3, pp. 322-338.

Van Rossem, M. (2011). *Kapitalisme zonder remmen. Opkomst en ondergang van het marktfundamentalisme*. Amsterdam: Nieuw Amsterdam Uitgevers.

Verbrugge, A. (2004). *Tijd van onbehagen. Filosofische essays over een cultuur op drift.* Nijmegen: SUN.

Verhaeghe, P. (2009). *Het einde van de psychotherapie.* Amsterdam: De Bezige Bij.

Westen, D., Novotny, C. & Thompson-Brenner, H. (2004). 'The Empirical Status of Empirically Supported Psychotherapies: Assumptions, Findings, and Reporting in Controlled Clinical Trials.' In: *Psychological Bulletin*, 130, pp. 631-663.

Wallraff, G. (2010). *Heerlijke nieuwe wereld.* Amsterdam: Ambo.

Weber, M. (2009). *The Protestant Ethic and the Spirit of Capitalism.* Norton Critical Edition.

Wilkinson, R. (2005). *The Impact of Inequality. How to Make Sick Societies Healthier.* Londen & New York: Routledge.

Wilkinson, R. & Pickett, K. (2010). *The Spirit Level. Why Equality is Better for Everyone.* Londen: Penguin Books, herziene druk (originele editie 2009).

World Health Organization (2009). *Mental Health, Resilience and Inequalities.* Kopenhagen: WHO, Europe.

Young, M. (1958). *The Rise of the Meritocracy 1870-2033: An Essay on Education and Equality.* Londen: Penguin Books. Nederlandse vertaling en bewerking: Groenman, Sj. & Valkenburgh, P. (1976). *Opkomst van de meritocratie 1870-2033. Essay over onderwijs en gelijkheid.* Amsterdam: Meulenhoff, tweede druk.

Zimbardo, P. (2010). *Het Lucifer Effect.* Rotterdam: Lemniscaat.

Noten

Teneinde de leesbaarheid te bevorderen, heb ik de bibliografische verwijzingen in de doorlopende tekst zo beperkt mogelijk gehouden. Wanneer ik naar een auteur verwijs, kan het desbetreffende boek of artikel teruggevonden worden in de bibliografie onder de naam van de auteur. Enkel bij heel specifieke verwijzingen maak ik gebruik van eindnoten.

1 Het bekendst is het onderzoek van Stanley Milgram uit 1963, waarin normale mensen na enig aandringen aan andere proefpersonen gevaarlijke stroomstoten toedienden binnen iets wat voorgesteld werd als een 'leerexperiment'. Ongeveer tien jaar later voert Philip Zimbardo zijn Stanford-gevangenisexperiment uit, waarbij normale studenten hun rol als cipier zo ter harte nemen dat het een Abu Ghraib avant la lettre wordt.

2 Kołakowski, 2007. Twee citaten:
'[...] en de bezitters van de algemene waarheid weten dat hen zowel de onaantastbare ("wetenschappelijke") kennis van alle wezenlijke menselijke aangelegenheden alsook de voorschriften voor een perfecte samenleving ter beschikking staan' (p. 45); 'Velen hebben erop

gewezen dat de principes van het empirisme zelf geen empirische propositics zijn. Het zijn normen, geboden, en we kunnen vragen stellen over hun rechtvaardiging; ze zijn hoegenaamd niet vanzelfsprekend. Het empirisme is geen empirische theorie' (p. 154).

3 Kahnemann et al., 1986.

4 Langford et al., 2006.

5 Singer et al., 2006.

6 Freud, 1909b, pp. 541- 542.

7 Wilkinson, 2010, p. 67.

8 Lorenz, 2008.

9 *The Guardian*, 29 juni 2001: 'Down with Meritocracy'.

10 Verbrugge, 2004, p. 240.

11 Van den Berghe, 2008, pp. 173-177. Wie de geschiedenis van de eugenetica en het sociaaldarwinisme wil leren kennen tegen de achtergrond van de Verlichting kan niet buiten dit standaardwerk (ondertussen gratis in te zien op de website van de auteur).

12 'We shall suppose that a creature, possessed of reason, but unacquainted with human nature, deliberates with himself what rules of justice or property would best promote public interest, and establish peace and security among mankind. His most obvious thought would be, to assign the largest possessions to the most extensive virtue, and give every-one the power of doing good, proportioned to his inclination [...]. But were mankind to execute such a law; so great is the uncertainty of merit, both from its natural obscurity, and from self-conceit of each individual, that no determinate rule of conduct would ever result from it; and the total dissolution of society must be the immediate consequence.' (David Hume, *An Enquiry into the principles of Morals*, section III, part 2.)

13 Sutherland, 2010, hoofdstuk 8.

14 Swierstra & Tonkens, 2008.

15 Jeremy Bentham, Brits sociaal-liberaal hervormer uit de achttiende eeuw, grondlegger van het utilitarisme ('Zoveel mogelijk geluk voor zoveel mogelijk mensen'). Het 'Panopticon' – de ideale gevangenis

waarbij één bewaker vanuit een centrale toren alle gevangenen kan observeren terwijl hijzelf niet gezien wordt – is een ontwerp van Bentham. Achterhuis, 2010 en Sennett, 2007.

16 Bauman, 1999, p. 26.

17 Sennett, 1998, p. 70.

18 Westen et al., 2004. Voor een uitvoerige bespreking van de consequenties, zie Verhaeghe, 2009.

19 Pels, 2007.

20 Hermanns, 2009.

21 Vooral de bijdragen van Jan Masschelein, Maarten Simons en Bart Pattyn zijn erg inspirerend geweest, samen met de openingsrede die Frank Van de Veire (2006) nog een jaar eerder gaf aan de Gentse Hogeschool.

22 *De Standaard Magazine* d.d. 21 april 2012.

23 NRC *Handelsblad* d.d. 19 september 2011.

24 Sennett, 2007, pp. 32-34 en pp. 38-39.

25 Babiak & Hare, 2006.

26 Sennett, 2003, p. 46 en pp. 102-107.

27 Lacan, 1966, p. 100 en 1973, p. 194. Sennett, 1998, p. 146.

28 Sennett, 1998, p. 29; zie ook p. 132.

29 Foucault, 2004, p. 253.

30 Van den Berghe, p. 244.

31 Voor een bespreking, zie Kołakowski, 2007.

32 Dehue, 2011.

33 Overzichtswerken die zoveel mogelijk empirische studies samenbrengen en beoordelen op hun methodologische correctheid zijn een goudmijn voor iedereen die kritisch wil nadenken. Een onmisbaar boek voor ADHD is Timimi, & Leo (2009), voor autisme Timimi, Gardner & McCabe (2011).

34 Voor België komen de cijfers van het RIZIV, voor Nederland van de Stichting Farmaceutische Kerngetallen.

35 Lederbogen et al., 2011.

36 Een verslag over dit onderzoek valt te lezen in *De Standaard* d.d. 9 juni 2011, waarin P. Bracke onder andere het volgende concludeert:

Wij in het Westen vinden persoonlijk slagen, individuele competentie en authenticiteit almaar belangrijker. Tegenslagen zien we als persoonlijk falen, niet meer als het gevolg van omgevingsfactoren. We worden hulpelozer: we zíjn dat falen. We willen het ideale leven leiden, in plaats van tevreden te zijn met het leven dat we hebben. We kopen een Smartphone en zijn daar eventjes heel blij mee, maar willen volgend jaar het nieuwste model. [...] Ook de medicalisering en therapeutisering spelen een rol, waardoor jongere generaties hun eigen gevoelens en problemen misschien anders gaan definiëren. De grenzen tussen normale emoties en ernstige problemen vervagen. Natuurlijk kan medicatie individueel wel helpen, maar de hoge consumptie in ons land houdt de toenemende depressies niet tegen. Veeleer integendeel.

Klinisch psychologen kunnen beter te rade gaan bij de sociologie dan bij de neurologie, zoveel is duidelijk.

37 Fisher, 2009, p. 21. Zijn boekje telt slechts 81 pagina's, maar ik heb er enorm veel uit opgestoken.

38 *Revolutionary Road* is een film van Sam Mendes uit 2008, gebaseerd op de gelijknamige roman van Richard Yates uit 1961, waarin 'the American dream' centraal staat.

39 NRC *Handelsblad* d.d. 26 januari 2011.

40 VRT-journaal 22 februari 2012.

41 Dit is het centrale thema in het volledige werk van Foucault. Een paar jaar terug heeft Lisa Appignanesi (2009) dit nog verbijzonderd: de uitoefeningen van de macht vinden systematisch plaats vanuit de mannelijke kant, met de vrouw als object, zoals blijkt uit haar historisch overzicht.

42 Vanheule et al., 2003. Voor de video van Dan Pink: http://blog.ted.com/2009/08/24/the_surprising/.

43 Wilkinson, 2005, p. 75.

44 Het citaat komt uit een interview in *De Standaard*, d.d. 7 januari 2012.

45 Het opiniestuk is te vinden in *De Standaard*, d.d. 7 juni 2011.

46 Deze gegevens en verdere informatie over het Duitse model kan de lezer vinden bij John Vandaele (2011).

47 Interview met Wallraff in *De Standaard*, d.d. 29 mei 2011. Zijn voorganger is veel krachtiger, maar die boeken zijn vandaag ten onrechte minder bekend: George Orwell deelde het leven aan de onderkant in Londen en Parijs, en later in de steenkoolmijnen van Wales. De twee boeken die daarvan het resultaat vormen, *Down and Out in Paris and London* (1933) en *The Road to Wigan Pier* (1937) legden de basis van de participerende journalistiek.

48 *De Standaard*, d.d. 14 april 2012.

49 Cromptom, 2010.

50 *De Standaard*, d.d. 4 april 2012.

Register